U0519790

涵芬学人随笔

书中与路上的风景

高建新 著

商务印书馆
The Commercial Press

图书在版编目(CIP)数据

书中与路上的风景/高建新著.—北京:商务印书馆,
2022(2023.6 重印)
(涵芬学人随笔)
ISBN 978-7-100-21227-4

Ⅰ.①书… Ⅱ.①高… Ⅲ.①社会科学—文集
Ⅳ.①C53

中国版本图书馆 CIP 数据核字(2022)第 090599 号

权利保留,侵权必究。

书中与路上的风景
高建新 著

商 务 印 书 馆 出 版
(北京王府井大街36号 邮政编码100710)
商 务 印 书 馆 发 行
北京市白帆印务有限公司印刷
ISBN 978-7-100-21227-4

2022年9月第1版　　开本 880×1230　1/32
2023年6月北京第2次印刷　印张 11¾
定价:78.00 元

目 录

第一辑 / 1
"以人生为节日"与"诗意地栖居" / 2
燃烧的精灵
　　——关于火的随想 / 8
诗情如火 / 12
篝火的画面美 / 23
色彩与诗歌审美 / 29
被帝王垄断的黄色 / 39
"山水之美,使人应接不暇" / 44
"江山若有灵,千载伸知己" / 49
盛开在唐诗里的雪莲花 / 54
"酒蕴天然自性灵" / 60

第二辑 / 73
"别具一格的意义上乃是诗人的诗人"
　　——《自然之子——陶渊明》前言 / 74
"重在评,非论其人也"
　　——《〈陶诗汇评〉笺释》前言 / 78
一心塑造自我心目中的陶渊明形象
　　——《〈东山草堂陶诗笺〉校释》前言 / 88

观赏风景与我们的态度
　　——《山水风景审美》后记 / 98
书中与路上的风景
　　——《诗心妙悟自然——中国山水文学研究》前言 / 105
与酒相亲的痛楚与快意
　　——《酒入诗肠句不寒——中国古代文人生活与酒》后记 / 110
"投醹酸米授之神"
　　——《〈北山酒经〉评注》前言 / 115
"长耽典籍,若啖蔗饴"
　　——《〈本草纲目·酒〉译注》前言 / 130
"润旧益新,词简义赡"
　　——《〈觞政〉译注》前言 / 143
《骏马追风舞——唐诗与北方游牧文化》后记 / 162

第三辑 / 165

让人景仰的伟大诗哲 / 166

"今是中原一布衣" / 180

拜谒王国维先生墓 / 183

张爱玲与香港大学 / 192

他的家在草原深处 / 202

弦歌声里的先生们
　　——兼记内蒙古大学中文系第一任系主任张清常先生 / 205

山高水长　无限风光
　　——四十年问学之路漫述 / 228

第四辑 / 265

面对风景 / 266

季节四章 / 269

看云 / 273

"行万里路"的文化意蕴 / 276

"丝路"悠悠 迤逦天边 / 282

天上西藏 / 305

乌兰巴托行 / 331

圣彼得堡：向天堂飞升的城市 / 352

后记 / 370

书中与路上的风景

第一辑

"以人生为节日"与"诗意地栖居"

不止一次读丹纳的《艺术哲学》，每一次读到"希腊是一个美丽的乡土，使居民心情愉快，以人生为节日"（《艺术哲学》，傅雷译，人民文学出版社1963年版，第263页），心都会为之一振，沉思良久。我们是以节日为节日，希腊人是"以人生为节日"。"以人生为节日"，道出了希腊民族的精神气质和超越寻常的价值追求。因为"以人生为节日"，所以每一天都是快乐的，每一年都是快乐的，一生都是快乐的。当太阳冲破地平线带着她的光焰冉冉升起的时候，兴高采烈、充满欢喜的一天便又开始了。说到底，人只有一生，愁眉苦脸、满腹牢骚也是一生。

"以人生为节日"，一生过的都是审美的生活、艺术的生活。他常会以审美的态度、艺术的心情面对每一个人、每一件事，丹纳说道："我有一个朋友在希腊旅行很久，告诉我说，往往一般马夫与向导在路上采下一株美丽的植物，整天小心翼翼的拿在手里，晚上睡觉的时候慎重放起，第二天再拿着欣赏。"（《艺术哲学》，第265页注）就追求审美生活而言，一个所谓的贵族不会比一个马夫更道德和高尚。"以人生为节日"，必定为活着而欣喜，为思想而欣喜，为创造而欣喜，更为欣赏到美景、美物而欣喜。"以人生为节日"，就不用刻意地准备什么，等待什么，不因为等待而丧失了享受人生的好时机。"以人生为节日"，就不会挂怀得失，从而破坏生命的大快活、大和谐。

由丹纳的"以人生为节日"联想到荷尔德林的"诗意地栖居"，这其实是一个话题的两个方面。第一次看到"诗意地栖居"

这几个字是在北京大学南门东侧由汪曾祺先生题写的"风入松"书店,那还是20世纪90年代中期的一个阳光明媚、和风习习的秋日午后。也是这次,办了一张"风入松"的会员卡(会员号:001047),买到了孙周兴编选的《海德格尔选集》,回来很认真地读了一阵子。从那时起我就一直在想,如果身处的世界嘈杂纷乱,如何才能"诗意地栖居"?"诗意地栖居"究竟需要怎样的条件?"诗意地栖居"原话出自荷尔德林的箴言诗《万恶之源》:

> 充满劳绩,然而人诗意地,
> 栖居在这片大地上。我要说
> 星光璀璨的夜之阴影
> 也难与人的纯洁相匹。
> 人乃神性之形象。

这段话见于《海德格尔选集》(上册,第470页),经海德格尔的引用、评说而蜚声四方、家喻户晓,海德格尔正是从荷尔德林的诗中发现了人"诗意地栖居"的形象。构成这段话的几个关键词"劳绩""诗意""栖居""这片大地",看似简单,但仍需要做一些解释。"劳绩",即功劳、功绩;劳动的成果。白居易《翰林待诏李景亮授左司御率府长史依前待诏制》:"某官李景亮:夫执艺事上者,必揆日时,计劳绩,而后进爵秩,以旌服勤。""诗意"就是超越功利、不计现实得失,听任性情自由、自然地流露;"诗意"就是审美,寻求如诗里表达的给人以美感的意境。在海德格尔看来,"诗意"不是"附加于栖居之上的一种装饰或额外的奖励",是发自内心的、不假外力的。"栖居",栖息居住,在海德格尔看来,"栖居,即被置于和平,意味着始终和平地处于自由、保存和把每一物都庇护于它们的本性中的自由氛围中"([美]帕特里夏·奥坦伯德·约翰逊:《海德格尔》,张祥龙译,中华书局2002年版,第94页)。"这片大地",我以为是指我们每个人生息繁衍、直至死亡都不能离开的土地。彭富春将此句译为"诗意地居住在此大地上"(海德格尔:《诗·语言·思》,文化艺术出版社1991年版,第188页)。海德格尔说,"诗意并非飞翔和超越于大地之上,从而逃脱它和漂浮在它之上。正是诗意先使人进入大地,使人属于大地,并因此使人进入居住"(同上,第189页)。"此大地"非"彼大地","此大地"对中国人而言,就是脚下这块每日、每时都触碰的苦难又深厚的土地,生于斯、长于斯、死于斯。海德格尔说:"诗意地栖居就是保持慈爱与人心的同在。"(《海德格尔》,第95页)面对喧嚣的尘世,保持心灵的宁静和充实,不受得失的惊扰,身体自由,让慈爱长存心的深处,庇护万物于自由的氛围中,这才可能"诗意地栖居"。

这使我想起了陶渊明和苏东坡,在东方古代的中国,陶渊明、苏东坡是那种真正意义上的敢"以人生为节日""诗意地栖居"的人。陶渊明饱受物质贫困的折磨,却志情高远、趣味悠然。"众鸟欣有托,吾亦爱吾庐"(《读山海经十三首》其一),是"慈爱与人心的同在"的范例。别人是"爱屋及乌",而陶渊明则是"爱乌及屋"。在东方古代的中国,陶渊明、苏东坡是那种真正意义上的敢以人生为节日的人。无论生活多么艰难,陶渊明总是以一种充满诗意的眼光审视处在无限时空中的有限人生,在生活中处处发现美并悠然地欣赏美、享受美。他在

《自祭文》中总结了自己的一生:"春秋代谢,有务中园,载耘载耔,乃育乃繁。欣以素牍,和以七弦。冬曝其日,夏濯其泉。勤靡余劳,心有常闲。乐天委分,以至百年。"他听到稻田的流水声,"倚杖久听",满怀感慨地说道:"秋稻已秀,翠色染人,时剖胸襟,一洗荆棘,此水过吾师丈人矣。"(《云仙散录·渊明别传》)在陶渊明眼里,大自然是最好的老师。稻田的流水声爽耳清心,怡情养性,能洗尽胸中尘滓,灌溉出的是希望是丰收,给人的教益远胜过师从品德高尚、阅历丰富的老者。陶渊明的朋友颜延之也称颂他:"心好异书,性乐酒德,简弃烦促,就成省旷";"汲流旧巘,葺宇家林。晨烟暮霭,春煦秋阴;陈书辍卷,置酒弦琴"(《陶徵士诔并序》)。在青苍的庐山脚下,耕耘、读书、写作、饮酒,欣赏自然美景,与农人往来,清爽干净,自食其力,拒绝贪欲,就是陶渊明想要的生活。正因为如此,在后世人们的心目中,无论是何种人情、物象,只要一与"陶"字相连,如陶诗、陶书、陶酒、陶琴、陶菊、陶篱、陶庵,就立即能产生动人心魄的美好境界,成为清爽至极、高洁至极、绝去尘滓的艺术化的生活象征。

"乌台诗案"苏东坡大难不死,侥幸被释,出狱后被贬黄州。从元丰三年(1080)到元丰七年(1084),苏东坡在黄州度过长达四年的贬谪生活。"清诗独吟还自和,白酒已尽谁能借?""饮中真味老更浓,醉里狂言醒可怕"(《定惠院寓居月夜偶出》),"夜饮东坡醒复醉,归来仿佛三更"(《临江仙·夜归临皋》),"我谪黄冈四五年,孤舟出没烟波里。故人不复通问讯,疾病饥寒疑死矣"(《送沈逵赴广南》),是这一时期生活的真实写照。物质生活困难,精神生活也困难。在这种处境下，苏东坡渴望借酒浇愁，却苦于生活拮据，无酒可饮，官酒价贵而质劣，于是只好自己动手酿酒。酒曲不好，加上酿酒的技术又很一般，酿出的酒自然是苦涩难入口。人要是落入穷途，就是一事也难成啊！感叹之后，东坡转念一想，酸甜甘苦诸味，不过暂时过口一尝而已，又何足挂怀！既然酒的本质作用是醉人，那又何必在乎佳与不佳呢？虽说客人不喜欢，但客人的喜怒与自己又有什么关系！东坡于是释然了。不仅如此，苏东坡还描述了自己的一件饮酒乐事："顷在黄州，春夜行蕲水中，过酒家饮，酒醉，乘月至一溪桥上，解鞍，曲肱醉卧少休。及觉已晓，乱山攒拥，流水锵然，疑非尘世也。"（《西江月·小序》）这简直就是一首优美至极的抒情诗。其词曰：

照野弥弥浅浪，横空暧暧微霄。障泥未解玉骢骄，我欲醉眠芳草。　可惜一溪风月，莫教踏破琼瑶。解鞍欹枕绿杨桥，杜宇一声春晓。

在贬谪中能以如此的态度对待生活，没有旷放的胸襟、乐观的态度是不可想象的。执着于人生而又超然物外，使苏东坡真正做到了进退自如，无论顺境、逆境都能保持浓郁的生活情趣和旺盛的生命活力。虽说酒量不大，也不能像李白那样完全地沉醉其中，但苏东坡描写的醉中景象极美，充满诗情画意："停杯且听琵琶语，细捻轻拢。醉脸春融，斜照江天一抹红"（《采桑子·润州多景楼与孙巨源相遇》），在火红的夕阳斜照江天之时，醉脸生春，一派和融。"醉中吹堕白纶巾，溪风漾流月。独棹小舟归去，任烟波飘兀"（《好事近·湖上》），描绘的也是极其美好的醉酒图：在醉酒中，被风吹坠的白纶巾翩然飘入了澄碧的湖水中,溪流上正有皎洁的月光洒落,随波微漾,闪闪烁烁,如砌玉铺银。在天水一片空明之时,独乘小舟归去,一任烟波飘荡。试想,如果没有如此的洒脱和悠然风神,苏东坡如何度过一贬再贬、直至海南的苦难生涯。

陶渊明和苏东坡一生遭遇艰难、屡逢困境,却把脚踏在了坚实的大地上,踏在了这片养育他们的古老而苦难的土地上,是"诗意地,栖居在这片大地上"的人,是真正的大地之子。这样看来,要想"以人生为节日"与"诗意地栖居",至少还需要以下几方面的条件:一是要劳作。要通过自己的劳作获得属于自己的生存,这是"栖居"的物质基础。二是处变不惊、从容应对,深刻感知生命的尊贵,感知大地及大地上的苦难人们,而后"栖居"大地。三是听从心灵的召唤,无条件护卫心灵的自由和自然,这是"栖居"的精神基础。四是时常怀有艺术的眼光和审美的心情面对世界,这样才能入目成美,充满"诗意"。

"以人生为节日"与"诗意地栖居"相辅相成、互为因果。只有"以人生为节日",才可能"诗意地栖居";只有"诗意地栖居",才可能"以人生为节日"。"以人生为节日"也罢,"诗意地栖居"也罢,实际上是一种活法,是一种人生态度,体现的是个体生命要在有限的时空中超越自我、活出自我的洒脱与精彩。

原载《学习时报》2014年3月10日,《人民日报》2014年3月28日第五版以《以人生为节日》为题转载,收入本书时有增改。

燃烧的精灵
——关于火的随想

一

在自然界,有一种东西最不可思议也最不驯服,那便是火。火如燃烧的精灵,跳荡不安,神秘又明丽。

火是物质燃烧过程中散发出光和热的现象,是能量释放的一种方式。火焰的温度由内向外依次增高。可燃物、燃点、氧化剂是燃烧的必备条件。

在古希腊哲学中,火被认为是产生和构成世界最重要的元素。赫拉克利特相信"火是原质,其它万物都是由火而生成的";"它过去、现在和未来永远是一团永恒的活火,在一定的分寸上燃烧,在一定的分寸上熄灭"(罗素:《西方哲学史》上卷,商务印书馆1976年版,第72页)。

人类文明最初是被火催生的。人类的暗夜是被火光照亮的。人类体质的变化是火带来的。随着火的燃烧和火种的保存,人类文明进步了,所以我们以各种方式保存火种:火石、火镰、火柴、打火机。有火种在,就有明天在,就有希望在。

文明进步就意味着要传递火种。"薪火相传"表明了对真理和文化血脉的代代继承,永无间断。有"薪",才有火;有火,"薪"才可以燃烧,"薪"是火之成为火的基础。

火是能量,是动力,是生产力。轮船、火车、火箭,只要燃烧,世界就为之震颤;唯有燃烧,世界才有进步。

火是文明的缔造者、推动者,又是毁灭者。前者如青铜时代、铁器时代,后者如东方的阿房宫、西方的庞贝城……

张载说:"火宿之微芒,存之则烘然,少假外物,其生也易,久可以燎原野,弥天地,有本者如是也。"(《经学理窟·学大原上》)火宿,犹宿火,隔夜之火。

在熊熊燃烧的烈火中,一个旧世界坍塌了,一个新世界诞生了。

二

火的美,是一种自然之美。对火的敬畏,源于一种对原始自然力的敬畏。

火来自各处,有天上之火,有地狱之火,有人间之火。

火有各种各样的形态,如火海、火湖、火流、火山。火山喷涌的岩浆,是流动的火、液体的火,所向披靡,摧枯拉朽,势不可挡。太阳也是火,那是天空中永恒燃烧的火。

火有形,有声,还有各种颜色。虽然常用"火红"来形容红得夺目,但火并不都是红色。随着燃烧的纯粹,火的颜色可以由红到蓝,到青,这时候,火的温度最高。

火可以改变对象的性质,火燃烧使泥硬如石,如陶。火也可以将坚硬之石化为齑粉。"玉石俱焚",是火之功,也是火之效。火一旦把对象化为灰烬,就再不可能恢复。

《说文解字》说:"火,毁也。"火如纵逸之野马,四野狂奔,无处不在,控制失当就会造成灾难:"人火曰火,天火曰灾。"(《左传·宣公十六年》)

火是勇敢的战士,一往无前,从不畏惧。在冷兵器时代,火是进攻敌方最有效的武器,远比刀枪的杀伤力更大,如火牛阵、火烧连营。

黑暗最宜于火,寒冷最宜于火。火的最大贡献就是带来光与热。光——照彻黑暗;热——温暖人间。

寒冬,人们渴望熊熊的火;雨夜,人们期盼明亮的火。

安徒生《卖火柴的小女孩》讲述的是火与暗夜和寒冷搏斗的故事:"她在旧年的大年夜冻死了;新年的太阳升起来,照着一个小小的尸体!小女孩死后僵硬了,她依然坐着,手里拿着火柴,一束火柴都烧光了。'她想温暖自己',有人说。"(任溶溶译)故事断人肝肠,至今让我们哀痛,让我们沉思。

三

火是实在的,又是虚无的。

火是物质的,又是精神的。

燃烧的火焰属于激情的艺术,激情的艺术是燃烧的火焰。

泰戈尔《情人的礼物》说:"我因青春的信念而坚强,我勇敢地脱颖而出,从天空炽红的碗里痛饮火焰般的酒,自豪地向早晨致敬:我是金香木花,我的心里盛着太阳的芳香。"

郭沫若《凤凰涅槃》讲述的是凤凰浴火重生的故事,喷吐的是诗人心中如火一样的激情。

火可以构成美的图景、美的画面。"江枫渔火"照亮了孤旅者的心头;"红泥小火",是文人生活美的诗意呈现。

火性猛,水性柔;火向上腾,水往下流。《说苑·谈丛》说:"君子得时如水,小人得时如火。"如水者润物,如火者灼人。

水火不能相容，要么水沸，要么火灭，除非二者有间隔。
火是敌人，又是朋友，既冷峻，又温情。
火可以把人带入两极：安全，危险；辉煌，毁灭；天堂，地狱。
燃烧的精灵是火，火是燃烧的精灵。

原载《草原》2014年4期，收入本书时有增改。

诗情如火

火是一种特殊的物质，在人类文明进程和改造世界中具有重大作用。没有火的世界，是一个漆黑冰冷的世界。从某种意义上说，人类进化的历史就是不断掌握火、控制火、使用火的历史。随意点燃或者熄灭，是人类战胜自然的重大胜利。火不仅在生产、生活中占据重要的地位，而且是诗人的重要审美对象，是诗的重要表现题材。诗人放情赞美火温暖光明、摧枯拉朽、照彻黑暗的无与伦比的巨大力量，海子所谓"在黑夜里为火写诗"（《冬天》），并借助火和"火"意象表达各种丰富深厚的感情。

一

火是一种光能，也是一种热能，有净化和升华的奇特作用。在古希腊哲学家恩培多克勒看来："天空有两部分组成，一半是火红的，一半是黑暗的，这黑暗的一半撒布着火的粒子；火红的那一半是白天，黑暗的另一半是夜天。"（［德］爱德华·策勒尔：《古希腊哲学史纲》，翁绍军译，上海人民出版社2007年版，第67页）恩培多克勒对世界构成的解释，本身就充满诗情画意。火具有穿透力，能激发想象，深入人心，直抵灵魂。激情如火之时，也往往是诗情如火之时，抑或说诗情就是火，火就是诗情。

法国学者加斯东·巴什拉说："火苗的形象——无论是朴实的还是细腻的，乖巧的还是狂乱的——载有诗的信息，一切火苗的遐想者都是灵感丰富的诗人。""火升华的最高点就是纯洁化。火燃烧起爱和恨。"(《火的精神分析》，杜小真等译，岳麓书社 2005 年版，第 116 页）作为一种奇妙的审美意象，火具有丰富的暗示性、象征性，在文学作品中可以表达极为丰富复杂的关于自然、社会以及心灵的内容。在散文诗集《采果者》中，泰戈尔多次以火为喻，表达自己的心灵世界："归来时，夜色依旧漆黑，路上一片寂静。我大声喊道：'火啊，为我照路吧！我的瓦灯碎了，躺在尘埃里。'"长夜漆黑寂静，诗人祈求点亮火炬，照彻前程。这里，火代表着的是光明是理想，所以诗人又说："啊，光明，你的战鼓在火的进军中敲响，红色的火炬已高高举起；死亡在辉煌中死去。"有火就有光明，光明与火紧密相随。泰戈尔还通过火，表达自己对生命和死亡的沉思：

啊，火焰，我的兄弟，我为你高唱胜利的凯歌。
你是可畏的自由之鲜红的象征。
你在天空挥舞双臂，你在琴弦上急速地滑动手指，你的舞曲是美妙的。

当我的生命结束，大门敞开时，你要将束缚手脚的绳索烧为灰烬。
我的身体将与你融为一体，我的心将卷进你烈焰的旋涡，我的生命就是那灼人的炽热，它将突然燃烧起来，融进你烈焰的耀目的光辉。

面对死亡，诗人不仅毫无惧色，而且要与烈焰融为一体，去掉全部束缚,最终在熊熊燃烧的火焰中获得永生。这里,诗人既赞美了如火一样的自由和自由意志,也写出了在印度葬礼中普遍使用的火葬。泰戈尔还说:"燃烧着的木块,熊熊的生出火光,叫道——'这是我的花朵,我的死亡。'"(《飞鸟集》)熊熊燃烧生出火光的木块,有如不能重复的个体生命,既已迎来灿烂如花朵之日,那也是死亡就要到来之时。与此诗有异曲同工之妙的是余光中先生的《火浴》:

> 在炎炎的东方,有一只凤凰
> 从火中来的仍回到火中
> 一步一个火种,蹈着烈焰
> 烧死鸭族,烧不死凤雏
> 一羽太阳在颤动的永恒里上升
> 清者自清,火是勇士的行程
> 光荣的轮回是灵魂,从元素到元素

余光中先生再次演绎凤凰涅槃的古老神话,在放情赞美浴火重生的凤凰的同时,也赞美了一种敢于牺牲的勇士精神,展示出的是一种震撼人心的悲剧美。在诗人看来:

> 有洁癖的灵魂啊恒是不洁
> 或浴于冰或浴于火都是完成
> 都是可美的完成,而浴于火
> 火浴更可美,火浴更难
> 火比水更透明,比水更深
> 火啊,永生之门,用死亡拱成

虽说火比水更深也更透明，但水浴容易火浴难，火浴的结果可能是失掉生命、化为灰烬。而凤凰不惧怕死亡，因为凤凰懂得"永生之门，用死亡拱成"。浴火的凤凰终于获得重生，肉体与灵魂一同重生，所以诗人激动地说道："我的血沸腾，为火浴灵魂。"余光中先生常把火与死亡、重逢相联系："但愿在火中同化的 / 能够相聚在火中"（《周年祭——在父亲灵前》）。诗人悼念去世的双亲，期盼在烈火中化去的双亲又在烈火中重逢。

二

在诗中，火的确有让人惊异的丰富表现力，台湾诗人路易士（纪弦）的《火》一诗将开谢了的蒲公英的飞花想象成一团燃烧的火：

> 开谢了蒲公英的花，
> 燃起了心头的火。
>
> 火跑了。
> 追上去！
>
> 火是永远追不到的，
> 他只照着你。
>
> 或有一朝抓住了火，
> 他便烧死你。

火只能照耀你，而你永不可能追到火。火在这里是一种象征，象征着美好的理想。理想可以导你前行、照亮前程，但理想可望而不可即，难以最后实现。一旦在终极意义上实现了，理想本身也就失掉了其存在的价值。张爱玲曾说："路易士的最好的句子全是一样的洁净，凄清，用色吝惜，有如墨竹。眼界小，然而没有时间性，地方性，所以是世界的，永久的。"（《诗与胡说》）这首亦是如此，之所以能达到这样的效果，就在于诗人选取了火意象，同时将蒲公英意象巧妙地转换为火意象。诗人海子的《祖国》（或《以梦为马》）一诗表达的是一种更为阔大的情怀：

> 万人都要将火熄灭　我一人独将此火高高举起
> 此火为大　开花落英于神圣的祖国
> 和所有以梦为马的诗人一样
> 我借此火得度一生的茫茫黑夜

对于海子来说，"此火"就是诗歌之火、理想之火，诗人要高擎"此火"，在"此火"的照耀下穿越茫茫的黑夜。海子的诗中火意象众多，且意味丰富、耐人咀嚼："火焰／像一片升上天空的大海／像静静的天马／向着河流飞翔"（《黎明 一首小诗》），想象新奇，思出天外；"在冬天放火的囚徒／无疑非常需要温暖／这是亲如母亲的火光"（《给卡夫卡——囚徒核桃的双脚》），朴素自然，充满哲理；"日落大地／大火熊熊／烧红地平线滚滚而来"（《秋日黄昏》），壮丽恢宏，气魄雄伟。而"火种蔓延的灯啊／是我内心的春天一人放火"（《灯诗》），则写灯下翻涌的诗潮如同春天旷野里燃烧起来的无法扑灭的大火。

三

火是启人心智的风景。面对火时，人是最能遐想的，无论是熊熊燃烧的篝火，还是摇曳生姿的烛火，最能体会诗意与生命的统一，哲思与生命的统一。火的颜色、热力以及在暗夜映衬下特有的鲜亮明丽、动人心神，可以给人带来特殊的美感，由此也成为构成诗歌图画美、境界美的重要元素。白居易《忆江南》：

> 江南好，风景旧曾谙。日出江花红胜火，春来江水绿如蓝。能不忆江南？

火在这里是一个标识，"花红胜火"见出江南春景的绚烂明丽，夺人心神。如果花红胜不过火，那么江南的春景就还没有到最浓最美的时刻。火不仅明丽，而且有一种上升的力量，唐人喜欢以火喻花，表现花开得灿烂热烈、摇曳多姿、不可遏阻："闻道山花如火红，平明登寺已经风"（卢纶《河中府崇福寺看花》），"杜鹃如火千房拆，丹槛低看晚景中"（李绅《新楼诗二十首·杜鹃楼》），"花枝如火酒如饧，正好狂歌醉复醒"（高骈《春日招宾》），"沙鸟似云钟外去，汀花如火雨中开"（贯休《春晚桐江上闲望作》）。元人亦有"桃花喷火，杨柳绿如烟"（杨果《套数·赚煞尾》）、"夭桃似火，杨柳如烟"（刘秉忠《双调·蟾宫曲》）的描写。唐人严维《秋夜船行》表现的是秋夜江上行船所见的景象：

> 扁舟时属暝，月上有余辉。

> 海燕秋还去,渔人夜不归。
> 中流何寂寂,孤棹也依依。
> 一点前村火,谁家未掩扉。

在渐浓渐重的暝色里,渐燃渐明的"一点前村火",成为这幅迷蒙淡雅图画的主景,让人眼前一亮。宋人贺铸亦有"渔村远,烟昏雨淡,灯火两三星"(《潇湘雨·满庭芳》)的画图,格调清旷、疏淡却有意境。王维《山居即事》写的是终南山辋川的景象:

> 寂寞掩柴扉,苍茫对落晖。
> 鹤巢松树遍,人访荜门稀。
> 绿竹含新粉,红莲落故衣。
> 渡头烟火起,处处采菱归。

渡头袅袅升起的烟火,是苍茫的黄昏时分最鲜亮的景致,一幅充满暖色、让人眷恋的现实生活图景由此生成。烟火指示着人居之所在,指示着平凡的人间生活:"山上层层桃李花,云间烟火是人家"(刘禹锡《竹枝词九首》其九),"牛羊下山小,烟火隔云深。一径入溪色,数家连竹阴"(钱起《题玉山村叟屋壁》),"烟火遥村落,桑麻隔稻畦"(元稹《缘路》),"回首隔江烟火,渡头三两人家"(张泌《河渎神》),都是说烟火与美好的风景和人家及日常生活紧密相连。

四

　　火是红色的，爱情也是红色的，火与爱情的关系密切。燃烧并且炽热灼人，是火与爱情的共同特点。通过火，可以诉说爱情也可以传递爱情。法国诗论家达维德·方丹说："比如用'火焰'表示爱情，这既说明了旺盛的欲火，又是语言的一种诗化运用"，"火焰和爱情之间的暗喻关系的成立是因在火和感情的效果间存在着相似性之故"（《诗学——文学形式通论》，陈静译，天津人民出版社2003年版，第84、85页）。真正的爱情如火燃烧，灼人灼己，难以自已。这方面，泰戈尔有杰出表现："我的心中难描难述的柔情便留在默默无言，如燃烧的火焰似的红玫瑰中"，是写"因初恋而焦急震颤的心灵"；"我坐起来，望着窗外闪烁的星河，那寂静的星河隐藏着热情的火焰"，是写对女友的深长思恋；"我心上的人儿，你干得好呵，你给我送来痛苦的火焰"，"那紧箍着我的黑暗，被你的爱的雷霆击中，才会像火炬般熊熊燃烧"，是写爱带给人烧伤般的灼痛；"让你的爱在我的渴望之火中燃烧，和着我的爱河奔流"，"让你的爱在我的欲望的火焰里燃烧，并且在我自己一切爱情的激流里奔腾"（引文均见《采果者·爱者之贻·渡口》），是写爱炽热如火。又如《情人的礼物》：

　　站在我的眼前吧，
　　让你的目光把我的歌变成一团火。
　　站在你的繁星之间吧，
　　让我找到我自己的崇拜之火在星光之中点燃。

> 大地正在世界的大路边等候着。

你的目光已经把我的歌变成了一团火,而我在星光之中又点燃了对你的崇拜之火。火面对火,火点燃火,火与火一同燃烧。有爱在,就有火燃烧;有火燃烧,就有爱在,爱是离不开火和火一样燃烧的激情的。台湾诗人杨牧的"我便是篝火/让青焰弹去你衣上的霜/在这炉边坐下/让我,让我轻握你冰凉的小手"(《冰凉的小手》),写爱如篝火,不仅融化恋人衣上的霜,同时温暖心房。李商隐的"春心莫共春花发,一寸相思一寸灰"(《无题》),更进一步,写如火一样燃烧之后的感情,暗里却含着这样一种意味:即使爱燃烧如火后之灰烬,也决不甘心,决不罢休,仍要继续燃烧下去,直至生命结束的那一时刻。爱德华·策勒尔说:"人的灵魂是神圣之火的一部分,这种火越纯净,灵魂也就越完美。"(《古希腊哲学史纲》,第56页)可以不夸张地说,诗就是火焰,而且是灵魂深处喷射出的火焰。

五

由于火的形象性、神秘性和不确定性,常被用来形容灵感,雪莱深有体会地说:"诗不像推理那种凭意志决定而发挥的力量。人不能说:'我要作诗。'即使是最伟大的诗人也不能说这类话;因为,在创作时,人们的心境宛若一团行将熄灭的炭火,有些不可见的势力,像变化无常的风,煽起它一瞬间的光焰;这种势力是内发的,有如花朵的颜色随着花开花谢而

逐渐褪落，逐渐变化，并且我们天赋的感觉能力也不能预测它的来去。"（《为诗辩护》）

诗歌灵感来去无踪、难以捕捉，正与火的特性相似。看似熄灭了，一股风来便又燃烧起来。爱尔兰天才作家詹姆斯·乔伊斯说："想象力迸发的那一瞬间，用雪莱的话来说，当精神化为燃烧殆尽的煤那一瞬间，过去的我成为现在的我，还可能是未来的我。因此，在未来（它是过去的姊妹）中，我可以看到当前坐在这里的自己，但反映的却是未来的我。"（《尤利西斯》上卷，萧乾、文洁若译，译林出版社 2005 年第 4 版，第 362 页）法国文艺批评家丹纳以火把燃烧为喻，论述伟大作品产生必备的条件："人的心灵好比一个干草扎成的火把，要发生作用，必须它本身先燃烧，而周围还得有别的火种也在燃烧。两者接触之下，火势才更旺，而突然增长的热度才能引起遍地的大火。"（《艺术哲学》，第 137 页）这其中蕴含的是产生伟大作品所必备的两个条件：一是自发的、独特的感情必须非常强烈，即主体如蓄势待发的火炬一样渴望燃烧；二是周围要有人同情并获得帮助，即周围的火种和火把一同燃烧，形成大火燎原之势，伟大的作品就在这个时候诞生了。

法国学者加斯东·巴什拉说："火照亮的事物保持着一种永不褪去的颜色。火所抚摸，所热爱并沉湎在其中的东西赢得了回忆并失去了无辜。"（《火的精神分析》，杜小真等译，岳麓书社 2005 年版，第 62 页）文学中的火、诗歌中的火，闪耀着灵智之光，存在着审美的无限可能性。无论是以火为意象凸显画面的美感，还是以火为喻增加抒情的力度、强化对视觉的冲击力，火都是其他意象或物象所无法比拟和替代的，因而将被读者长久记忆。

原载《海南师范大学学报》(社会科学版)2012年4期,原题为《"火"意象与燃烧之诗情》,收入本书时有删改。

篝火的画面美

篝火，古代指用竹笼子罩住的火。篝，是上大下小而长可以盛物的竹笼，燃火而罩以竹笼可以防风。《史记·陈涉世家》："又间令吴广之次所旁丛祠中，夜篝火，狐鸣呼曰：'大楚兴，陈胜王。'卒皆夜惊恐。"是说吴广在竹笼中置火，学狐狸叫声，以发动群众起义，后遂用"篝火狐鸣"指图谋起义，清人许缵曾《睢阳行》有"三吴今古如长夜，狐鸣篝火腾欺诈"（沈德潜《清诗别裁集》卷三）的咏叹。本文所说的篝火，则是指在野外或空旷的地方用木柴、树枝等燃起的火堆，有照明、取暖、指示方向、吓唬野兽、烧烤食物等多种功用。

篝火一般是在夜幕笼罩下被点燃且熊熊燃烧，因而在黑暗中往往会吸引视觉，成为视觉关注的中心，而围拢在篝火四周的人，也往往或歌或舞，或交谈或沉思，构成一幅幅动人心神的温暖画面。屠格涅夫《猎人笔记》（丰子恺译）中的《白净草原》描写作家独自在草原上夜行迷了路，绝望之时，他惊喜地发现了孩子们点燃的一堆篝火，于是他向篝火靠近，在和孩子们简单交流之后，"就躺在一株被啃光了的小灌木底下，开始向四周眺望。这景象很奇妙"：

> 火堆周围有一个圆形的、淡红色的光圈在颤动着，仿佛被黑暗阻住而停滞在那里的样子；火焰炽烈起来，有时向这光圈外面投射出急速的反光；火光的尖细的舌头舔一舔光秃秃的柳树枝条，一下子就消失了；接着，尖锐的

长长的黑影突然侵入,一直达到火的地方:黑暗在和光明斗争了。有的时候,当火焰较弱而光圈缩小的时候,在迫近过来的黑暗中突然现出一个有弯曲的白鼻梁的枣红色马头,或是一个纯白的马头,迅速地嚼着长长的草,注意地、迟钝地向我们看看,接着又低下头去,立刻不见了。只听见它继续咀嚼和打响鼻的声音。从光明的地方,难于看出黑暗中的情状,所以附近的一切都好像遮着一重几近于黑色的帷幕;但是在远处靠近天际的地方,可以隐约地看见丘陵和树林的长长的影子。黑暗而纯洁的天空显示出无限神秘的壮丽,庄严地、高远无极地笼罩在我们上面。

在"显示出无限神秘的壮丽,庄严地、高远无极地笼罩在我们上面"的"黑暗而纯洁的天空"下,在由篝火为核心构成的画面中,作家组织了层次分明、有声有色的众多景物,包括枣红色、纯白的马头以及丘陵、树影,无一不是鲜活动人的风景。在火与无边夜色形成强烈的明暗对比中,在熊熊燃烧的篝火映照下,作家目光敏锐,切实感受到了俄罗斯草原夏夜的静谧和美好:"吸取这种特殊的、醉人的新鲜气味——俄罗斯夏夜的气味,使人胸中感到一种愉快的紧缩。"在篝火旁,作家开始了和少年们长时间的交流,少年们讲述关于林妖的传说以及村子里他们熟悉的人的故事,少年"巴夫路霞丢一把枯枝到火里去。它们在突然迸出的火焰里立刻变黑了,哔剥哔剥地爆响,冒出烟气,弯曲起来,烧着的一端翘起来了。火光猛烈地颤抖着,向各方面映射,尤其是向上方。忽然不知从什么地方飞来一只白鸽,一直飞进这光圈里来,周身浴着焰焰的火光,惊惶地在原地盘旋了一会儿,又鼓着翅膀飞去了"。围在篝火旁的故事还在继续着,一直到天亮。我们有理由相信,一夜篝火的经历,使屠格涅夫对俄罗斯草原的黎明有了更真切的观察、更深刻的认识、更美好的感受:

> 一阵清风从我脸上拂过。我睁开眼睛:天色已经破晓。还没有一个地方泛出朝霞的红晕,但是东方已经发白了。四周一切都看得见了,虽然很模糊。灰白色的天空亮起来,蓝起来,寒气也加重了;星星有时闪着微光,有时消失了;地上潮湿起来,树叶出汗了,有的地方传来活动的声音,微弱的晨风已经在地面上游移。我的身体用轻微而愉快的颤抖来响应它。我迅速地站起身来,走到孩子们那边。他们都像死了一样地睡在微熏的火堆周围;只有巴夫路霞抬起身子,向我凝神注视一下。

篝火燃烧的夜晚过后,觉醒的大自然重新呈现出了生机和活力,一切新鲜得如同刚刚沐浴过一样。在如此美丽的大自然怀抱中,生活的人们本该是幸福而欢乐的。然而,在小说的结尾,作家在如诗如画的风景描绘后说道,"遗憾得很,我必须附说一句:巴夫路霞就在这一年内死了。他不是淹死的,是坠马而死的。可惜,这个出色的孩子",把人带入了深长的哀伤和思索中。屠格涅夫在这里通过大自然的无比美好映衬出的却是现实生活的苦难和残酷。作为一个对俄罗斯有着深厚感情的作家,屠格涅夫通过景物包括篝火描写,充分表现了他对自然、对人生的热爱,对专制黑暗的批判,《白净草原》就是如此。与《白净草原》的篝火描写有异曲同工之妙的是蒲宁创作于1900年的短篇小说《安东诺夫卡苹果》(戴骢译)中的有关描写:

在寒气袭人的晚霞下，村里的人语声和大门的吱扭声听起来分外清晰。天色越来越暗。这时又增添了另外一种气味：果园里生起了篝火，樱桃枝冒出的烟散发出浓郁的香气。在黑魆魆的果园深处，出现了一幅童话般的画面，那情景就好似在地狱的一角一般：窝棚旁升起了血红的火舌，而周遭却是黑洞洞的一片。人们漆黑的轮廓，就像是用乌木削成的，在篝火周围移动，于是他们巨大的影子也就在苹果树间游荡开了。一会儿一只足足有好几俄尺长的黑黢黢的手把一棵树遮得密不通风，一会儿又清晰的出现了两条巨腿——就像是两根黑漆柱子。蓦地里，黑影一闪，从苹果树上滑落到了林荫地上，盖没了整条道路，从窝棚直至围墙的便门……

漆黑的夜幕下，苹果园深处的篝火熊熊燃烧，烟里散发出阵阵浓郁的香气。在篝火映照下，人们巨大的影子或远或近地移动着，整幅画面仿佛童话一般，既有梦幻色彩又富有生活气息。面对乡村如此美好的景致，作家禁不住发出了"天气多么凉呀，露水多么重呀，生活在世界上又是多么美好呀"的感叹。整篇小说沁着"安东诺夫卡苹果"的馥郁甜香，作家通过对昔日美好生活的深情缅怀，将读者带入了那个已经逝去的田园梦境中，抒发了对过去生活的留恋，对时世变迁的惆怅和感伤。这是一首旧时代的挽歌，深沉的感情已含蕴在了以篝火为核心的色彩鲜明的图画中。蒲宁的童年是在奥列尔省祖传的地主庄园里度过的，当时这里遍地都是花卉芳草、庄稼林木，充满了宜人的田园宁静气氛，成年后的蒲宁对此充满了怀想。蒲宁还有一篇题为《篝火》的散文，开头是这样描写的：

在大路转弯处的一根指出村道方向的柱子旁，黑暗中燃着一堆篝火。我赶着一辆由三匹马拉着的长途马车，听着马轭下的响铃，呼吸着秋夜草原上的新鲜空气。那篝火烧得很旺，离它越近火苗与它上端的黑暗对比越突出。不久就可以分辨出那根由篝火从下面照亮的柱子，以及一些坐在地上的黑黑的人形。这些人仿佛坐在一个阴暗的地穴里，而相互交织的火舌使得这地穴的几个漆黑的穹顶颤动着。

在篝火映照下的"黑黑的人形"，"仿佛坐在一个阴暗的地穴里"，已经暗示了这些人的艰难处境和遭遇。借着篝火，作家知道这是一群流浪的茨冈人（即吉卜赛人），他们衣衫褴褛却待人真诚热情。借火点烟之后，作家又上路了。夜凉扑面，满天星光，没有篝火、没有温暖的前头"又是黑糊糊的野地"，"我却比在篝火旁更加清晰地看见了那黑发，那温柔热情的眼睛，那脖子上挂着的旧银项链……于是，满被露水的小草气味，寂寞的铃声，星星和天空，就都给了我一种新的感觉，使我烦恼，使我困惑，向我诉说着一种无法弥补的失落……"这里，作家默默诉说着心里的感动，表达了对祖祖辈辈流浪的、无家可归的吉卜赛人由衷的同情。

中国古代文学中有关篝火的描写并不多。《全唐诗》中有一处，即晚唐周昙的咏史诗《三代门·幽王》："狼烟篝火为边尘，烽候那宜悦妇人。厚德未闻闻厚色，不亡家国幸亡身。"这里的"篝火"指的是烽火，说周幽王烽火戏诸侯最终导致了国破身亡的悲剧。《全宋词》中有一处：陈恕可的"草汀篝火，芦洲纬箔，早寒渔屋"（《桂枝香·天柱山房拟赋蟹》），是一幅优美的图画，寒夜里，长满芳草的汀岸有篝火闪闪烁烁。清人章藻功《晚游西湖》的"乍卷村烟横远岫，暗移篝火点平沙"（《清诗别裁集》卷十九），也是一幅可描可绘的图画，炊烟缭绕，远山如黛，平旷的沙地有篝火缓缓燃起。另外，王安石的"篝火尚能书细字，邮筒还肯寄新诗"（《寄张先郎中》），是说在明亮篝火的映照下书写小字；清人杜文澜《憩园词话》（卷六）载秋榘作《烛影摇红》"隔院谁家，机声恰怀砧声近。三更篝火未曾休，底事辛勤甚"（《重录钱子奇大令词》条），是说辛勤劳作，三更纺织不已，篝火犹明；清人缪沉《房中诗》的"夜堂篝火摊书读，吹落灯花红簌簌"（《清诗别裁集》卷二十二），是说在篝火的映照下摊书而读。这里的篝火，指的都是用竹笼子罩住的火。

　　文学作品中的篝火具有奇妙的视觉美感，不仅构成绝美的画面，同时可以表达丰厚深沉的情感，美国当代作家西格德·F.奥尔森在《篝火》一文中说："围坐在篝火旁，人们感到整个世界就是他们的篝火，所有的人都是他们路上的伙伴。""篝火不仅意味着温暖和御寒"，"篝火是与大地接触的必要而典型的方式。"（《低吟的荒野》，程虹译，生活·读书·新知三联书店2012年版，第88、90、91页）熊熊燃烧的篝火可以与沉沉的夜幕形成强烈的明暗和大小的对比，在无边黑暗的笼罩下的篝火更加鲜明突出，引人注目，往往能构成一幅幅动人心神的优美画面，不仅给人视觉的美感享受，还可以传递一种更为深沉厚重的真挚感情，让我们自己成为风景的一部分。沉沉的暗夜需要篝火点亮，篝火点亮的还有人心。

2012 年 11 月 17 日

色彩与诗歌审美

色彩无差别,一切色彩都可能是美的。色彩能构筑画面,唤起丰富的联想,扩大想象的空间,增加阅读的美感享受。印象派画家保尔·高更说:"色彩作为色彩自身在我们的感觉里所激起的是谜样的东西";"色彩是一奔流的、火热的、生动的自然元素"(《欧洲现代派画论选》,宗白华译,人民美术出版社1980年版,第39、49页)。色彩是客观的,也是心灵的,是诗人、艺术家写景传情的一种有效的媒介和手段。文学世界之所以五彩斑斓,美不胜收,颜色或曰色彩在其中所起的作用不可忽视。抽象画派的创始人瓦西里·康定斯基说:"色彩直接地影响着精神。色彩好比琴键,眼睛好比音槌。心灵仿佛是绷满弦的钢琴。艺术家就是弹琴的手,它有目的地弹奏各个琴键来使人的精神产生各种波澜和反响。"(《论艺术的精神》,查立译,中国社会科学出版社1987年版,第35页)

一

色彩的运用最具个性化特征,诗人凭借着自己敏锐感受、独特方式传递着心灵的声音,传递着对世界的看法。中国白话诗的开拓者之一的康白情是《新潮》月刊的创办者,20世纪20年代初他有一首写在津浦铁路火车上的《和平的春里》:

> 遍江北底野色都绿了

柳也绿了

麦子也绿了

细草也绿了

水也绿了

鸭尾巴也绿了

茅屋盖上也绿了

穷人底饿眼儿也绿了

和平的春里远燃着几野火

（4月4日，津浦铁路车上）

津浦铁路，是一条由天津通往南京浦口的铁路干线，于1912年全线通车，全长1013公里。途经沧州、德州、济南、泰安、兖州、滕州、徐州、宿县、蚌埠、滁县等地，从南到北纵贯今天的河北、山东、安徽、江苏四省。全诗九行，前七行涂抹了大片的绿色，看似表现无处不在、充满生机的春天景色，但一句"穷人底饿眼儿也绿了"，知道前面的七句都是为后面这一句作铺垫的，这是一个青黄不接可怕的春天，没吃没喝，穷人的眼睛都"绿了"。最末一句"和平的春里远燃着几野火"，暗示了穷人难以长久忍受饥饿，要起来反抗斗争，改变自己的命运。诗题"和平的春里"也是反语，"和平"是假象，饥饿才是真的。

李贺世称"鬼才"，其诗在色彩运用上充分体现了诡谲神秘的个性特点，他笔下的色彩绚烂浓重却又给人沉重阴郁之感。李贺喜欢用红色，但其笔下的红色给人的感觉却不是温暖的、让人兴奋的："南浦芙蓉影，愁红独自垂"（《黄头郎》），"愁红"，经风雨摧残的花，也用以形容女子的愁容；"金塘闲水摇碧漪，老景沉重无惊飞，堕红残萼暗参差"（《河南府试十二月乐词并闰月·四月》），"堕红"，指萎靡下垂的残花；"云根苔藓山上石，冷红泣露娇啼色"（《南山田中行》），"冷红"，指轻寒时节的花。"愁红""堕红""冷红"，在艳丽浓重之中又饱含着一种难以尽言的凄楚、悲酸、哀怨。李贺还喜用黑色："鬼灯如漆点松花"（《南山田中行》），"月午树无影，一山唯白晓。漆炬迎新人，幽圹萤扰扰"（《感讽》其三），新鲜奇特，给人幽冷、阴森之感，使人确乎感受到了一种"鬼气"的重压。黑色属于极色，是光的全部吸收，阴冷沉重，是死亡的象征。瓦西里·康定斯基说："黑色基调是毫无希望的沉寂。在音乐中，它被表现为深沉的结束性的停顿"；"黑色像是余烬，仿佛是尸体火化后的骨灰。因此，黑色犹如死亡的寂静，表面上黑色是色彩中最缺乏调子的颜色"（《论艺术的精神》，第51页）。李贺喜好和使用色彩的特殊性，是与其备受压抑、英年早逝有内在联系的。

波德莱尔说："在色彩中，风格和感情来自选择，而选择来自性情。"（《美学珍玩》，郭宏安译，上海译文出版社2009年版，第87页）北宋词人周邦彦《玉楼春》通过对景物色彩的选择组合，表现了词人的一次缠绵而苦痛的情感体验：

> 桃溪不作从容住，秋藕绝来无续处。当时相候赤栏桥，今日独寻黄叶路。　烟中列岫青无数，雁背夕阳红欲暮。人如风后入江云，情似雨余黏地絮。

"赤栏桥""黄叶路"，不仅是景物和色彩的对比，更是两种截然相对的心情、心境的体现。"赤栏桥"如火的红色映衬出感情的热烈,也使人想到勃发的青春与火热的生命;"黄叶路"则暗示了在草木萧条、落叶满地的秋天失恋者的哀伤心情。"赤栏""黄叶",一热一冷,对比显豁,具有鲜明的画面感。黄昏时分,词人独自上路,入目所见的是"烟中列岫""雁背夕阳",弥漫的烟霞中排列着无数青翠的峰峦,夕阳晚霞的暗红色投射在天空中翩然飞行的大雁身上。"青""红"一低一高,色彩浓重绚丽,构成一幅凄迷艳绝的图画。"青无数",暗示自己与恋人相距遥远;"红欲暮",又寄寓了独处的怅然若失。南宋词人蒋捷《一剪梅·舟过吴江》中的"流光容易把人抛,红了樱桃,绿了芭蕉",则把属于名词的色彩动词化,摇曳生姿,给人耳目一新之感,抒发了光阴流逝的感慨。词人久客思归,对季节的移迁格外敏感,在时光的悄然流逝中,樱桃红了之后,芭蕉也绿了。"红了"表明春天将尽,"绿了"表明夏天已至;"红了""绿了",将静态景物动态化,又点明时不我待,把词人那种思归不得而只能眼巴巴地望着景物变换的急切焦虑的心情,真切生动地表现出来了。"红""绿"并置,同时描摹了江南明丽如画的美景。

保尔·塞尚所说:"色彩是生物学的,我想说,只是它,使万物生气勃勃。"(《欧洲现代画派画论选》,第18页)感觉心理学研究证明,色彩具有强烈的主观性,选择什么样的色彩,喜欢什么样的色彩,极具个性特征。反映在诗中,色彩除了具有神奇非凡的表现力外,色彩的选择还反映了人物心理的微妙变化,是人物情绪的某种象征,诗歌中的色彩已完全心灵化、情绪化,成为诗歌意境的重要组成部分。因此,困难的并不在于简单地将色彩排列出来,或随意给景物涂上一层色彩,而在于如何通过色彩的选择、搭配,将抒情主体的情绪心理出神入化、浑然无迹地表现出来。

二

在色彩的使用上,20世纪80年代初崛起于当代中国诗坛的朦胧诗也有杰出的表现,其中又以顾城、舒婷为代表。顾城有短诗《一代人》:"黑夜给了我黑色的眼睛／我却用它寻找光明。""黑夜",指"文革"十年浩劫,压抑沉重;"黑色",用来形容深沉执着、洞察一切的明亮的眼睛。在茫茫夜色中找寻光明,正是饱经磨难而又决不沉沦的一代人的共同价值追求。顾城的《感觉》一诗,是用色彩创造出的感情世界:

> 天是
> 灰色的
> 路是灰色的
> 楼是灰色的
> 雨是灰色的
>
> 在一片死灰之中
> 走过两个孩子
> 一个鲜红
> 一个淡绿

欣赏这样的诗,宛如欣赏一幅印象派的风景画。无疑,诗人是深谙曹雪芹所说的"置一点鲜彩于通体淡色之中,自必绚丽夺目"(《中国美学史资料选编》下册,中华书局1981年版,第347页)的道理的。死灰,完全熄灭的火灰,因其颜色为灰白色,用以形容类似的颜色。灰色是处于黑白两极色间的中性色,沉闷、暧昧,常给人以凄楚悲哀的感觉,在一般意义上是消极的色彩,后人多用来形容人的面部表情或心情,表示绝望。然而,诗人却不惜涂抹大片的灰色为全诗的底色,就在读者感到一种难言的压抑的时候,诗人却笔锋陡转,在弥天漫地的无边灰色之中,轻灵地点上了一笔鲜红,一笔淡绿。从色彩特性上讲,红色是暖色系的代表,光度高,纯度高,热烈飞动,常给人以光明、兴奋之感,黑格尔就认为:"纯真的红色是一种活跃的基本的具体的颜色。"(《美学》第三卷上,商务印书馆1981年版,第274页)波德莱尔说:"当大火炉(指太阳——笔者注)降入水中时,红色的号声从四面八方响起,一种血红的和谐出现在天际,而绿色被染得通红,绚烂无比。"(《美学珍玩》,第85页)而绿色则宁静、安详,有新生、希望的意味,让人觉得满足。红色和绿色在色彩学上又构成互补色(色彩环形排列上相对的两色),互补色可以使处在对比中的两色充分显示其明度,使红者更娇艳,绿者更苍翠。这样,在大片灰色的映衬下,即便是很少的一点儿红色、绿色,也极其鲜明夺目,使得本来沉闷呆滞的画面顿时变得生气勃勃,跃动着不可抑止的青春和生命的活力,形象生动地传达出了诗人那种由压抑沉重而一变为爽朗舒畅、充满欣慰的感情经历。

在朦胧诗人中,舒婷的艺术感觉最为敏锐也最为细腻,对色彩的感觉不让于杰出的画家,如《眠钟——挽老诗人沙蕾》(《诗刊》1987年1期):

人在黑框里愈加苍白
凤凰木在雨窗外
兀自
嫣红

这是一首悼亡诗,诗人使用了"黑""苍白""嫣红"三种颜色,表达对老诗人的无限怀念之情,在"情"与"色"的结合方面达到了前所未有的高度。本来已苍白的脸在黑色的相框的映衬对比下越发显得苍白不堪了。这不仅是诗人因伤痛而产生的自我感觉,更是黑白色含蕴的丧吊的感情象征意义所致。"凤凰木在雨窗外 / 兀自 / 嫣红",更将这种伤悼之情推到了极致。人已故去,而凤凰木却不关人情,依旧生机盎然。在死与生、衰亡与兴盛的强烈对比之下,悲悼伤痛之情越发显得浓烈深挚了。凤凰木是落叶乔木,高可达20米,夏季开花,花朵颜色鲜红且有光泽,是世上色彩最鲜艳的树木之一。舒婷对色彩的使用常常有令人叫绝的表现:"我要葱绿地每天走进你的诗行 / 又绯红地每晚回到你的身旁""等等?那是什么?什么声响 / 唤醒我血管里猩红的节拍"(《会唱歌的鸢尾花》),"从红马群似的奔云中升起 / 你蔚蓝而且宁静 / 蔚蓝,而且宁静"(《黄昏星》),这些平常的颜色被诗人激活了,通过通感等艺术手法的使用,传递出一种久违的深情。

　　黑格尔说:"颜色感应该是艺术家所特有的一种品质,是他们所特有的掌握色调和就色调构思的一种能力,所以也是再现的想象力和创造力的一个基本因素。艺术家凭色调的这种主体性去看他的世界,而同时这种主体性仍不失其为创造性的。"

（《美学》第三卷上，第282页）可以不夸张地说，色彩是生命的体现。色彩丰富了人类的感情生活，也丰富了诗歌的表现艺术。

三

白色，作为与黑色相对的光的两极之一，是光的全部反射。就其物理特性而言，白色是各种光色的混合，是一种比太阳光谱中任何颜色都清洁纯净的颜色。瓦西里·康定斯基认为，白色是一个世界的象征，"在这个世界中，一切作为物质属性的颜色都消逝了。它那高远浩渺结构难以打动我们的心灵。白色带来了巨大的沉寂，像一堵冷冰冰的、坚固的和绵延不断的高墙。因此，白色对于我们的心理的作用就像是一片毫无声息的静谧，如同音乐中倏忽打断旋律的停顿"（《论艺术的精神》，第50页），有特殊的美感价值。白色的消极意义也十分明显，苍白、凄凉、贫乏、虚弱是其常见的象征意义。与黑色一样，白色也是一种丧色。无论正反，使用白色造境抒情都有巨大的可能性。李锐的系列小说《厚土》中有一篇名为《送葬》，描写的是"文革"中一个生产队为参加安葬一位孤独老人的村民免费供应一顿腥膻的羊肉饭的情形，"有半年不沾腥了，连肠子也叫窝窝刮薄了"的全村男壮劳力快意地叫着，打趣着：

> 于是，庙屋里再次哄起一阵男人们低沉有力的笑声。屋外阳光白白的，院内的棺材白白的，肮脏的碗边上露出的牙齿也是白白的。

这分外耀眼的白色，透出的是贫乏和愚昧，是"大锅饭"带给中国农民从精神到肉体的贫瘠、空虚，令人厌恶，也令人同情。

用白色表现人物的性格气质，在《红楼梦》对宝钗形象的塑造中达到难以企及的高度。纵观《红楼梦》，曹雪芹自始至终都是通过白色来显示宝钗的性格特征及其命运结局的。第七回宝钗吃的是专攻"从胎里带来的一股热毒"的"冷香丸"，便全是用白颜色的植物——春天开的白牡丹花蕊、夏天开的白荷花花蕊、秋天开的白芙蓉花蕊、冬天开的白梅花花蕊以及农历白露这日的露水、霜降这日的霜、小雪这日的雪配制而成的，之后还需埋在白色的梨花树下。就连蘅芜院宝钗的居室，也"雪洞一般，一色的玩器全无"，贾母见此状亦摇头说："年轻的姑娘们，屋里这么素净，也忌讳。"（第四十回）这里的白色，早已超越了一般的象征意义，而成为宝钗性格、为人处世的写照：沉静、冷漠、察言观色，决不冲动，就连贾琏的小厮兴儿也说她是用雪堆成的"冷美人"。雪藏在白色下的宝钗不断向宝二奶奶的宝座靠近，她深知无色而终归于极色的道理，脂砚斋评其《咏白海棠》中的诗句"淡极始知花更艳"（第三十七回）是"自写身份"。果然，宝钗的这种"白色性格"及为人处世的方式赢得了包括贾母、王夫人在内的贾府上下的青睐。宝钗在世俗婚姻中似乎取得了成功，却在爱情上成了彻底失败的"得胜"的不幸的未亡人，验证了"空对着，山中高士晶莹雪"（第五回）的结局。

"一个伟大的艺术家可以凭想象出来的色彩和谐去表现他要表现的任何感情。"（［美］库克：《西洋名画家绘画技法》，杜定宇译，人民美术出版社1981年版，第36页）从对诗歌艺术考察中可以看出,色彩的运用不满足简单地描摹与外部再现,而逐渐趋向表现强烈的主观情绪及内心深处的微妙颤动。色彩不只是客观的物质存在,也成为一种充满主观能动性的情绪元素。因此,谁能灵活地、尽可能完美地使用这种元素,谁就可能在诗歌艺术的领域中获得更自由、更广阔的天地。

2019 年 11 月 17 日

被帝王垄断的黄色

黄色，是太阳光谱中一种明度较高、光辉四射、能使人产生明朗与希望感受的色彩。瑞士著名色彩艺术家约翰内斯·伊顿说："黄色是所有色相中最能发光的色彩"，"黄色这种最辉煌、最明亮的色彩，在象征意义上是同领悟和知识相适应的"，"在同暗色调对比时，黄色就是一种辉煌欢乐的色调"（《色彩艺术》，杜定宇译，上海人民美术出版社1985年版，第100页）。同时，金黄色以其超强的明度和不透明等特性显示了物质的最高纯化，这是其他色彩不能比拟的。在西方文化中，色彩的象征意义与东方的中国相似，苏联学者乌格里诺维奇说：

> 在拜占庭教堂的镶嵌画、壁画和圣像里，颜色也获得象征的意义。例如，金色是"神明""天国"的象征，紫色是帝祚的象征，白色是纯洁无瑕、不染红尘的象征，黑色是死亡、地狱的象征，绿色是青春、繁荣的象征，如此等等。

（《艺术与宗教》，生活·读书·新知三联书店1987年版，第124页）

由于黄色有这样的特性和象征意义，在中国封建社会，黄色便成了帝王的颜色，是最高智慧与权力的体现，为帝王所独占，借以显示万民之主的非凡地位：龙袍是黄色的，龙椅是黄色的，诏书是黄色的，皇宫建筑的基调也是黄色的。另外，在中国古老的阴阳五行中，金、木、水、火、土与白、青、黑、红、黄五色相对应，黄色象征着中央、土地、甘味、皇帝、心脏。清代大太监李莲英乖巧聪明、善解人意，以一手漂亮的梳头功夫得到慈禧的赏识，他的值班房离慈禧的寝宫不远，有时慈禧会到他屋里坐一下，李莲英便把慈禧坐过的椅子都用黄布包起来，这样别人就不敢坐了。值班室内有十把椅子，慈禧坐过八把，李莲英就包起来八把，慈禧见状后十分高兴，认为李莲英精细过人，对她忠心耿耿，对李莲英愈发宠爱有加。

那么，黄色究竟是什么时候为帝王垄断、成为帝王的专用色呢？《旧唐书·志二十五·舆服》记载：

> 武德初，因隋旧制，天子宴服，亦名常服，唯以黄袍及衫，后渐用赤黄，遂禁士庶不得以赤黄为衣服杂饰。四年八月敕："三品已上，大科䌷绫及罗，其色紫，饰用玉。五品已上，小科䌷绫及罗，其色朱，饰用金。六品已上，服丝布，杂小绫，交梭，双䌷，其色黄。六品、七品饰银。八品、九品鍮石。流外及庶人服䌷、绢、布，其色通用黄，饰用铜铁。"

关于隋的"旧制"，《新唐书·志十四·车服》说："初，隋文帝听朝之服，以赭黄文绫袍，乌纱冒，折上巾，六合靴，与贵臣通服。"赭黄，黄中带赤的颜色。隋文帝（541—604）时期，赭黄并不为帝王专属，显贵的大臣也可以黄色为服饰。炀帝（569—618）时期，士卒的服饰也可以使用一般的黄色。《旧唐书·志二十五·舆服》说：炀帝大业六年（610）"复诏从驾涉远者，文武官等皆戎衣，贵贱异等，杂用五色。五品已上，通著紫袍，六品已下，兼用绯绿。胥吏以青，庶人以白，屠商以皂，士卒以黄"。从《旧唐书》"士庶不得以赤黄为衣服杂饰""流外及庶人服䌷、绢、布，其色通用黄"的记载看，高祖武德时期禁止的是赤黄色,并不是所有的黄色,九品以外的官(即"流外")和平民百姓仍然可以黄色为服饰颜色。《新唐书·志十四·车服》又说:

> 至唐高祖,以赭黄袍、巾带为常服。腰带者,搢垂头于下,名曰铊尾,取顺下之义。一品、二品銙以金,六品以上以犀,九品以上以银,庶人以铁。既而天子袍衫稍用赤黄,遂禁臣民服。亲王及三品、二王后,服大科绫罗,色用紫,饰以玉。五品以上服小科绫罗,色用朱,饰以金。六品以上服丝布、交梭、双钏绫,色用黄。六品、七品服用绿,饰以银。八品、九品服用青,饰以鍮石。勋官之服,随其品而加佩刀、砺、纷、帨。流外官、庶人、部曲、奴婢,则服䌷、绢、絁、布,色用黄白,饰以铁、铜。

黄色被帝王垄断是一个渐进的过程。唐高祖李渊(566—635)时期,因为天子的袍衫渐渐使用赤黄色,而臣民被禁止使用,但是六品以上的官员依旧可以使用一般的黄色为服饰颜色。中华书局本《新唐书》(卷二十四)将"赤黄"句读为"赤、黄",这就成了两种颜色,《旧唐书》(卷四十五)则为"后渐用赤黄"。实际上,这里的"赤黄"不应句读为"赤、黄",因为它指的是一种颜色。到了贞观四年(630),朝廷虽然有令,但官员仍然可以服黄。《旧唐书·志二十五·舆服》:"贞观四年又制,三品已上服紫,五品已上服绯,六品、七品服绿,八品、九品服以青,带以鍮石。妇人从夫色。虽有令,仍许通著黄。"

俄国画家瓦西里·康定斯基说:"黄色易于变得刺眼,

但无表现深度的能力。"(《论艺术的精神》,中国社会科学出版社1987年版,第49页)即便如此,黄色最终还是被帝王垄断了。黄色被全面禁用,成为帝王的专用色是在唐高宗总章元年(668),而不是在唐高祖武德初年。《旧唐书·志二十五·舆服》:"龙朔二年,司礼少常伯孙茂道奏称:'旧令六品、七品著绿,八品、九品著青,深青乱紫,非卑品所服。望请改八品、九品著碧,朝参之处,听兼服黄。'从之。总章元年,始一切不许著黄。"宋人王楙《野客丛书·禁用黄》(卷八)说"自唐高祖武德初,用隋制,天子常服黄袍,遂禁士庶不得服,而服黄有禁自此始",是不确切的。

由此可知,从高宗总章元年开始,平民百姓就不再能使用黄色,紫色、红色也不行,因为紫色、红色是品级较高官员的服色。《宋史·舆服志五》(卷一百五十三):

> 太宗太平兴国七年,诏曰:"士庶之间,车服之制,至于丧葬,各有等差。近年以来,颇成逾僭,宜令翰林学士承旨李昉详定以闻。"昉奏:"今后富商大贾乘马,漆素鞍者勿禁。近年品官绿袍及举子白襕下皆服紫色,亦请禁之。其私第便服,许紫皂衣、白袍。旧制,庶人服白,今请流外官及贡举人、庶人通许服皂。工商、庶人家乘檐子,或用四人、八人,请禁断,听乘车;兜子,舁不得过二人。"并从之。端拱二年,诏县镇场务诸色公人并庶人、商贾、伎术、不系官伶人,只许服皂、白衣,铁、角带,不得服紫。文武升朝官及诸司副使、禁军指挥使、厢军都虞候之家子弟,不拘此限。

太宗太平兴国七年（982），翰林学士承旨李昉建议禁举子服紫色，宋太宗从之。端拱二年（989），宋太宗再诏各类差役及平民、商贾、伶人等"只许服皂、白衣"，"不得服紫"。宋仁宗天圣七年（1029）"诏士庶、僧道无得以朱漆饰床榻。九年，禁京城造朱红器皿"。不仅服饰禁用紫色，僧、道的床榻亦不能涂以朱漆，京城不能造朱红色的器皿。对于皇家的霸道，老百姓是敢怒不敢言。

对色彩有专门研究的张清常教授说："皇帝用黄色，并不是非常古的事情。周天子玄衣黄裳，黄在玄之下，也不认为黄是天子专用的颜色。帝王按五行五德之说，并不规定专用黄色。汉武帝曾经尚黄，不久便废。直至唐朝才明确帝王垄断黄色。所以赵匡胤黄袍加身，就是做了皇帝。一直到清朝都如此。"（《汉语的颜色词大纲》，《语言教学与研究》1991年3期）从唐高宗总章元年（668）开始，黄色就被帝王垄断，直到天聪六年（1632）十二月，清太宗还在发布诏令，朝野"惟不许用黄色及杏黄色"（《清实录·太宗实录》），直到1911年的辛亥革命才解禁。算起来，禁止民间使用黄色为服色的时间一共是1243年，经历了唐、宋、元、明、清五个朝代。其间有敢犯禁者，轻则坐牢，重则杀头。在黄色被禁的一千多年里，平民百姓只能以皂（黑）、青、白等少数几种冷色为服饰颜色，暗淡单一的色调充斥着社会的中下层，封建统治者的专制、横暴、冷酷由此可见一斑。

原载《文史知识》2021年第8期

"山水之美,使人应接不暇"

中国山水文学源远流长,宛若一条红线贯穿了文学史发展的始终,展现了大自然形态丰富的美及古人开阔自由的心灵。

先秦是中国山水文学的准备时期。这一时期,大自然在人们心目中既是神秘庄严、令人敬畏的,又是充满魅力与生机的。从"怀柔百神"的宗教礼仪活动到孔子的"比德"观、孟子的"致用"态度以及庄子的顺任自然、回归自然的思想,人们与大自然在精神、情感等诸多方面的联系在这个时期获得了本质意义上的确立。其中,孔子"比德"观对后世影响尤其深远。孔子将道德观念融入对自然美的欣赏之中,自然物在许多时候是作为人的精神品格的对应物而存在并获得价值的。是否具有道德价值,是自然美能否进入审美视野的重要尺度。此后的历史发展表明,这种联系既已确立,无论社会如何变迁,再也没有什么力量能使它们分开。这种难以分割的联系,不仅加深了人们对宇宙万物的感知和认识,也映射出人们在追寻探索中所展示的心灵真实,中国山水文学就是在此背景下萌芽的。汉代是中国文人与大自然结成全面联系进而走向魏晋南北朝的一个过渡时期。《诗经》《楚辞》及两汉文学创作中涉及的山水景物,主要是被用来烘托主人公的形象及酝酿一种浓厚的抒情气氛,其本身的审美价值并不被文学家看重。

魏晋南北朝是中国山水文学的发生期。这一时期中国文学逐渐走向自觉,文学家们把目光深情地投向大自然。山水清音,与人会通,左思的"非必丝与竹,山水有清音"(《招隐诗》),

将山水的清响看作妙绝的天然音乐，标志着中国文人山水审美意识开始觉醒：自然的美不是人为的，丝竹管弦之妙是不能和山水清音相比的，由此我们看到了山水文学诞生的曙光。在这一时期的山水文学史上，袁山松在《宜都记》中提出的"山水有灵，亦当惊知己于千古矣"的说法具有不可忽视的特殊意义。它指出"惊知己"不只是属于山水，同时也属于人，只有彼此都"惊知己"，人与山水才能达成真正意义上的融通。这是山水文学诞生的哲学与美学基础。此外，汉末社会动乱、隐逸之风盛行，士大夫以山林泽野为避难之所，庄园经济迅速发展为士大夫的隐逸生活提供了物质条件，而"永嘉之乱"后士大夫南渡，有更多机会接触江南的绿水青山："会稽境特多名山水。峰崿隆峻，吐纳云雾，松栝枫柏，擢干疏条。潭壑镜彻，清流泻注。王子敬见之，曰：'山水之美，使人应接不暇。'"（《世说新语·言语》引《会稽郡记》）这些都促成了山水文学的诞生。

南朝文人在魏晋文人认识自然的基础上，进一步扩大审美视野，竞相赏玩山水，以更大的热情投身大自然。山水自然在生活中成为人们审美观照的独立对象，进而成为文学创作的独立题材。至此，山水文学诞生的条件已具备。谢灵运的山水诗成为这一时期山水文学的重要代表。这一时期山水文学的集大成之作是郦道元的《水经注》。《水经注》虽是为魏晋时无名氏的地理著作《水经》做的注释，却有很高的文学价值，其中对山水自然的描写，峻峭灵秀，清气逼人，直接影响了柳宗元的山水散文创作，李白、杜甫等人的诗歌也都从中汲取了艺术营养。

隋唐是中国山水文学的繁荣期。这一时期尤其是初唐、盛唐的山水诗在继承前代山水文学的同时，呈现出鲜明的特点：

一是不再局限于具体景物的精细描绘、刻画，而是注重表现山水的整体气象，在山水形象中蕴含了强烈的主体意识、宇宙意识。诗人对山水的认识、体验更为深入，艺术手法也更为纯熟。到了盛唐，诗人能用精短的篇幅，如五绝、七绝表现雄浑壮美的气象、开阔的意境，将南朝山水文学中细碎的小景刻画变成简约的大景勾勒。二是自然景物和生活感受的紧密结合，山水形象中蕴含着生活美和诗人的人格美。对于山水诗创作来说，诗人要深刻地体味自然景色，融入真切的生活感受，灌注强烈的主观感情，然后加以表现。三是不黏滞于物象，注重表达对山水自然的领悟，由此创造出韵味无穷的诗境，山水不仅虚灵化而且情致化了。初唐、盛唐山水诗人以灵心一片，往来于山水自然之间，不仅表现自然美，而且把对自然美的领悟不着痕迹地表现在山水形象里，既具灵性，又独具美感，耐人回味。四是风格多样。初唐、盛唐的山水诗虽然以雄浑、清雅为主，但又不拘一格，特别是盛唐山水诗名家在创造典型意境的同时，又能呈现出鲜明的个人风格，如王维山水诗画的浑然合一、孟浩然笔下吴越山水的清淡深邃、储光羲在景物描绘中蕴含着的对于新生活的期待，等等。在盛唐诗坛巨星李、杜笔下，山水诗更是不同凡响：李白壮阔雄奇，万千气象；杜甫沉郁悲壮，地负海涵。李白的《蜀道难》杂用古文和楚辞的句法，将诗人胸中喷薄的豪气融入自然景色，突出描写对象在形式上的高大、突兀，气势上的磅礴，从而全面展示了大自然的崇高美。杜甫在写景的同时，将诗人的家国之思、身世之悲、漂泊之感尽寓其中，风格愈加沉郁悲壮，如著名的《秋兴八首》及以"白帝"为诗题的诸多篇章。

中唐的柳宗元是唐代山水文学成就最高的作家。柳宗元于山水别有深情，他的深情，是一种熔铸了整个生命的深情，而不同于王维和孟浩然的雅淡。以生命为膏脂照亮暗夜的写作姿态，使他明显区别于其他作家的山水文学创作。一面歌哭，一面寻路，柳宗元将自己悲苦的生命感受和生命情怀完全融入到了笔下的山水中。永州的山水之美让柳宗元一见倾心，如逢知己。在著名的《永州八记》中，柳宗元把它们写得千娇百媚、姿态横生，同时也是要以此来映衬朝政的恶浊，显示自己高洁的人格和不甘沉沦的灵魂。柳宗元的山水游记最突出的特点是以心写境、借境传心，虽多实写，但也不时造境，在造境的同时，创作者主体的情感已不露痕迹地融注其中。山水文学发展至晚唐在性质上呈现出内敛性，在艺术风格上表现出感伤衰飒的特点，整体上缺乏气象。

从宋辽金到元明清，在长达近千年的历史进程中，中国山水文学的传统一直延续着，并未因朝代更迭、时局变化而中断。之所以能如此，一个重要的原因是山水文学具有超脱于政治、社会变迁的独立的审美特性。此外，魏晋以来能否以大自然为境，陶冶情性，已经成为衡量诗人、作家艺术才能与艺术境界高下的标准，这也使得山水文学能绵延不绝。孔尚任所谓"盖山川风土者，诗人性情之根柢也。得其云霞则灵，得其泉脉则秀，得其冈陵则厚，得其林莽烟火则健"（《古铁斋诗序》），即是此意。

苏轼是隋唐之后又一山水文学大家，他的难能可贵之处在于无论遭遇什么、被贬往何地，都能从大自然中汲取生活的勇气和力量，发现美并享受美。"一蓑烟雨任平生"的洒脱旷达，"也无风雨也无晴"的超然稳健，是苏轼一生的写照。大自然在养就苏轼乐观自信的性格、健朗自如的心态与热烈充沛的生命激情方面所起的重要作用是显而易见和不容置疑的。

　　明人袁中道游览山水,特别注重山水给身心带来的愉悦快慰:"吴越山水,可以涤浣俗肠",又引其兄袁宏道的话说"名山如药可轻身"。山光水色为袁中道的生活乃至生命注入的是前所未有的生机与活力。因此,袁中道对于山水的热爱自然也就非同一般了,其笔下的山水多有胜境,如《东游记》系列。徐霞客是中国历史上以旅行为毕生事业的第一人。旅途中备尝艰辛,多次遇盗绝粮,但这丝毫没有改变他的志向。因为坚忍执着、不屈不挠,他能真正深入山水胜地,饱览了天下雄奇秀丽的自然风光,为后人留下了一部不朽的巨著——《徐霞客游记》。清代是中国山水文学的总结期。这一时期王士祯、袁枚等人既有理论探讨,又有创作实践,他们将"神韵说""性灵说"等诗学主张体现在了山水诗的创作中。

　　中国山水文学自晋宋之际诞生以来,在长达1500余年的发展历程中,名家、名著迭出,其中郦道元的《水经注》、柳宗元的山水游记以及《徐霞客游记》是最有成就的三座高峰。它们共同的特点是感情深挚,忘我投入,让山水与生命共振,审美主体与对象完全融合,从而获得一种忘怀一切的自由感,一种奇妙的精神愉悦,而且都采用容量和自由度均较大的散文体,都表现了山水审美的最高境界——心物交融、心与物游,也由此构成了中国山水文学史上最为宏伟壮阔的风景长廊。

　　原载《中国社会科学报》2018年11月5日,收入本书时略有修改。

"江山若有灵,千载伸知己"

人类是从混沌的自然中走出来的,最终仍要回到自然中去,但那已是深情的、充满灵性的自然,这一切都缘于山水审美意识的觉醒与具有划时代意义的山水文学的诞生。纵观中国山水文学长达一千余年的发展历程,其美学价值至少体现在以下几个方面:

一、提供了心物融通、人与自然一体化的途径。山水文学的发生是以人与自然的同一性为基础和前提的。在这个过程中,东晋诗人、史学家袁山松在《宜都记》中提出的"山水有灵,亦当惊知己于千古矣",具有不可忽视的特殊意义。袁山松在描写了三峡雄奇壮丽的自然风光之后,特别表达了山水审美的真切感受。"惊知己"不只是属于山水,同时也属于人,只有彼此都"惊知己",为获得"知己"而庆幸,人与山水才能达成真正意义上的融通与共识。它表明,在这一时期,山水自然已不是作为人的对立面存在的,而是和人在心灵上达成共识。一如钱锺书先生所说:"我心如山水境","山水境亦自有其心,待吾心为映发也。"(《谈艺录》,中华书局1979年版,第53页)山水美既不是主观的,也不是客观的,而是主客观的结合,如罗宗强先生所说:"山水的美,只有移入欣赏者的感情时,才能成为欣赏者眼中的美。山水审美在很大程度上是一种感情的流注。"(《玄学与魏晋士人心态》,南开大学出版社2003年版,第278页)山水审美就是要移情于对象,流注感情于对象,这也是刘勰"春日迟迟,秋风飒飒。情往似赠,兴来如答"(《文心雕龙·物色》）所表达的意涵。春和秋爽，各臻其美。以情观景，有如投赠；兴会涌来，恰如酬答。物我是融通的、互感的，是可以交流的。所以初唐诗人杨炯再次重申了袁山松的观点："及余践斯地，瑰奇信为美。江山若有灵，千载伸知己。"（《西陵峡》）山水审美的最高境界——心物感通、心物交融、心与物游的产生，是深刻体味对象，在对象中发现心灵、发现生命的结果，它构成了中国人独有的生命境界。这个境界晶莹皎洁，充满情韵，透现出了审美主体的智慧及对宇宙自然至情至理的参透和感悟，也使中国人养就了一种能与天地精神相往来却不傲睨于万物的洒脱又深情的胸襟。山水审美所发生的这种带有根本性的转变，预示了具有划时代意义的山水文学将要在晋宋时期诞生。

二、提供了在自然感发下的心灵美的艺术呈现的文学载体。山水文学不只是表现自然美，更在于表现由自然美所激发的心灵感受，李白的"众鸟高飞尽，孤云独去闲。相看两不厌，只有敬亭山"（《独坐敬亭山》），堪称范例。在众鸟飞尽、闲云独去的孤寂中，诗人将全部感情倾注给了敬亭山。诗人凝视着秀丽的敬亭山，敬亭山也一动不动地看着诗人，人与山、山与人亲密无间，成了可倾心而谈的老朋友。山在诗人心目中并非纯粹客观的自然物，而是有知有觉，充满了灵性。诗人与敬亭山"相看两不厌"，不只是体现了诗人想从自然中寻找慰藉，更体现了物我融通后人的心灵世界的盈实、朗阔。又如张孝祥《念奴娇·过洞庭》展现的是一个静谧、阔大的境界："洞庭青草，近中秋，更无一点风色。玉鉴琼田三万顷，着我扁舟一叶。"时近中秋的洞庭湖风平浪静，纤尘无染，独荡一叶扁舟，漂游在如用碧玉磨成镜子一样晶莹的宽阔水面上，月色漫洒，星河明亮，水天相映，一片空明澄澈，置身其间的词人也被洞照得通体透明，宛若莹洁的水晶："素月分辉，明河共影，表里俱澄澈。"此时人格宇宙化了，宇宙人格化了，美妙神奇，心物难分，难怪置身此境界中的词人要说："悠然心会，妙处难与君说。"这"妙处"就是物我融通、天人合一后的光明莹洁、虚静清朗，是一种精神绝对自由的至美之境。"孤光自照，肝胆皆冰雪"，不只是爱国词人高洁人格的自况之词，也是审美主体全身心地投入自然的怀抱、与自然融会之后的审美体验。也只有在这样的时候，"尽挹西江，细斟北斗，万象为宾客"才成为一种真正的豪迈之举：以西来的江水为酒，以北斗星为长柄舀酒器，自然万象都是自己请来的宾客。因为身与物化，因为物我两忘，词人"扣舷独啸，不知今夕何夕"，也就是非常自然的了，这也正是清人况周颐描述的"万缘俱寂，吾心忽莹然开朗如满月，肌骨清凉，不知斯世何世也"(《蕙风词话》)。徐霞客在饱览天下美景时也曾多次描述过这样的感受："夕阳已坠，皓魄继辉，万籁尽收，一碧如洗，真是濯骨玉壶，觉我两人形影俱异，回念下界碌碌，谁复知此清光"，"江清月皎，水天一空，觉此时万虑俱净，一身与村树人烟俱熔，彻成水晶一块，直是肤里无间，渣滓不留，满前皆飞跃也"(《浙游日记》)。这与张孝祥中秋夜过洞庭湖时的感受如出一身，能够完全融入自然美景中的审美主体，自当是"水晶一块"，通体透明，尘滓无存。在这样状态下的创作，当然是清气四溢，灵光闪烁，字字珠玑，非同凡响。欣赏山水风光，赞美自然景色，实则也是欣赏、赞美生命自身。中国山水文学中往往含蕴着生活美和诗人的人格美，自然美与人格美相生相融，化成一片奇光，在这方面，张若虚《春江花月夜》为后世树立了难以逾越的典范。

三、提供了中国古典诗学基本的概念、范畴，为中国古典诗学的建设、发展做出了可贵的贡献。中国古典诗学基本的概念、范畴，如"观物取象""立象以尽意""得意忘象""澄怀味象""依类象形""应物象形""兴象""意象""意境""境界"以及心物关系、情景关系等等，无一能离开山川景物、自然物象，无一不从中获得灵感与启悟。而这一切又深刻地影响了诗人的创作，成为诗人主观情思的象征，不仅是诗人着力发掘与表现的，而且成为衡量诗人艺术才能高下的标识："雨中山果落，灯下草虫鸣"（王维《灯下独坐》）、"人烟寒橘柚，秋色老梧桐"（李白《秋登宣城谢朓北楼》）、"星垂平野阔，月涌大江流"（杜甫《旅夜书怀》）、"鸡声茅店月，人迹板桥霜"（温庭筠《商山早行》）、"有情芍药含春泪，无力蔷薇卧晓枝"（秦观《春日》）、"一千顷，都镜净，倒碧峰。忽然浪起，掀舞一叶白头翁"（苏轼《水调歌头·黄州快哉亭赠张偓佺》）、"日暮北风吹雨去，数峰清瘦出云来"（张耒《初见嵩山》）、"别有销魂清艳处，水边雪里看红梅"（袁中道《雪中望诸山》），这些诗句、词句是象中有意、意中见象、意与象完美结合的典范。宗白华先生在《中国艺术意境之诞生》一文中说："艺术家以心灵映射万象，代山川而立言，他所表现的是主观的生命情调与客观的自然景象交融互渗，成就一个鸢飞鱼跃、活泼玲珑、渊然而深的灵境；这灵境就是构成艺术之所以为艺术的'意境'"；"山川大地是宇宙诗心的影现，画家诗人底心灵活跃，本身就是宇宙的创化，它的卷舒取舍，好似太虚片云，寒塘雁迹，空灵而自然"(《美学与意境》,人民出版社1987年版,第210、212页)。心灵与自然共感,诗情与灵境辉映,构成了中国山水文学的独特境界,将人与自然的关系推向了一个超凡入圣、美妙绝伦的境地。董其昌说:"大都诗以山川为境,山川亦以诗为境。名山遇赋客,何异士遇知己。"(《画禅室随笔·评诗》)孔尚任说:"盖山川风土者,诗人性情之根柢也。得其云霞则灵,得其泉脉则秀,得其冈陵则厚,得其林莽烟火则健。凡人不为诗则已,若为之,必有一得焉。"(《古铁斋诗序》)只有以自然为境,获得了自然的陶冶,诗人的创作才可能真正具有灵性的感悟与诗意的呈现。

清人吴沃尧说,"非独人有情,物亦有情","甚至鸟鸣春,虫鸣秋,亦莫不是情感而然。非独动物有情,就是植物也有情,但看当春时候,草木发生,欣欣向荣,自有一种欢忻之色。到了深秋,草木黄落,也自显出一种可怜之色。如此说来,是有机之物,莫不有情"(《劫余灰》第一回),此亦王国维先生所言"以我观物,故物皆著我之色彩"(《人间词话》)。在山水审美中,我们让自己的本性逼近对象,体味对象,灌注生气给对象,于是我们就在对象中看到了气韵,看到了情调,看到了生命,看到了我们自己,并由此获得"自得"与"忘我"的喜悦,达到精神上的绝对自由,山水文学的独特魅力由此得到了充分的体现。

原载《光明日报》2019年3月11日"文学遗产"专刊

盛开在唐诗里的雪莲花

"丝绸之路"的开通和走向繁荣，不仅使中外贸易和文化交流成为可能，而且大量的西域物产也随之进入中原，今天带有"胡"字的物产多数来自广阔的西域，包括西亚、中亚地区，如胡桃、胡麻、胡椒、胡蒜、胡葱、胡瓜（黄瓜）、胡荽（香菜）、胡芹、胡萝卜、胡豆（蚕豆），还有豌豆、鹰嘴豆、石榴（安石榴）、椰枣（蜜枣）、菠菜（波斯菜）、菠萝、甘蔗、葡萄（蒲桃）、西瓜、洋葱、蔓菁、孜然、无花果、茉莉、胡饼等等。刘禹锡所谓"珍果出西域，移根到北方"（《和令狐相公谢太原李侍中寄蒲桃》），今天我们的饮食、蔬菜、水果几乎离不开这些舶来品，其最真实的魅力在于：一方面它们极大地丰富了唐人的饮食种类与口味，成为日常生活不可或缺的组成；另一方面它们来自于那些令人心驰神往的远方，承载着唐人对于未知之地、未知之物生动活泼的想象。这其中，特别值得一提的是盛唐诗人岑参的《优钵罗花歌并序》，"优钵罗花"，梵语的音译，一般译作青莲花或红莲花，即生长在西域的雪莲花。当时雪莲花虽未能像"苜蓿随天马，葡萄逐汉臣"（王维《送刘司直赴安西》）一样进入中原，却是中国文学中第一次写到，中原人通过岑参的诗第一次知道了这种远在天边的神奇植物。

雪莲花是随着岑参远行万里、进入西域而呈现在世人面前的。为了实现自己的人生理想，天宝十三年（754）夏秋间，三十八岁的岑参第二次进入西域，在北庭都护府（今新疆吉木萨尔县）任安西副都护封常清的幕僚。第二年的一个特殊的机缘，岑参写下了《优钵罗花歌并序》，细致具体地描述了生长在西域的稀有高山植物——雪莲，这在唐人文献中是极其罕见的。岑参在诗序中说，自己在佛经中曾读到了有关优钵罗花的记载，但并未见到过真的优钵罗花。他说自己公事之外多有闲暇，"乃于府庭内栽树种药，为山凿池，婆娑乎其间，足以寄傲"。就在种树种草、堆山开池徘徊其中并像陶渊明一样"倚南窗以寄傲"之时，有交河小吏进献优钵罗花，自称是在天山之南获得的。岑参仔细端详优钵罗花："其状异于众草，势巃嵸如冠弁，巍然上耸，生不傍引；攒花中拆，骈叶外包，异香腾风，秀色媚景。"岑参说，此花与众草不同，孤高挺拔，其状如冠，不斜生旁引；花蕊团集，花瓣开展，叶片两两相对。虽生在边僻之地，却香气馥郁、独有姿色，在日光照耀下更显得可爱。诗人在赞赏优钵罗花的同时又不禁感慨地说："尔不生于中土，僻在遐裔，使牡丹价重，芙蓉誉高，惜哉！"如此高贵的花不生长在赏者如云的内地，却偏偏生长在荒寂僻远的边地，这就为牡丹、芙蓉的价高誉重、人见人夸提供了机会，这实在令人惋惜。然而，"夫天地无私，阴阳无偏，各遂其生，自物厥性，岂以偏地而不生乎？岂以无人而不芳乎？"天地是无私的，阴阳是不会偏袒的，这样万物就可以按照自己的天性生长，各有自己的质性。不会因为所处地方的荒寂僻远而不生长，也不会因为无人欣赏而不芬芳。诗人浮想联翩、睹物伤怀："适此花不遭交河小吏，终委诸山谷，亦何异怀才之士，未会明主，摈于林薮耶！"优钵罗花如果不碰上交河小吏，最终只能委弃于冰冷的荒山之中，就像"怀才之士"不能遭逢圣明之主一样，在山林草野中寂寞地耗尽一生。岑参于是感而为歌，在赞赏高

贵美丽的优钵罗花的同时,也抒发了诗人自己心中的无限悲慨:

> 白山南,赤山北。其间有花人不识,绿茎碧叶好颜色。叶六瓣,花九房,夜掩朝开多异香,何不生彼中国兮生西方。移根在庭,媚我公堂。耻与众草之为伍,何亭亭而独芳。何不为人之所赏兮,深山穷谷委严霜。吾窃悲阳关道路长,曾不得献于君王。

在天山之南、火焰山之北,有一种不为人知名为优钵罗的花。优钵罗花绿茎碧叶,颜色姣好。有六瓣叶片,九个花房。夜里闭合,清晨开放,散发着奇异的芬芳。岑参不禁问道:这么神奇的花卉,为什么不生长在中原却偏偏生长在西域?优钵罗花耻与众草为伍,亭亭玉立,芳华幽独,是什么原因不被众人欣赏,最终落得个委弃深山穷谷,一任严霜摧损。诗人感叹"吾窃悲阳关道路长,曾不得献于君王",优钵罗花的命运与自己的遭遇何其相似,通过敦煌的阳关一旦进入遥远的西域,再想回到长安,不仅道路艰难漫长,而且遥遥无期。堪与中原爱重的牡丹、江南垂青的芙蓉媲美的优钵罗花,只因生长在西域,竟落到了如此的境地。纵观诗人坎坷的仕途,英雄无用武之地,人生理想难以实现,其遭遇正如生长在荒寂边地的高山雪莲。所以见了雪莲,诗人不能不动情,不能不心生感慨,甚至是同病相怜。

岑参诗序中说"尝读佛经,闻有优钵罗花",这里的佛经指的可能是《华严经》,全称《大方广佛华严经》,是大乘佛教主要经典。中唐慧苑《华严经音义》卷上说:"优钵罗花,具正云尼罗乌钵罗。尼罗者,此云青;乌钵罗者,花号也。其叶狭长,近下小圆,向上渐尖,佛眼似之,经多为喻。其花茎似藕稍有刺也。"优钵罗花狭长的叶子酷似佛眼，是典型的佛国之花，为人敬仰。为李白诗作注的清人王琦说："青莲花，出西域，梵语谓之优钵罗花，清净香洁，不染纤尘，李白自号，疑取此义。"（《李太白年谱》）王琦认为，李白来自于西域的碎叶城（今吉尔吉斯斯坦托克马克），故其自号青莲，此青莲并非江南常见的多年生水生草本花卉——荷花（或称水芙蓉），而是雪莲。岑参诗中的优钵罗花，实际上就是今天的"天山雪莲"，因状如荷花，亦称"雪荷花"，通常生长在海拔2800—4000米的雪线以下，能在石缝、砾石中扎根，不畏冰天雪地，生命力顽强，每年的7、8月份开花，花如拳大，花蕊紫色，外包着白玉色或淡绿色的半透明膜片，新疆、西藏、云南均有分布。清赵学敏《本草纲目拾遗》卷七说：雪荷花"产伊犁西北及金川等处大寒之地，积雪春夏不散，雪中有草，类荷花，独茎亭亭，雪间可爱。戊戌春，予于太守处亲见之，较荷花略细，其瓣薄而狭长，可三四寸，绝似笔头，云浸酒则色微红"。清朱枫《柑园小识》说："雪莲生西藏，藏中积雪不消，暮春初夏，生于雪中，状如鸡冠，花叶逼肖，花高尺许，雌雄相并而生，雌者花圆，雄者花尖，色深红，性大热，能除冷疾。"雪莲花属菊科多年生草本，根茎粗壮，叶子为长椭圆形，花色多深红，是一种名贵的高山植物，有极好的药用价值，可止血，补肾气不足，治风湿、雪盲、牙痛。

关于雪莲花，后来的中国古代文学作品中描写的并不多，倒是纪昀《阅微草堂笔记》卷三中有一段神奇的记载：

> 塞外有雪莲，生崇山积雪中，状如今之洋菊，名以莲

耳。其生必双，雄者差大，雌者小。然不并生，亦不同根，相去必一两丈。见其一，再觅其一，无不得者。盖如兔丝茯苓，一气所化，气相属也。凡望见此花，默往探之则获。如指以相告，则缩入雪中，杳无痕迹，即劚雪求之亦不获。草木有知，理不可解。土人曰："山神惜之。"其或然欤？此花生极寒之地，而性极热。盖二气有偏胜，无偏绝，积阴外凝，则纯阳内结。（《滦阳消夏录三》）

纪昀以聊斋笔法，描述了传说中的雪莲花。虽然"其生必双"，但"不并生，亦不同根，相去必一两丈。见其一，再觅其一，无不得者"，雪莲花仿佛精灵一般，孤高独立，绝不攀附依傍，一株与另一株之间有清晰的距离。而且厌喧嚣，喜宁静，一听人大声说话，指指点点，便会"缩入雪中，杳无痕迹"，即使用铁制工具挖掘，也不可得，真有点儿像蒲松龄《黄英》中描绘的"菊精"。

对于这样的奇花，唐代文学家几无涉及。直至晚唐，也只有贯休诗中有两处提到了"优钵罗花"，但着眼点并不在花本身，而在阐扬佛理："可怜优钵罗花树，三十年来一度春"（《闻迎真身》），"优钵罗花万劫春，频犁田地绝纤尘"（《道情偈三首》其三）。着眼于花本身来描述雪莲，岑参是第一人，所以宋人叶茵《优钵罗花》诗说："九房六瓣瑞天山，香色清严入坐寒。不悟岑参题品意，后人只作佛花看。"明人郎瑛在《七修类稿·事物类》（卷四十六）中也说："尝闻佛家有优钵罗花，《本草》《尔雅》诸所不载，意为幻言也"，"昨读《岑嘉州集》，有《优钵罗花歌》,则又知其实有此花"。早在 1260 年前,岑参就已经让雪莲花静静地盛开在了唐诗里,开得美丽而忧伤,淡然而有意味,不仅在文学史上,而且在植物学史上亦有着特殊的意义。

原载《光明日报》2020 年 8 月 10 日"文学遗产"专刊

"酒蕴天然自性灵"

唐人方干说："酒蕴天然自性灵，人间有艺总关情。"（《赠美人四首》其三）酒中蕴真，自有性灵。酒的发明是人类发展史上的一件大事，无论对文化还是文学都意义重大，值得深入研究讨论。

一

曹植《酒赋》认为酒的发明是仪狄独创智慧的体现，受到了人们特别的珍爱："嘉仪氏之造思，亮兹美之独珍。"酒不仅给饮酒者带来巨大的欢乐，也改变了人与人之间曾经有过的关系：

> 于是饮者并醉，纵横喧哗：或扬袂屡舞，或扣剑清歌。或嚬蹴辞觞，或奋爵横飞。或叹骊驹既驾，或称朝露未晞。于斯时也，质者或文，刚者或仁；卑者忘贱，窭者忘贫。和睚眦之宿憾，虽怨雠其必亲。

喝醉酒的人们纵横喧哗，有的翩翩起舞，有的击剑歌唱，有的忧愁悲伤不再举起酒杯，有的仍在举杯狂饮……在这样的时候，朴野之人显出了娴雅之态，个性倔强者变得性情温和，地位低下者忘记了卑贱，贫穷者忘记了自己的悲苦遭遇。即使是心怀宿怨的仇人也忘记了旧恨，彼此变得非常亲切。晋人张载《酃酒赋》认为酒的发明也是应顺天人的事情："造酿以秋，告成以春。备味滋和，体淳色清。宣御神志，导气养形。遣忧消患，适性顺情。言之者嘉其美志，味之者弃事忘荣。"酒秋酿春成，味道完满和融，质地淳厚，颜色清亮。酒可以宣导神志，通气养形；亦可以排忧解患，使本性安适、情绪顺畅。酒的魅力不可阻挡，讨论者嘉赏酒之美质，品尝者丢开俗事、忘却荣辱。宋人朱肱（字翼中）在《北山酒经》中对酒的功效有过绝妙的描述：

> 平居无事，污尊斗酒，发狂荡之思，助江湖之兴，亦未足以知曲蘖之力、稻米之功。至于流离放逐、秋声暮雨，朝登糟丘，暮游曲封，御魑魅于烟岚，转炎荒为净土，酒之功力，其近于道邪？与酒游者，死生惊惧交于前而不知，其视穷泰违顺，特戏事尔。

平日无事的时候喝喝酒，发发狂思、助助游兴，虽说是不错，但还不能深刻了解酒的非凡功效。等到处在流离放逐的悲苦境遇中，又偏逢秋声满听、暮雨潇潇时分，这个时候酒的非凡功效就显示出来了。酒可以抵御隐藏在烟霭流岚中的魑魅，可以把灾荒之地转变为无上净土。清人陆祚蕃著《粤西偶记》说粤西"天气炎蒸，地气卑湿，结为瘴疠，为害不小。有形者如云霞，如浓雾。无形者，如腥风四射，或异香袭人。若晓行不饮酒，触之，疾必发"。如此说来，酒之功力实在是可以和至高至尊、无所不在的"道"相媲美的。

酒激活了通体运行的经脉，与酒相伴者，死生惊惧交替出现在眼前也视而不见；至于穷泰违顺更是如同儿戏一样不足挂心。所以朱肱接着又说："善乎，酒之移人也。惨舒阴阳，平治险阻；刚愎者，薰然而慈仁；懦弱者，感慨而激烈。"（《北山酒经》卷上）酒可以在不知不觉中改变人的情绪、影响人的心理，使处在秋冬的阴郁凄惨者变得像在阳光明媚的春夏一样兴高采烈；酒还可以化解困厄，破除阻碍，刚愎者因酒滋润而仁慈，懦弱者因酒催发而激烈。陆游也说，"醺然一醉虚堂睡，顿觉情怀似少年"（《对酒戏作》），酒和醉在瞬间就可以改变人的情怀。金人元好问《此日不足惜》一诗更是盛赞酒力之神奇，随着饮量的不断加大，饮者的感觉也越来越美妙：

> 天生至神物，与人作华胥。
> 一酌舌本强，二酌燥吻濡。
> 三酌动高兴，四酌色敷腴。
> 连绵五六酌，枯肠润如酥。
> 眼花耳热后，万物寄一壶。

酒为至神之物，可以把人带到如传说中的理想国——华胥国一样的美好境界中去。一杯下肚，舌根僵硬；两杯下肚，焦干的嘴唇开始沾湿；三杯下肚，高雅的兴致就会降临；四杯下肚，已然容光焕发；一连喝到五六杯的时候，干枯的肠子滋润得如同酥油一样。等到眼花耳热之后，可寄万物于一壶之中，人世间再也没有什么值得挂怀。宋人朱敦儒也说："天上人间酒最尊，非甘非苦味通神。一杯能变愁山色，三盏全回冷谷春。"（《鹧鸪天》）酒味至尊，可以通神。一杯改变愁容，三盏即能回春。梁实秋先生描述的饮酒、醉酒过程、状态亦极有趣味："酒实在是妙。几杯落肚之后就会觉得飘飘然、醺醺然。平素道貌岸然的人，也会绽出笑脸；一向沉默寡言的人，也会议论风生。

再灌下几杯之后,所有的苦闷烦恼全都忘了,酒酣耳热,只觉得意气飞扬,不可一世,若不及时知止,可就难免玉山颓欹,剧吐纵横,甚至撒疯骂座,以及种种的酒失酒过全部的呈现出来。"(《饮酒》)

二

酒在中国文人生活中一个重要的作用就是化解人生的感伤、焦虑、郁愤、痛苦,陶渊明说:"试酌百情远,重觞忽忘天。"(《连雨独饮》)在陶渊明看来,酒有神奇的作用:"酒能祛百虑,菊解制颓龄"(《九日闲居》),"中觞纵遥情,忘彼千载忧"(《游斜川并序》),"百虑",可见虑之多;"千载忧",则又属于深忧、大忧,《古诗》云"生年不满百,常怀千岁忧";"中觞",酒半,酒喝至半醉半醒间。陶渊明一生贫苦,胸中有许多难以化解的块垒,故须以酒浇之,如人生短暂、时光流逝、壮志难酬、孤独无依、不被理解等等。这之中,自然永恒与生命短暂构成的尖锐冲突,给不肯麻木的个体生命带来了强烈的冲击和震颤,且始终萦绕在陶渊明的心头,从而成了一个难以化解的郁结,仅在《杂诗十二首》中就有多次的表达:"盛年不重来,一日难再晨"(其一),"日月掷人去,有志不获骋"(其二),"日月有环周,我去不再阳"(其三),"古人惜寸阴,念此使人惧"(其五),"日月不肯迟,四时相催迫"(其七),"闲居执荡志,时驶不可稽"(其十)。这种在时间煎迫下的焦虑苦痛、无可奈何,在《己酉岁九月九日》一诗中表现得尤其深刻和鲜明:

> 靡靡秋已夕，凄凄风露交。
> 蔓草不复荣，园林空自凋。
> 清气澄余滓，杳然天界高。
> 哀蝉无留响，丛雁鸣云霄。
> 万化相寻绎，人生岂不劳。
> 从古皆有没，念之中心焦。
> 何以称我情，浊酒且自陶。
> 千载非所知，聊以永今朝。

秋高气爽的重阳节是美好的，但大自然同时也显示出了一派凋零萧瑟的景象。哀蝉早已隐遁，大雁在云端悲鸣。万物又完成了一次必然的循环，个体生命在季节的推移中生长、衰老，充满了辛劳。对此，陶渊明充满了悲悼之情："悲日月之遂往，悼吾年之不留。"（《游斜川并序》）人生的伤痛、缺损以及不能圆满，都在于生命的一次性和不可重复性："日月逝于上，体貌衰于下，忽然与万物迁化，斯志士之大痛也。"（曹丕《典论·论文》）面对"志士之大痛"，陶渊明一方面在精神上是以"委运乘化"、随顺自然的思想来化解的，另一方面在具体的生活中又往往是凭靠酒来化解的。法国诗人波德莱尔在散文诗《陶醉吧》中这样说道：

> 陶醉吧！
> 永远地陶醉吧。
> 这就是一切，
> 永远而唯一的一切。

> 为了不去感到时间那可怕的沉重,
> ——它折断了您的肩膀
> 并把您向地下弯曲。
> 您应该没有幻想地去陶醉。
> ……
> 为了不做时间的愚昧糊涂的奴隶,
> 快陶醉吧!
> 永远地陶醉吧!

在波德莱尔看来,陶醉是对抗时间的有效手段之一,无论是陶醉于美酒、陶醉于诗歌,还是陶醉于道德,只有陶醉才可以暂时逃脱时间压在心头的重负。处在醉境中的人是快乐的、忘我的,即使一醉醒来已幡然白头也在所不惜。诗人雪莱有一首名为《时间》的诗,把时间比作"深不可测的海!它的波浪就是流年"。雪莱认为,时间海洋无边的苦咸之水,是由人类的眼泪汇聚而成。

  在笔者看来,时间意识即生命意识,因为人生所有的价值说到底都是要在时间的流程中实现并最后完成的。我们的存在就是对时间的抗争。对于个体生命来说,时间的单向性、有限性,促使人们在这一过程中尽可能地寻找和体现自我的价值。试想一下,如果时间由不可逆变成了可逆,由有限变成了无限,情形就可能大不相同:都成了神仙的我们,尽可以沉浸于欢乐而不必遭遇披荆斩棘的痛苦。既然时间还长,中止或放弃也就不会有任何懊悔,因为在未来某个时间我们还能延续和重新开始。但偏偏是每一个日子都是不同的、不可重复的,等待着我们去填满。我们伤春悲秋，哀叹离别，追忆逝水流年而年华既往，感叹功业难成而英雄已老，希望和绝望交替，积极和消极同在，反抗或逃避，崇儒或奉道……时间给了我们很多又太少，我们感谢又祈求。历史赋予我们使命，未来召唤我们拼搏。时间是一切存在都不可逃遁的维度，它见证一切又漠视一切，洗刷一切又沉埋一切，它是我们耳边敲响的警钟，也是套在我们脖子上的绳索，既存在于我们的意识之中，又存在于我们的意识之外。我们究竟该怎么办呢？也许只有陶醉才可以和虚无的时间做有限的对抗。

陶渊明就是以异乎寻常的决心和勇气，通过构筑独属于自己的醉之境来对抗同时也缓解时间加在心头的重压的："寒暑有代谢，人道每如兹。达人解其会，逝将不复疑。忽与一觞酒，日夕欢相持。"（《饮酒二十首》其一）在陶渊明看来，荣必有衰，荣衰紧密相连，难以分开，人事的盛衰就如同寒暑一样更替变化。通晓了这个道理之后，就可以携酒畅饮、欢然自乐了。在真正的醉境之中，人是没有时间感的。如果我们真的能逃脱时间的磨难和它加在精神与肉体上的重负，那我们也就可以逃脱面对悲欢离合、衰老生死时的深情忧伤，逃脱面对自然，包括面对季节轮换、昼夜更替的敏感，以及由自然永恒与生命短暂构成的尖锐冲突带给心底的震颤了。与此同时，我们也不用再发出仕途坎坷、功业难成的悲慨，不用叹惋"惟天地之无穷兮，哀人生之长勤；往者余弗及兮，来者吾不闻"（《楚辞·远游》）。对已经逝去的但和自己有共同遭遇的历史人物的同情悲悯，所谓知音难遇、异代同悲，也可以就此告别了。作为鲜活的生命存在，我们能做到吗？答案是否定的。我们必须接受时间的煎熬，直到我们和这个苦难而又多情的世界告别。在这个幸福与痛苦参半的有限过程中，我们只能一点点地化解时间带给心底的悲哀。偶尔靠酒，但更靠我们执着和绝不更移的坚守。像陶渊明一样！

三

酒不仅在东方和中国文化中地位独特，在西方文化中同样备受瞩目。德国哲学家尼采深知酒性，深知醉之状态的不同寻常："那种人们称之为醉的快乐状态，不折不扣是一种高度的强力感……时间感和空间感改变了：天涯海角一览无遗，简直像头一次得以尽收眼底；眼光伸展，投向更纷繁更辽远的事物；器官变而精微，可以明察秋毫，明察瞬息；未卜先知，领悟力直达于蛛丝马迹，一种'智力的'敏感；强健，犹如肌肉中的一种支配感，犹如运动的敏捷和快乐，犹如舞蹈，犹如轻松和快板；强健，犹如强健得以证明之际的快乐，犹如绝技、冒险、无畏、置生死于度外……人生的所有这些高潮时刻相互激励；这一时刻的形象世界和想象世界化作提示满足着另一时刻：就这样，那些原本也许有理由互不相闻的种种状态终于并生互绕、互相合并。"（《悲剧的诞生——尼采美学文选》，周国平译，生活·读书·新知三联书店1986年版，第350页）尼采自己曾深有体会地说："少量的酒精使我精神不振，大量的酒精却使我像离开海岸的水手。"（陈鼓应：《悲剧哲学家尼采》，上海人民出版社2006年版，第4页）酒催生了一个宽阔无比的世界，如水手渴望的蓝色海洋。酒拉开人与现实世界的距离，浸软乃至撕破、捣碎包裹鲜活生命的僵硬外壳，让人直视生命的本真，消解由文化长久积淀下来的诸如人生短暂、理想价值难以实现等悲剧意识。酒后的心灵晶莹剔透，自由飞翔，不设防也没有疆界，真可与庄子的"俯仰之间而再抚四海之外"（《庄子·在宥》）、陆机的"精骛八极，心游万仞""观古今于须臾，抚四海于一瞬"（《文赋》）相媲美。置身其中，个人甚至已不复感觉到自身的存在，由此获得的是一种与宇宙本体相融合的神秘玄妙的体验。尤其奇妙的是，醉酒者从沉醉中醒来，看同样的朝阳却更加新鲜，看同样的天空却更加湛蓝，看同样的白云却更加明净，看同样的芳草却更加碧绿。即使是看同一个人，也比昨天更加亲切。所以诗人舒婷曾深有感触地说："醉不了也是人生一大遗憾。"（《斗酒不过三杯》）

尼采正是从酒神狄奥尼索斯（一译作"狄俄奥索斯"）祭祀中找到了理解悲剧快感的钥匙：真正的悲剧精神就是用最大的痛苦去换取最高贵的人生。悲剧之所以让人震撼、给人以快感，不仅是因为让人体验到了一种被毁灭的快感，同时也让人获得了一种与宇宙本体相融合的玄妙体验。尼采认为，希腊悲剧具有阿波罗（日神）和狄奥尼索斯（酒神）两种精神，而且诞生于两种精神的结合。阿波罗精神高踞奥林帕斯的神山上，俯瞰宇宙人生，把它当作一个梦境和意象去玩赏，希腊的雕刻和史诗，就是阿波罗的艺术。狄奥尼索斯精神则是酒神的酩酊大醉，它在狂歌醉舞中忘记了人生的苦恼，激起了希腊人波涛澎湃的生命热力，从而感到生命的酣醉和欢愉，希腊的舞蹈和音乐，就是狄奥尼索斯的艺术。前者表现出的是一种静态的美，"在日神阿波罗的恬静幽美光彩四射之中，唤起希腊人形形色色的梦幻,于是依影图形而发挥他们在造型艺术上特有的成就",从而"把苍茫的宇宙化成理性上的清明世界,并借其梦幻之驰骋,而后复以生命中之无限生命力贯穿于静性的世界之中,把平面的结构贯穿而成立体的结构";后者则是在"酒神狄奥尼索斯狂醉后,把深藏于内心的生命力勾引出来,灌注于理性的世界中,而形成音乐、歌舞的冲动","经过狄奥尼索斯如此欢欣陶醉之后,勾引出生命潜在的力量,而后把冻结的生命世界重新赋予动律,以此狂热情绪来克服一切忧患,打破种种困苦,并以此狂热情绪,激发创造的冲动。这即是希腊悲剧精神之所在"(《悲剧哲学家尼采》,第10-11页)。日神醉的是眼睛,而酒神醉的则是心灵。"日神的醉首先使眼睛激动,于是眼睛获得了幻觉能力。画家、雕塑家、史诗诗人是卓越的幻觉家。在酒神状态中,却是整个情绪系统激动亢奋,于是情绪系统一下子调动了它的全部表现手段和扮演、模仿、变容、变化的能力,所有各种表情和做戏本领一齐动员。"(《悲剧的诞生——尼采美学文选》,第320页)"在艺术中,音乐是纯粹的酒神艺术,悲剧和抒情诗求诸日神的形式,但在本质上也是酒神艺术,是世界本体情绪的表露。"(《悲剧的诞生——尼采美学文选》译序)

尼采不仅在理论上探讨酒神精神,还写有长篇抒情组诗《酒神颂》。狄奥尼索斯是希腊神话中的酒神,酿酒和种植葡萄等的庇护者,"酒神颂是诞生之歌,是狄奥尼索斯的新生之歌"。纪念狄奥尼索斯的庆典"具有秘密仪式的特点,往往会变成狂欢暴饮,使参加者忘记平常的禁忌。一般认为,希腊的悲剧和喜剧即起源于纪念酒神的仪式。在雅典,从庇斯特拉妥

(一译为'庇西特拉图',约公元前7世纪末—公元前527年——笔者注)当政时期,崇拜狄奥尼索斯成为全国性的宗教"(《中国大百科全书·外国文学》,第249页)。从此以后,对酒的赞美同样不绝于西方的诗歌、戏剧之中。歌德在其不朽巨著《浮士德》中写到在莱比锡奥艾尔巴赫地下酒室,几个大学生一边饮酒,一边和魔鬼梅菲斯特谈论人生及当时的社会、政治,大学生阿尔特迈耶情不自禁地高呼:"自由万岁!葡萄酒万岁!"(第五场)把酒与自由置于同等重要的地位,可见酒的非凡。在《少年维特的烦恼》(杨武能译)中,歌德借少年维特之口说:"唉,那时我是多么经常地渴望着,渴望借助从我头顶掠过的仙鹤的翅膀,飞向茫茫海洋的岸边,从那泡沫翻腾的无穷尽的酒杯中,啜饮令人心醉神迷的生之欢愉,竭尽自己的胸中有限的力量,感受一下那位在自己体内和通过自己创造出天地万汇的伟大存在的幸福,哪怕仅仅在一瞬间!"更为有趣的是,酒在希腊的城邦斯巴达还有着特殊的作用,"在别的国土里,母亲替婴儿洗澡只用水,斯巴达人的母亲却用酒来洗刚刚出世的婴儿。她们以为这样可以考验孩子的体格:病弱的任他在酒里晕死;强健的在经过考验之后就可以变得像铁一样地结实"(吴于廑:《古代的希腊和罗马》,生活·读书·新知三联书店2008年版,第33页)。

如此看来,无论是东方还是西方,对酒的喜好原本就是一样的。现实世界让人支离破碎,酒所催生的世界却美妙绝伦。浸润在酒的芬芳中,人回到了内心,与本性与真情靠得更近,更能找到完整的自我,更能体味悠然和冥合,苏轼所说的"长恨此身非我有,何时忘却营营"(《临江仙》)的焦虑由此可以多少得到一些缓解。酒弥合了理想与现实的矛盾,消除了现象与本质的差别，让"本我"与"非我"浑然合一，在与主体精神的汇合之中，也就产生了多种可能性，杜甫所谓"浊醪有妙理，庶用慰沉浮"（《晦日寻崔戢李封》），苏轼所谓"谁言大道远，正赖三杯通"（《和陶饮酒二十首》其十七），即使浊酒一杯，也有无穷妙致，可以慰藉寂寞人生；通向"大道"，酒为其媒。

四

中国文人对酒的深情仿佛是发自天性的。在人世间，似乎没有什么能比酒更使他们倾心和热衷的了，何况酒的魅力和召唤本来就是难以抵御的。而对于他们之中那些多情、多才又纤敏者来说就更是如此了。春风得意，高朋满座，没有酒遣兴不行；前路渺茫，孤独难耐，没有酒排忧不行；花朝月夕，风清气和，感物而心有所喜，没有酒传导不行；叶落草衰，流水飞红，感物而心怀悲戚，没有酒化解不行；激情荡漾，诗意盎然难止，没有酒助其威势不行；文思滞塞，下笔不得一言，没有酒启其灵性不行……对于他们，酒是全天候的，没有什么时间、没有什么场合、没有什么地点是不可以饮的。汉末古诗说，"我有一尊酒，欲以赠远人。愿子留斟酌，慰此平生亲"（《李陵录别诗二十一首》其四），韦庄说，"劝君今夜须沉醉，尊前莫话明朝事。珍重主人心，酒深情亦深"（《菩萨蛮》），情如酒浓，酒似情深；酒与情、情与酒相融相化，相辅相成。唐人翁绶说，"逃暑迎春复送秋，无非绿蚁满杯浮。百年莫惜千回醉，一盏能消万古愁"（《咏酒》），宋人陆游说，"百年自笑足悲欢，万事聊须付酣畅。有时堆阜起峥嵘，大呼索酒浇使平"（《饮酒》），消愁解忧,无非饮酒;胸中块垒如堆,也只有酒可以浇平。对于苦难多于快乐、坎坷多于坦途的中国文人来说,催化和缓解是酒所发挥的最基本也是最重要的效用,他们只知道哪些情况下是该饮的,他们不知道哪些情况下是不该饮的。

总之,有酒相伴,与酒为邻,中国文人的生活与情感、奋斗与追求,就似乎有了着落有了依托,有了支撑也有了归宿。虽然生活道路中依旧有风有雨,情感世界中依旧有波澜有起伏,奋斗追求中也依旧有挣扎有苦痛,但他们都坦然处之。他们相信:风雨过后,生活的天空会更加晴朗、更加明媚;波澜平静后,感情的大海会更加宽阔、更加纯净;于是在激情浪漫却又不无感伤哀痛中,在自信俊爽却又不无困惑疑虑中,他们走完了自己的一生,也留下了无数让后人感怀、让后人深思的故事。

选自《酒入诗肠句不寒——古代文人与酒》,收入本书时有删改。

第二辑

书中与路上的风景

"别具一格的意义上乃是诗人的诗人"
——《自然之子——陶渊明》前言

德国哲学家海德格尔认为,晚年写出"充满劳绩,然而人诗意地,栖居在这片大地上"之句的荷尔德林,"在一种别具一格的意义上乃是诗人的诗人","因为荷尔德林的诗蕴含着诗的规定性而特地诗化了诗的本质"(《荷尔德林诗的阐释》,孙周兴译,商务印书馆2002年版,第36页),"以独特的方式走向我们"(《诗·语言·思》,彭富春译,文化艺术出版社1991年版,第185页)。以海德格尔的评价为标准,陶渊明正是这样一位"在一种别具一格的意义上乃是诗人的诗人",他的诗同样"诗化了诗的本质",同样"以独特的方式走向我们"。

我们说陶渊明"在一种别具一格的意义上乃是诗人的诗人",是因为陶渊明一生追求"自然",以"自然"为最高、最终目标,无条件地护卫心灵,真正活出了自我,是一位真正意义上的"自然之子"。梁启超先生说,"爱自然的结果,当然爱自由"(《陶渊明》,开明书店1923年版,第41页),在这个意义上,陶渊明也可以称为"自由之子"。因为他执着追求"自然",所以不合时宜:他的为人不合时宜,弃官归田,甘于清贫,于名利无动于心;他的诗不合时宜,朴素平淡,与当时的诗风格格不入。但陶渊明又是超越其时代的,他从矛盾彷徨走向圆融欢乐的历程,让每一个后来者看到了选择自我生存方式的独有价值;他的诗以光风霁月之怀,抒写田家景色、人生妙趣,确立了中国古典艺术的美学风格,"乃是诗人的诗人"。

我们说陶渊明的诗"诗化了诗的本质",是因为陶诗本真、自然,以真情写真我,拒绝一切伪饰和矫情,改变了一代虚浮的诗风。无论描绘景物,还是披露内心、倾吐怀抱,都朴素平易、真切近人,是陶渊明让诗这种古老的审美形式,获得了最大、最丰富的内涵,让人生和艺术完全融成了一体。其人真,其诗也真;其人自然,其诗也自然。陶渊明就是这样以其独有的方式展示自己,走向我们。本真、自然让陶渊明获得了无限宽广的生活空间和精神空间。在这个空间中,陶渊明卓然独立、往来自如。同时,本真、自然也是陶渊明对自己人生理想、价值追求最初和最终的守护。因此,读懂了陶渊明,也就了悟了人生,了悟了生命。

喜欢陶渊明已经有好些年了。最初是吟诵"采菊东篱下,悠然见南山",羡慕那种清贫中的从容和悠然。到后来是给研究生开设"陶渊明研究"课程,阅读陶集,搜集资料,知道陶渊明为坚守自我付出了怎样的代价,知道陶渊明也曾有过无边的寂寞和孤独。再到后来下决心把自己阅读陶渊明的感受、心得写出来,竟然有一种过去不曾有过的庄严感、使命感。这一过程,前后经历了十余年的时间。其间,苍狗白云,人事沉浮,自己也经历了许多事情,也为生存、为摆脱精神深处的寂寞苦苦挣扎过。回头再看,这才知道自己年轻时对陶渊明的认识是何等浅陋,始知阅读陶渊明不仅需要知识,更需要眼力、阅历和始终不渝的价值追求。

为了进一步了解心目中这位伟大的诗人,我于 2001 年 11 月专程前往今江西九江市沙河镇的陶渊明故乡。打点好行装之后,心中既激动又有些许不安,就像探望一位久已心仪的蔼然长者一样。乘坐了三十多个小时的火车，终于到达了沙河镇。在清寂中，拜谒了陶渊明墓、陶靖节祠、"陶渊明纪念馆"及陶渊明与莲宗祖师慧远大师发生联系的东林寺。欣赏了寺中满池的白莲花之后，又登上陶渊明每日对望的青青苍苍的庐山。在这片风景美丽的地方，看山听水，真切地感受陶渊明、追怀陶渊明。感谢生活，感谢境遇艰难带来的心灵动荡，这使我从感情上更容易贴近陶渊明、理解陶渊明，即使是面对逝去千年的哲人，心和心的相通原来可以这般幸福温暖。

在此书中，我并没有多少新见。我只是在搜集到的材料的基础上，博采众芳，广鉴前贤，最终把自己心目中的陶渊明如实地写出来，还陶渊明一个本来的面目。本书的主要内容，曾以专题论文的形式先后在《内蒙古社会科学》《内蒙古大学学报》《汉字文化》《大连民族学院学报》《集宁师专学报》《零陵高等师范专科学校学报》上发表，感谢这些学术刊物的编辑们多年来对我学业的一以贯之的支持。

书名"自然之子"，是内蒙古大学中文系林方直先生帮我起的，林先生认为陶渊明一生崇尚"自然"，反对伪饰，甚称其名。林先生是我人生和学问的良师，始终关心我的学业，坚信那是人生的真正依托。先生学识渊博，一生清正刚直，以教书育人为宗，滋兰树蕙，桃李满天下。我一有疑问便径往请教，每次归来都收获良多。书名起好之后，在西北大学文学院房日晰教授的引荐下，陕西师范大学霍松林教授欣然为本书题写书名，使本书光色大增。在本书的写作过程中，我得到了许多友人的热情鼓励和无私帮助。胞妹在北京多次跑书店，为我购买到了有关陶渊明研究的最新著作；集宁师范高等专科学校的孙瑛教授把他珍藏多年的《陶渊明诗文汇评》(中华书局1961年版)转赠与我,给我的研究带来了极大的便利。我的研究生成曙霞、刘贵生同学不辞辛劳,为我查找、编制了陶渊明研究论文索引。

我深知,学术事业是艰苦的事业,但也是充满发现、理解和欢乐的事业。它帮助我们理解生存的世界、确立对生活的态度,并学会体验各种各样的感情、认识各式各样的人。在写作这本薄薄的小书时,我已经充分感受到了这一点。缘于此,我们对学术事业始终怀有着非同寻常的敬畏和感激。何况,写作本身即是向命运抗争、证明自我存在的一种方式。在本书即将付梓之时,我要特别感谢内蒙古大学出版基金委员会,感谢内蒙古大学出版社石斌社长、赵英副总编,我已是第二次接受他们的慷慨资助。对于一个想提升自我精神价值而又清寒无助的普通教师来说,这无疑是雪中送炭。

大千世界,人声鼎沸,我们只能在一隅低语。但我知道,这低语是深沉的、有力的,因此坚信它终将随着人性与自我的复归而成为洪钟巨响。当秋风再次吹响之时,一切终要返归大地。逝者已逝,而未尝往也。

陶渊明不朽。坚守自己的善良人们不朽。

《自然之子——陶渊明》,内蒙古大学出版社2007年增订版,收入本书时略有修改。

"重在评,非论其人也"
——《〈陶诗汇评〉笺释》前言

王国维先生说:"三代以下之诗人,无过于屈子、渊明、子美、子瞻者。此四子者,苟无文学之天才,其人格亦自足千古。故无高尚伟大之人格,而有高尚伟大文章者,殆未之有也";"天才者,或数十年而一出,或数百年而一出,而又须济之以学问,帅之以德性,始能产生真正之大文学,此屈子、渊明、子美、子瞻等所以旷世而不一遇也";"屈子之后,文学上之雄者,渊明其尤也。韦、柳之视渊明,其如刘(向)、贾(谊)之视屈子乎"(《文学小言》)。在王国维先生眼里,陶渊明是与屈原、杜甫、苏轼相并列的中国古代最伟大的诗人,他们高尚伟大的人格与其高尚伟大的文章,相映成辉,彪炳千秋。正因为如此,陶渊明受到了后代无数诗人的追慕和诗论家的高度关注。

清代学术在中国学术史上带有总结性的意味。清代是陶渊明研究的又一高峰,仅是坊间印行的《陶渊明集》就有三四十种,近人郑振铎先生曾收藏有清刻《陶渊明集》二十余种。有关陶渊明的著作更有百种之多,较为著名的如:蒋薰评《陶渊明诗集》(同文山房刊本)、方熊评《陶靖节集》(侑静斋刊本)、邱嘉穗《东山草堂陶诗笺》(康熙甲午刻本)、詹夔锡《陶诗集注》(康熙三十三年詹氏宝墨堂刻本)、吴瞻泰辑《陶诗汇注》(康熙四十四年程鉴刻本)、马璞辑注《陶诗本义》(乾隆三十五年吴肇元与善堂刻本)、孙人龙撰《陶公诗评注初学读本》(汲古阁本)、锺秀撰《陶靖节纪事诗品》(清刻本)、方宗诚撰《陶诗真诠》(柏堂遗书本)、等等。清人对陶渊明做了全面、深入的研究，包括诗人生平、思想、诗歌艺术特征及其价值，展现了陶渊明研究的空前繁荣。清代朴学风气空前盛行，学术界普遍重视文献的考订、汇编与系统整理，因此陶集版本、校勘、辑佚、训诂、笺释以及陶渊明年谱等各个方面在清代都取得了较高的成就。清人系统总结了前代陶渊明研究的丰硕成果，为陶渊明研究走向近现代奠定了坚实的基础，特别是在文献方面。这其中，温汝能纂集的《陶诗汇评》是较有特色的一种。

温汝能（1748—1811），字希禹，一字熙堂，晚号谦山，广东顺德龙山人，是清乾嘉年间广东的著名诗人、学者，著述众多，为人豪迈，重义气。乾隆五十三年（1788）戊申举人，官内阁中书，未几告归。尝搜陈恭尹父辈文及至孙辈为《陈氏五代集》。中岁告归，筑室莲溪上，藏书数万卷，专心从事著述，耗资巨万刻书。著有《谦山诗钞》《谦山文钞》《龙山乡志》《画说》等，为人称道。黄培芳说："顺德温谦山舍人汝能著有《谦山诗文钞》，洪稚存撰序称其'一见如旧相识，每剧谈终日，脱略形骸，论古今天下事，娓娓不倦，予并奇其人'。"（《香石诗话》卷二）温汝能尝全力搜辑粤东诗文，纂为《粤东文海》六十六卷，《粤东诗海》一百卷、补遗六卷。《粤东诗海》（中山大学出版社1999年版）收录自唐迄清嘉庆间已殁作者一千余家，是岭南的历代诗歌总集。二书卷帙浩繁、取材洽博、体例精当，一向为学术界重视，是研究岭南文学最重要的文献。《龙山乡志》是中国乡志中的杰作，今天学者研究清代珠江三角洲的经济文化，依旧可以从中采撷丰富的数据。此外，温汝能还从事《孝经》研究，有《孝经约解》二卷、《孝经古今文考》

一卷等数种专门著作。温汝能亦能诗,其诗"亦原本性情"(《岭南群雅集》),无论写景还是抒情,都显示了鲜明的个人风格,谭光祜赠诗称其"性闲如野鹤,诗淡似寒梅"(黄培芳《香石诗话》引)。"板桥留淡月,疏柳带寒星""秋风吹马背,人影落河干""瀑从双壁合,客拥一桥寒""寺藏修竹里,客望佛灯来"等,是人所共赏的名句。温汝能与当时的著名诗人洪亮吉、张问陶等有诗文唱酬,洪亮吉称温汝能"高出流品,凡贵游之习,声气之场,概不能染"(《国朝岭南诗钞》引),高度赞扬了温汝能的人品操守。温汝能兼擅书画,有较高的艺术修养和审美鉴赏力,所著《画说》深得画中三昧,论说精当,如"山石必欲效其奇皴,竹树必欲画其郁苍,人物必欲效其严整,点缀渲擦必欲其鲜妍","诗无句外之神,句虽工而不仙;书无笔外之神,笔虽工而未化。绘事何独不然?"诗、书、画虽然属于不同的艺术门类,但对生动鲜活、象外之意以及"化境"的追求则是一致的。顺德博物馆藏其《临米芾行书横幅》,历来为欣赏者珍视。温汝能生平事迹见《国朝耆献类征》卷一四七补录,《国朝先正事略》卷四九。

温汝能心无旁骛,手不离卷,一生致力于学术研究和诗文创作,于陶渊明情有独钟,自言"少嗜陶诗"(《陶诗汇评序》),"生平喜读陶诗","斋中所藏陶集数家,时加检阅"(《陶诗汇评跋》)。温汝能谙熟陶渊明作品及其研究历史,广泛搜求陶诗版本,详加比勘,花数年工夫辑评陶诗,终成《陶诗汇评》一书。由于与陶渊明一生相伴,温汝能能够悉心体味陶渊明,深刻感知陶渊明,故评陶每多胜义,启人思索。

《陶诗汇评》汇集了前代诸家对陶诗的大量评论,计有骆庭芝、杨诚斋（杨万里）、汤东涧（汤汉）、葛常之（葛立方）、刘后村（刘克庄）、谭友夏（谭元春）、锺伯敬、陈倩父（陈祚明）、蒋丹厓（蒋薰）、何义门（何焯）、沈确士（沈德潜）、查初白（查慎行）、鹤林、张尔公、闻人讷甫（闻人倓）、周青轮、韩子苍、孙月峰等二十余家，足见其涉猎之广博、视野之开阔。其中又以引汤汉评注《陶靖节先生诗》，谭元春、锺伯敬《古诗归》，陈祚明《采菽堂古诗选》，蒋薰评选《陶渊明诗集》，何焯《义门读书记》，沈德潜《古诗源》，查慎行辑《初白庵诗评》为最多。温本陶诗中的夹注，则引宋末元初李公焕《笺注陶渊明集》最多。在引述诸家评论之后，温汝能自己对陶渊明及其诗作的评论则以"愚按"出之。温汝能的按语无论评说还是考辨，皆警拔精练、深刻独到，让人叹服，可见出作者用心之专、用力之勤。

关于《陶诗汇评》的撰写宗旨，温汝能自己说："重在评，非论其人也。于每句下略加诸家笺释，而不及列其姓氏，亦以所重在评，不重乎笺也，故名之曰'汇评'。最末则时缀以鄙见，非敢自言评也，所冀因是寻求，庶几神与古会，而渊明之诗也、心也、人也。"（《陶诗汇评序》）温汝能要通过对陶诗的评论，彰显陶渊明高尚的人格操守与人生理想，发掘陶诗独特的艺术和美学价值，努力寻求评者与被评者千古之下的心灵契合，所谓"倘无真评，则古人之心不出"。真评既出，"两心相契于千载者，则又在乎诗之外"（《陶诗汇评序》）。温汝能是怀着热爱和崇敬之情品评陶诗的，因此能够深入揣摩陶诗，以心会心，从一般人容易忽略的文字中读出陶渊明寂寞诗心之所在，如评《时运并序》温汝能如是说：

> 序语"偶影独游",末章结语"慨独在余",二"独"字有无限深意在。当是时,天下早已忘晋,渊明游影安得不独?因游而"欣慨交心",然则游为渊明所独,慨亦为渊明所独。其"欣"处,人知之;其"慨"处,人未必知之;其"欣慨"交迫之际,则人尤未易知之也。一时游兴,寓意深远乃尔。渊明之心,亦良苦矣哉!

诗评紧扣"欣""慨"二字说陶诗、说诗人,体察深微,发人之未发,自然高出常人。在评《饮酒》其五("结庐在人境")时温汝能说:"渊明诗类多高旷,此首尤为兴会独绝,境在寰中,神游象外,远矣。得力在起四句,奇绝,妙绝。以下便可一直写去,有神无迹,都于此处领取。俗人先赏其'采菊'数语,何也?至结二句,则愈真愈远,语有尽而意无穷,所以为佳。"温汝能认为,全诗表现出的心物的交融、悠然的兴会、忘机的天真,其神妙处自不待言。但结尾"此中有真意,欲辨已忘言"二句却不能忽略,因为这两句更有无尽的含蕴,不仅将有限扩展为无限,把浓郁的诗情化作了悠远的哲思,而且把诗境推向了美的极致。虽然在此前已多有论者评价此诗,如宋人陈岩肖的"寄心于远,则虽在人境,而车马亦不能喧之;心有蒂芥,则虽擅一壑,而逢车马,亦不免惊猜也"(《庚溪诗话》)、明人陈祚明的"采菊见山,此有真境,非言可宣,即所为桃源者是耶"(《采菽堂古诗选》卷十三)、清人蒋薰的"此心高旷,兴会自真。诗到佳处,只是语尽意不尽"(《陶渊明诗集》卷三),但温评显然高出一筹。在评《读山海经十三首》其一("孟夏草木长")时温汝能说:"此篇是渊明偶有所得,自然流出,所谓不见斧凿痕也。大约诗之妙,以自然为造极。陶诗率近自然,而此首更令人不可思议,神妙极矣。"作为一种审美标准,"自然"要求作品描写人生至真之境、抒发真情实感;在艺术手法上不雕琢刻绘;在艺术风格上朴素纯净,浑如天成。温汝能高度赞赏陶诗的"自然",从中可见出温汝能对陶诗及其"自然"风格在理论上的深入认知。

温汝能说:"夫评古人之诗,贵因诗而尚论其人,如身居其世,睹其事,然后古人之情见乎词者,可以吾之精心遇之,而古人之心始出。"(《陶诗汇评序》)温汝能正是结合陶渊明的人品来评价其诗的,在温汝能眼里,陶渊明"履洁怀清,识高趣逸""不卑不屈""抱节如一"(《陶靖节先生像赞》),人格超群,"卓越千古"(《癸卯岁十二月中作与从弟敬远》评)。温汝能认为,做人之"真"是"真"诗必不可缺的前提,诗之"真"与人之"真"合二为一、绝不背离,陶诗在诗歌史上的典范性意义正是由此凸显的。温汝能说:"渊明出处具在,盖始终不以荣辱得丧挠败其天真者也。其心盖真且淡,故其诗亦真且淡也。惟其真且淡,是以评之也难。"(《陶诗汇评序》)"真""淡"使陶诗获得了一种难以完全逼近的天然之美。温汝能认为:"陶诗写景最真,写情最活"(《停云四章》评);"陶诗自有朴实真际,不可企及"(《问来使》评);"嗣宗《咏怀》言逊而意深,不无所感,然白眼垒块,迹近于狂。渊明则诗真怀淡,超越古今,其所形诸咏歌,并无几微不平之见"(《陶诗汇评序》)。陶渊明的"真",是生活之真、生命之真,而不像阮籍"白眼垒块",体现的仅是行为之真。如果不以整个身心贴近,是不能真正感知陶渊明的"诗真怀淡"的,因而"评之也难"。这个"难",

就是如何以独具的慧心慧眼发掘隐含在"淡"背后的真情、真境及其咀嚼不尽的人生与艺术的韵致。陶诗的高妙处就在于陶诗表现的原本是生活自身，表现的是心灵的高妙，淡而真，真而厚，厚而弥深，深而益远。如评《乞食》："因饥求食，是贫士所有之事，特渊明胸怀，视之旷如，固不必讳言之耳。起二句谐甚，趣甚。以下求食得食，因饮而欣，因欣而生感，因感而思谢，俱是实情实境。"分析层层深入，直指本真。陶诗不在于写什么，重要的是如何写，如何在寻常的题材中透现人生妙致与至性真情，即便是常人回避、难于启齿的乞食。纵观陶渊明的创作，虽然多写生活细事，但抵达的却是人性的深度，呈现的是人性的光泽。又如评《和刘柴桑》时说"陶诗真旷，其品格固高出于晋人，亦非唐人所能及也"，"真旷"让陶渊明超古越今、直指未来。再如评《杂诗十二首》其二（"白日沦西阿"）："予谓渊明怀抱独有千古，即此可见。"温汝能意在指出，陶诗境界是与陶渊明的人格境界融为一体、不可分离的。作为一位思想者，"白日沦西阿，素月出东岭。遥遥万里辉，荡荡空中景。风来入房户，夜中枕席冷。气变悟时易，不眠知夕永。欲言无予和，挥杯劝孤影。日月掷人去，有志不获骋。念此怀悲凄，终晓不能静"，体现出的是陶渊明精神深处怀有的大寂寞、大孤独，亦即"怀抱独有千古"。清凉干净的景物与诗人高爽的人格世界高度协调、水乳相融，而蕴含在其中的痛切亦逼人思索，给人以深深的震撼。作为个体的人，该如何度过有限的一生，才能不心怀"悲凄"？温评胜见纷呈，难以一一例举，读者自可通过《陶诗汇评》一书径直体会。

本书所用底本为清嘉庆丁卯（1807）刊本，现藏国家图书馆古籍部（北海馆）。原书封面题有"嘉庆丁卯孟春新镌""听松阁藏版"字样，卷首盖有"孙润宇""红丝砚馆藏书"印章。每页8行17字，小字双行，同白口四周双边。全书四册四卷：卷一为四言诗，卷二、卷三、卷四均为五言诗。卷一前依次是《陶诗汇评序》、陶渊明画像、《陶靖节先生像赞》及萧统的《陶渊明传》、颜延之的《陶征士诔》。卷四之后另有"附录"一卷，收录《归去来兮辞》《五柳先生传并赞》《读史述九章》。每一卷页首均有"德顺温汝能谦山纂订""男若玑衡端、若瑊佩良校梓"字样。为方便读者全面了解陶渊明的生平、创作，书末附有整理者在写作《自然之子——陶渊明》（内蒙古大学出版社2007年版）一书时所编撰的《陶渊明年谱》。另外，《陶诗汇评》原刊本中《陶靖节先生像赞》的位置在《陶征士诔》之后，现将其移至《陶诗汇评序》之前，陶渊明像一并移至前面，特此说明。

温本中明显的脱字，增补于圆括号中，如"汉（书）"。诸家诗评后的"笺释"为整理者所加，以补充温本陶诗原注及评中的缺漏或意思不明之处，并尽量搜求后人诗文中对陶诗、陶事的采写，以见陶渊明对后世的深远影响。当然，部分笺释也融入了整理者自己对陶渊明及其诗文的思考。"笺释"中的"谨案"字样为整理者所加，用以阐释陶诗、指出或改正温本中的错讹，且独立成段。"笺释"而外，其他则一仍其旧，悉照温本编排，包括温本陶诗原文中的夹注。温本目录中的部分陶诗题目与正文略有不同，如目录作《停云并序》，文中作《停云四章并序》；目录作《时运并序》，文中作《时运四章并序》；目录作《饮酒二十首》，文中作《饮酒二十首并序》。整理者以正文题目为准,予以统一。温汝能本人关于陶渊明诗歌的评论,部分散见于《陶渊明研究资料汇编》(北京大学、北京师范大学师生编,中华书局1962年版),这次汇为一册,读者借此可以了解《陶诗汇评》一书的全貌。书后所列"参考书目",均是《陶诗汇评》原刊本以及整理者在笺释时所涉及的典籍,共有一百余种。

关于《陶诗汇评》的成书时间,温汝能序作标记为"嘉庆丙寅",即嘉庆十一年丙寅,也就是1806年,而跋语标记的时间则是"嘉庆九年甲子",即1804年。由此可知,温汝能是先跋后序,《陶诗汇评》一书最后完成于1806年,刊行最早应该在嘉庆十二年丁卯,即1807年,距今已经二百余年。在本书的整理过程中,得到了文学院老师和同学们的许多帮助。部分书稿的计算机录入及全部引文的核对,是我的研究生崔筠、杨旭珍、刘园、魏娜、刘伟等五位同学协助完成的。本书的出版,得到了教育部古籍整理委员会内蒙古分委会及内蒙古大学文学与新闻传播学院的资助,在此一并感谢。

在完成了《自然之子——陶渊明》一书的写作与修订之后,再开始《陶诗汇评》一书的整理与笺释,我的心是充满欣喜与温暖的。这两本书从搜集材料到最后出版,前后差不多经历了二十年的时间,我自己也由壮年渐渐步入老境,可以较为从容地回首自己的学问与人生之路了。追求该追求的,舍弃该舍弃的;虽有忤于物,但不违逆于心。这是从陶渊明那里获得的启悟,同时也可以借此慰藉自己由躁动渐趋平静的心灵。陶渊明说:"称心而言,人亦易足。挥兹一觞,陶然自乐。"(《时运并序》)温汝能称赞陶渊明"始终不以荣辱得丧挠败其天真",看来依旧是今天的人们该认真记取和用心领受的。

  限于整理者水平，书中的错讹之处恳请方家批评指正。

《〈陶诗汇评〉笺释》，台湾花木兰文化事业有限公司 2018 年版

一心塑造自我心目中的陶渊明形象
——《〈东山草堂陶诗笺〉校释》前言

《东山草堂陶诗笺》，清代邱嘉穗评注。邱嘉穗，生卒年不详，康熙五十六年（1717）前后在世（谭正璧《中国文学家大辞典》），字秀瑞，号实亭，上杭（今福建上杭）人，康熙四十一年（1702）举人，曾官归善（治在今广东惠州市东，1912年改为惠阳县）知县。邱嘉穗勤学好思，工诗文，著述颇丰。《四库全书总目提要》卷一八四集经部"别集类存目一一"说：

> 《东山草堂文集》二十卷、《诗集》八卷、《续集》一卷（户部尚书王际华家藏本），国朝邱嘉穗撰。嘉穗有《考定石经大学经传解》，已著录。其文颇条畅，诗则浅弱。集后旧附《陶诗笺注》五卷，《迩言》六卷，又《考定石经大学经传解》一卷，今各分著于录，俾从其类。

因为生平材料留存下来的较少，我们对邱嘉穗的了解并不多。徐世昌《晚晴簃诗汇》收邱嘉穗《自龙川还同七弟球读书舟中》（卷五十九）一诗，可窥其诗歌创作之一斑：

> 簿领颇劳人，行役时征逐。虽有枕中书，经年未寓目。今朝去复还，公事句当速。放舟下槎江，岁晏少案牍。吾弟最聪警，问字陈卷轴。聊为诵所闻，高吟且熟复。不知有归程，那复怀微禄。始叹书生乐，宦途空碌碌。开帆望水云，寄想同濠濮。

写书生之乐全在读书,虽在舟中,亦复不倦。全诗平铺直叙,了无文采,确实显示了"浅弱"的特点。

《东山草堂陶诗笺》简称《陶诗笺》,全书共五卷,外加"附录"。卷一为陶诗四言,卷二、卷三、卷四为陶诗五言,卷五为陶文。卷一前依次收录邱嘉穗《陶诗笺注序》《陶靖节先生传并序》、萧统《陶渊明传》《陶渊明集序》以及历代诗论家的有关陶渊明评论。"附录"部分收录颜延之《靖节征士诔》与《四库全书总目提要·陶诗笺》。邱嘉穗所作《陶诗笺注序》文后标有"康熙甲午三月既望,闽上杭邱嘉穗实亭氏谨序"字样,《陶靖节先生传并序》文后标有"康熙甲午三月既望,闽上杭邱嘉穗实亭氏补传"字样,知二文写成于康熙甲午岁,亦即康熙五十三年(1714)。

有意思的是,邱嘉穗综合史传及陶渊明自己的作品,编成一篇《陶靖节先生传》。他在序中自称:"余笺陶诗讫,览昭明太子所作先生传,多不得其纲领,而词亦散漫无足观。因据先生诗并掇取诸书,僭为订补。"其主要目的一是要突出陶渊明对晋室的忠诚:"平生忠孝大节,自以先代晋世宰辅,耻臣于宋,为后世所共知";二是彰显陶渊明既不流于清谈也不为佛所惑,与慧远的白莲社保持警惕的距离,甚至是有意为难慧远:

> 公虽往来庐山,与慧远为方外交,而心实鄙薄其说,不愿齿社列。慧远遂作诗博酒,郑重招致,卒不可屈。一日偶来社中,甫及寺门外,闻钟声,不觉颦容,遽命还驾。公或留止,必索酒,破其戒,慧远独许之,而社中诸人不与焉。

"必索酒，破其戒"，实为邱嘉穗自己的想象之词，陶渊明未必如此。邱嘉穗认为陶渊明的"去去转欲远，此生岂再值""有子不留金，何用身后置"（《杂诗十二首》其六）、"家为逆旅舍，我如当去客。去去欲何之？南山有旧宅"（《杂诗十二首》其七）诸作，"大抵薄净土为虚无，视生死如昼夜，以自道其不肯入社之本意"；"陶公靖节生于晋之末造，当时以清谈蔑礼法者益炽，而修净土者莫盛于东林。迨今读其书竟卷，曾无片言只字滥及于是。盖当习俗波靡之日，而能卓然不惑于其说者，独公一人而已。"对此，《四库全书总目提要·陶诗笺》的作者并不以为然：

> 力辨潜不信佛，为能崇正学、远异端，尤为拘滞。潜之可重，在于人品志节。其不入白莲社，特萧散性成，不耐禅仪拘束，非有儒、佛门户在其意中也。嘉穗刻意讲学，故以潜不入慧远之社为千古第一大事，不知唐以前人正不以是论贤否耳。

邱嘉穗一心想塑造自己心目中的陶渊明形象，故不遗余力，将陶渊明不入白莲社看作是"千古第一大事"。在具体的评注过程中，邱嘉穗强调的依旧是这两点，这就难免牵强附会，曲解陶诗。对于陶渊明辞官后二十余年的乡村生活，邱嘉穗的描述倒是特别真切：

> 公家又穷乏，屡阙清酤，日率妻子灌畦，力作间于耕种。稍暇时，与二三田父、稚子，斗酒自劳，衔觞赋诗，以乐其志。特诡托于酒人、名士之间，冀以遗世忘忧，全身远害而已。非如晋人佚游荒宴，自命为放达风流者比也。

在邱嘉穗看来，陶渊明甘愿回到乡村，躬耕自食，饮酒赋诗，是身处鼎革之时不得已而为之，自然不是纵酒佯狂、"放达风流"的晋人可比的。其实，陶渊明的隐居有更为复杂的社会原因。陶渊明的隐居，是建立在对黑暗虚伪的世道和人事极其清醒的认识基础之上的，有深刻批判社会的意义，包括对上古贤德之君羲皇、神农、炎帝之后的封建时代的全面否定。无条件护卫心灵的自由，厌弃功名，摆脱官场对人性的压抑、扭曲，也是陶渊明隐居的重要原因。陶渊明的隐居，还在于他要过一种自然真实、简淡干净又充满诗意和美感的生活：耕田、读书、弹琴、酿酒，欣赏自然美。而这样的生活，只有回到乡村才有实现的可能。对于桃花源理想，邱嘉穗说，"设想甚奇，直于污浊世界中另辟一天地，使人神游于黄、农之代。公盖厌尘网而慕淳风，故尝自命为无怀、葛天氏之民，而此记即其寄托之意"（《陶诗笺》卷五），"厌尘网而慕淳风"，确实是陶渊明构想桃花源理想的一个重要动因。

邱嘉穗一朝一姓的正统观念浓重，不能容忍刘宋的篡晋行为，因此在评注陶诗的过程中，想方设法证明陶渊明对晋室的忠诚、对刘宋王朝的轻蔑，即"平生忠孝大节，自以先代晋世宰辅，耻臣于宋"（《陶靖节先生传》），证明陶诗是在用隐曲的语言表达对晋室覆亡的隐痛。他继承萧统"自以曾祖晋世宰辅，耻复屈身后代"（《陶渊明传》）的观点而有过之，如《拟古》其三："仲春遘时雨，始雷发东隅。众蛰各潜骇，草木纵横舒。翩翩新来燕，双双入我庐。先巢故尚在，相将还旧居。自从分别来，门庭日荒芜。我心固匪石，君情定何如。"本来描绘的是春天的生机以及人与自然的和谐亲善，他在评注中却说，"自刘裕篡晋，天下靡然从之，如'众蛰''草木'之赴雷雨，而陶公独惓惓晋室，如新燕之恋旧朝，虽门庭荒芜，而此心不可转也"（《陶诗笺》卷四）；如《归去来兮辞》"问征夫以前路，恨晨光之熹微"，明明表达的是陶渊明归返田园的急迫之情，他在评注中却说："日欲暮也，比晋将亡。"（《陶诗笺》卷五）评注《乞食》："此诗当与杜子美《彭衙行》参看，方知古人一饭之惠亦不肯忘，而况于食君之禄乎？二公爱国忠君之心，皆时时发见于诗歌者，故知其平时必不肯轻受人惠，苟一受之，必知所感，非遽忘其身分而甘为卑谄也，亦足见高人之本心如是其厚耳。彼有自处岸然、受人之爱敬而漠不留情者，吾知其于乡既忘恩、于国必负义矣。"（《陶诗笺》卷二）乞食是饥饿使然，是本能驱使，岂能和"爱国忠君"扯在一起！评注《和郭主簿二首》其二（"和泽周三春"）："远瞻陵岑之奇绝，近怀松菊之贞秀，皆与陶公触目会心，实藉以自寓其不臣于宋之高节，所谓赋而比也。结四句，颇吐忠愤本怀，殆欲有为而不得者欤？前首乐，此首忧，皆有次第。"（《陶诗笺》卷二）结尾四句是"衔觞念幽人，千载抚尔诀。检素不获展，厌厌竟良月"，邱嘉穗注曰："'幽人'，当指恭帝废为零陵王说，故曰'抚尔诀'。"这完全是望文生义，我们从中看不到什么"不臣于宋""忠愤本怀"，因为这首诗赞美松菊的品格，以此映衬"幽人"的高洁。邱嘉穗曲解陶诗例子在评注中还有不少，由此降低了《陶诗笺》的思想价值。

　　从《陶靖节先生传》和评注中可以看出，邱嘉穗极度厌倦慧远及其白莲社，认为"所以贻害于后世者有二：一曰清谈，一曰净土"，净土宗"弥近理而大乱真"，他认为陶渊明是坚定的"神灭论"者,是孟子所称的真正的"行法俟命之君子,而夭寿不足以贰之也"(《陶诗笺注序》),因此在笺释中力图证明陶渊明的不惑于佛。评注《归园田居六首》("久去山泽游"):"前言桑麻与豆,此则耕种之余暇,凭吊故墟,而欢其终归于尽。'人生似幻化'二句,真可谓知天地之化育者,与远公白莲社人见识相去何啻天壤?"(《陶诗笺》卷二)评注《连雨独饮》:"前篇'人理固有终'数语,与此起首四句,即《神释》篇'应尽便须尽,无复独多虑'之意,皆绝大议论,不意于小小题发出。盖陶公深明乎生死之说,而不以夭寿贰其心,所以异于慧远之修净土、作生天妄想者远甚。而其不肯入社、闻钟攒眉之本意,亦从可想见矣。"(《陶诗笺》卷二)评注《杂诗十二首》其六("昔闻长者言"):"此诗言:人之有生必有死,决无轮回之理。但当合家为乐,留金与子可也。其曰'生死不再值',曰'何用身后置',皆破白莲社中前生后生、轮回净土之说。此陶公所见之卓绝,所以不肯入社也。况慧远秃奴又尝著《沙门不敬王者论》,其与陶公忠义之心,更相剌谬,安得不闻钟攒眉,去之唯恐不速哉?"(《陶诗笺》卷四)《莲社高贤传》载:"远(慧远)法师与诸贤结莲社,以书招渊明。渊明曰:'若许饮则往。'许之,遂造焉,忽攒眉而去。"慧远著有《明报应论》《三报论》等,阐发灵魂不死、因果轮回之义。陶渊明则是一位坚定的"神灭论"者,认为人死神也随之而灭,如《形影神三首》。二人主张不合,故渊明"攒眉而去"。在认定陶渊明"不惑于佛"、是一个坚定的"神灭论"者方面,应该说邱嘉穗的判断是正确的、有眼力的。讨厌教义、不愿被拘束,应该是陶渊明不加入白莲社的重要原因。

邱嘉穗由衷热爱钦佩陶渊明，悉心揣摩陶诗，在评注中多有创获，主要体现在对陶渊明高尚人格的赞美推重、对陶诗艺术深入的体味和独具匠心的阐发。如评注《时运并序》说："前二章游目骋怀，述所欣也，后二章伤今思古，寄所慨也，故曰'欣慨交心'。其乐天之诚，忧世之志，可谓并行不悖。"（《陶诗笺》卷一）所评精到准确，可谓一语中的，陶渊明正是由于"乐天之诚，忧世之志"，而让人备受感动。评说《归鸟》："此诗皆比也，与《归去来辞》同意。公《饮酒》诗其四'栖栖失群鸟'一篇，亦用此意，而变化出之，皆可见其托物言情之妙。"（《陶诗笺》卷一）邱嘉穗由此说明"托物言情"是陶诗最重要的艺术表达方式。评说《己酉岁九月九日》（"靡靡秋已夕"）："此诗亦赋而兴也，以草木凋落、蝉去雁来，引起人生皆有没意，似说得甚可悲。末四句忽以素位不愿外意掉转，大有神力。章法之妙，与《咏贫士》次首同。"（《陶诗笺》卷三）评说《庚戌岁九月中于西田获早稻》（"人生归有道"）："陶公诗多转势，或数句一转，或一句一转，所以以为佳。余最爱'田家岂不苦'四句，逐句作转，其它推类求之，靡篇不有，此萧统所谓'抑扬爽朗，莫之与京'也。他人不知文字之妙全在曲折，而顾为平铺直叙之章，非赘则复矣。"（《陶诗笺》卷三）曲折含蓄，正是陶诗的一大特色。评说《饮酒二十首》其二（"积善云有报"）："此诗前四句作势反起，后四句收转本意，一翻一覆，如时文之故作波澜，而后乃正解之也。"（《陶诗笺》卷三）评说《饮酒二十首》其五（"结庐在人境"）："此云'结庐在人境'，宜有车马之喧，而竟无之，是以'而'字作转语用，两意抑扬相拗，便觉'而'字有力。"（《陶诗笺》卷三）不评说全诗，独独品味"而"字的特殊意义,见出邱嘉穗的审美眼力。评说《咏贫士七首》其二("凄厉岁云暮"):"通篇极陈穷苦之状,似觉无聊,却忽以末二句拨转,大为贫士吐气。章法之妙,令人不测,大要只善于擒纵耳。"(《陶诗笺》卷四)起到"拨转"作用的末二句是"何以慰吾怀,赖古多此贤",陶渊明以此提升了全诗的境界,邱嘉穗以此赞美了一生贫寒却有着常人难以企及的高远人生追求及陶诗平处见山的章法特点。

从邱嘉穗的评注中,我们可以看到清人研究陶诗辞章、义理、版本、考据兼顾的特点。整个评注既有对陶诗的整体把握,又有对具体作品深入细致的分析;既结合时代文化的背景,从诗人高洁的思想品格入手观照陶诗,又通过对具体作品的阐发来印证诗人的思想品格。同时还可以看到尽忠于一家一姓的正统观念在评注陶诗中的反映,借此也知道清朝不是一个文化开放的时代。

本书所用《陶诗笺》的底本,为清康熙刻本,现藏于湖北省图书馆。无目录,每一卷卷首均有"闽上杭邱嘉穗实亭评注"字样。每页10行21字,小字双行,双鱼尾、黑口四周单边。《陶诗笺》一书评注中标有"旧注"字样的文字,皆来自宋人李公焕《笺注陶渊明集》。由此可知,李公焕《笺注陶渊明集》是邱嘉穗评注陶诗时参考最多的陶集之一。原书没有目录,在《陶诗笺注序》(邱嘉穗)、《陶靖节先生传并序》(邱嘉穗)、《陶渊明传》(萧统)、《陶渊明集序》(萧统)、《总论》之后,直接进入正文,整理者据正文顺序重新编排了目录。

为了区别于原书,《陶诗笺》中明显的脱字,增补于圆括号中,如"前汉(书)""三(才)"。诸家诗评后的"笺释"

为整理者所加，以补充《陶诗笺》原注、原评中的缺漏或意思不明之处。"笺释"中的"谨案"字样亦为整理者所加，一则用以标明诸家评论中的异文，二则阐释邱嘉穗评注中的难解之处，并指出或改正其明显的错讹，且标为黑体，以示区别。当然，著者个人对陶渊明部分诗文的解读，亦放在了"谨案"之中。此前，著者曾有《〈陶诗汇评〉笺释》（台湾花木兰文化事业有限公司2018年版）一书出版，《陶诗汇评》的作者温汝能（1748—1811），晚生于邱嘉穗。温为乾隆朝人，邱为康熙朝人。《〈陶诗汇评〉笺释》在诸家评论之后有"笺释"，主要是补充《陶诗汇评》原注及评中的缺漏或意思不明之处，在征引陶诗及注评所涉及的原初史料的同时，尽量搜求后人诗文中对陶诗、陶事的采写，以见陶渊明对后世的深远影响。《陶诗笺》之"笺释"则尽力搜求后人对于陶渊明诗文的评价，尤其是艺术与美学方面的评价，并尽量避免在内容上与北京大学、北京师范大学师生所编《陶渊明研究资料汇编》（中华书局1962年版）一书重复，如明人黄文焕《陶诗析义》，则不采《陶渊明研究资料汇编》已有之内容。为了方便阅读，本书的校勘部分，也放在了"笺释"之中。"笺释"而外，其他则一仍其旧，悉照《陶诗笺》原刊本编排，包括原刊本中的夹注。为了方便读者了解陶渊明的生平创作，整理者将自己编撰的《陶渊明年谱》再加修订附于书后。书后所列"参考书目"共有一百五十余种，均为《陶诗笺》原刊本以及整理者在"笺释"时所涉及的典籍。"陶渊明研究论文目录"所列近三十篇学术论文，均为著者撰写，谨供对陶渊明研究有兴趣者参阅。

本书稿正文部分的计算机录入，主要由我的研究生武君、张建、许志行、赵雅欣、赵焱五位同学协助完成,全书引文的核对,亦请我的研究生协助完成,在此一并表示诚挚感谢。

限于整理者水平,书中的错讹之处在所难免,恳请广大读者批评指正。

原载《铜仁学院学报》2018年第1期

观赏风景与我们的态度
——《山水风景审美》后记

又是深秋时节。夕阳西下,晚霞正浓。一阵风过,校园林荫道上落叶纷飞,有如漫天翻舞的金色蝴蝶……望着眼前这些落尽或快要落尽叶子的高大挺拔的白杨、婀娜依旧的垂柳以及那些槐树、榆树、丁香树、玫瑰树,我的心有一种莫名的感动。我知道,走过了春,走过了夏,这些或年轻或老迈的树又完成了一次生命历程中所必需的化变。然而这化变却不是重复,不是循环。《金蔷薇》的作者、俄罗斯作家康·帕乌斯托夫斯基说:

> 每一片叶子都是大自然的一篇完美的作品,是它那神秘艺术的一篇作品,这种艺术是我们人类望尘莫及的。
>
> (《面向秋野》,张铁夫译,湖南文艺出版社 1985 年版,第 29 页)

诺贝尔文学奖获得者、德国作家赫尔曼·黑塞说:

> 树像是孤高的人,它不是懦弱逃世的隐者,而是像贝多芬或尼采那样伟大孤立的人;在那树梢中,世界沙沙作响,而根柢则憩息在无限之中。
>
> 树是神圣之物。懂得和树交谈、听树呢喃的人,就了解真理。(《热爱自然的声音》,见《回归大自然》,刘锋杰选编,北京大学出版社 2006 年版,第 15—16 页)

《瓦尔登湖》的作者、美国作家亨利·戴维·梭罗说:

树叶的形状比世上所有语种的字母表凑在一起更多种多样;仅以橡树为例,几乎找不到两片相似的树叶,每片树叶表现出自己的个性。(《在康科德与梅里马克河上一周》,见《梭罗集》上,陈凯译,生活·读书·新知三联书店1996年版,第140页)

在逝水之上,个体生命并不比一片树叶更久长,从降生到凋零不过几十年的时间,所以人类要礼敬大自然。大自然永恒博大、生生不息,却不是人为的。人类是在大自然的怀抱中孕育、诞生、发展、壮大的。人类赖以生存的一切,都是大自然赐予的。因此我们没有理由不热爱大自然,没有理由不以审美的眼光环视一下那养育了我们的土地、森林、河流、山川……我们都是自然之子,我们和大自然结成的是一种不可断绝的血缘关系。我们离不开大自然,那是我们的来处,也是我们的归宿,人类和大自然于是结成了几层基本的关系:

一层是功利关系,人类要利用大自然改造大自然,从大自然中获取生存所必需的一切物质,如水源、食物、木材、矿藏等;一层是反映关系,人类要研究大自然,揭示大自然的奥秘,探寻大自然运动变化的规律,如航行太空、登月、向太空发射飞行器、到极地探险等等;一层是审美关系,人类与大自然是和谐亲善的,人类要从大自然中发现美并品赏美,寻找心灵与大自然的契合。

在这三层关系中,功利关系满足人的物质需求,是生物性的;反映关系满足人的探索需求,是科学性的;审美关系则满足人的精神需求,是艺术性的。人类与大自然的关系如果仅仅停留在功利关系上,无休止地攫取破坏大自然,就会受到大自然严厉无情的惩罚,如土地沙化、河水断流、空气污染、自然灾害频仍等等。对于大自然的探索,由于受主客观条件的限制,不是每一个人都可以做到的。但是,审美却使人与大自然构成了最自然、最理想、最完美的关系。车尔尼雪夫斯基说:"人若要发现自然是美的,就只须能够看出自然是生养万物的大怀抱,看出自然中也有类似人生中的生机,那就够了。"(《美学论文选》,缪灵珠译,人民文学出版社1957年版,第119页)在这层关系里,人类摆脱了对大自然的觊觎,而与大自然和谐相处,忘情相交,全身心地投入大自然的怀抱之中,尽情尽性地享受大自然带给心灵的温慰。

大自然真实本色,生机勃发,为我们呈现了无数可观可赏、可资浮想的风景:高山雄伟险峻,大海壮阔无边,绿柳在春风中婀娜,红枫在霜秋里灿烂,甚至俯仰可见的朝霞落日、霏霏细雨、飘飘雪花、小草顽石,都可以激发我们或安详宁静、或庄严崇高的感情,引发我们对生命兴衰、宇宙奥秘的思索与探寻。就是我们早已惯看的那些寻常景物,只要换一种心情、换一种环境或角度重新审视观照,也会惊奇地发现其中蕴含的美与魅力,在欣赏者的眼里没有风景会陈旧过时。比如黄昏,比如落日,心怀萧索抑郁、孤旅天涯之时,那是一种悲壮、一种哀伤,是大自然把亮丽的白日无情地推向黯淡、推向沉寂的先兆。而在心情闲适时在郊野漫步,那是一种瑰丽、一种灿烂,是大自然在白昼将尽时馈赠人间的最美礼物。如梭罗所说:"它是变成了傍晚的,人们在西边看到的早晨——同是一个太阳,但具有新的光辉和气氛。"(《在康科德与梅里马克河上的一周》)由此看来,人生最有情韵的时刻莫过于对风景的悠然神会、全心品赏了。置身其中,欣赏者不仅驰情入幻,怡然意远,妙想联翩而至,绮思似梦如真,整个身心也仿佛融化在那种幽清明澈而又壮阔奇丽的境界中了。郁达夫说:"欣赏山水及自然景物的心情,就是欣赏艺术与人生的心情。"(《闲书·山水与自然景物的欣赏》)但作为审美主体,中国人欣赏风景有自己鲜明的特点:

一是放敞身心融入风景之中,与风景构成一体,即南宋诗人方岳说的"溪山与我俱成画,草树惟梅大耐寒"(《十二月十日》)。作为审美主体的"我"并不是独立于风景之外的旁观者,而是积极主动的加入者,与"溪山"共同构成一幅完美和谐的风景。"我"因"溪山"而愈见清明散朗,"溪山"因"我"而更具风姿与生趣。"我"与"溪山"、"溪山"与"我"相辅相成,难以割舍。由此构成了中国人独有的生命境界,这个生命境界晶莹明洁,充满情韵,透现出了审美主体的智慧及对宇宙自然至情至理的参透和感悟。

二是把风景看作如人一样有血有肉、有呼吸的生命体,即王阳明说的"正需闭口林间坐,莫道青山不解言"(《次栾子仁韵送别四首》其四)。万物皆具生命,青青山峦如"我"一样,是会说话的、有情感的,是可以倾心交流的。这种在风景中寻找生命、发现生命、体察生命的态度,使中国人养就了一种能与天地精神相往来却不傲睨于万物的洒脱又深情的胸襟。有了这样的胸襟,中国人再也不惧怕地方的僻远、环境的孤寂了。林则徐因焚烧鸦片被软弱无能的清政府革职并发配新疆伊犁,西行途中,他写下了"天山万笏耸琼瑶,导我西行伴寂寥。我与山灵相对笑,满头晴雪共难消"(《塞外杂咏八首》其六)的千古绝唱,在与风景的倾心交流中,体现了一个民族英雄乐观旷达、不畏艰险的豪情壮志。

三是"静观"的态度。所谓"静观"是指一种消除一切直接的功利目的，排除主客观因素干扰，要以觉心、慧心体察天地万物的精神状态，即宋代哲学家程颢说的"万物静观皆自得，四时佳兴与人同"（《秋日偶成二首》其二），清初书画家恽寿平说的"川濑氤氲之气，林岚苍翠之色，正须澄怀观道，静以求之"（《南田论画》，见《历代论画名著汇编》，文物出版社1982年版，第332页）。宗白华先生说："静观"之时，"万象如在镜中，光明莹洁，而各得其所，呈现着它们各自的充实的、内在的、自由的生命"（《美学与意境》，人民出版社1987年版，第228页）。"静观"之时，"胸中廓然无一物，然后烟云秀色，与天地生生之气，自然凑泊"（李日华《紫桃轩杂缀》），这也是遍照金刚说的"春夏秋冬气色，随时生意。取用之意，用之时，必须安神净虑，目睹其物，即入于心，心通其物，物通即言"（《文镜秘府论·论文意》）。王维的"人闲桂花落，夜静春山空。月出惊山鸟，时鸣春涧中"（《鸟鸣涧》），便表现了在"静观"中以慧心、觉心体察万物的情态。即使像桂花从枝头落到地面这样的细微之声也能听得到，山水风景中还有什么妙音美景能逃得脱处在"静观"中的欣赏主体的眼睛与心灵呢？

如今是一个欲望膨胀的年代。我们生活的这块古老的土地上，在拜金主义大潮的汹涌裹挟下，人性的黑洞正日益显露。面对纷乱的生活，虽然我也曾有过找不到立足点而飘浮于空中的惶惑，有过呐喊如一箭射入大海不能激起些许浪花的悲哀，然而更多的却不是惶惑，不是悲哀，不是如游丝般细弱无力的叹息，因为我和我的同道们更看重自己心怀使命的跋涉，更愿意倾听久久回旋于自己内心深处的庄严的生命弦乐，感受岁月流逝带给灵魂的阔朗澄明。正因为如此，在宁静与欲望的挣扎中，我选择了山水，选择了能让躁动灵魂重归于安详的风景赏观。利用假期，利用外出进修学习的机会，寻访山水名胜，享受投身于大自然的快爽清新。更多的时候，则是幽居一室，坐拥书城，徜徉于诗中的风景。诗中的风景同样绿意葱茏，生机无限，有山河壮阔、海天苍茫。我读郦道元，读李、杜，读柳子厚，读苏东坡，读徐霞客，读那些让我心动让我神往的许许多多大师。英国哲学家鲍桑葵说："伟大的艺术家怎样凭借他们对自然景象和自然对象的表现力的卓越洞察力，扩大了所谓自然美的界限。批评家说，他们是根据大自然来衡量艺术家成就的。"（《美学史》，张今译，商务印书馆1997年版，第9页）我相信，即便是逝去千年的先哲，在风景审美这块迷人的胜地里，我和他们在灵魂深处是息息相通的。先哲们描绘的无数风景至今动人：三峡雄奇，蜀道峥嵘，夔州秋景如画，永州山水幽清，西子湖淡妆浓抹总相宜，黄山松纵横曲挺皆为美……集腋成裘，聚沙成塔，几年下来，便有了眼前这本小书——《山水风景审美》。其中一些篇章的初稿，曾在《光明日报》《文汇报》《园林》《社会科学家》《中国地名》《中旅之窗》《绿化与生活》《旅游时报》《旅游导报》《北京旅游报》《内蒙古日报》《呼和浩特晚报》《乌兰察布日报》等报刊上发表过。

鲍桑葵说："人所以追求自然是因为他已经感到他和自然分开了。"（《美学史》，第116页）在人口剧增、生态失衡、资源短缺的今天，人类再也不能做外在于大自然的征服者，为所欲为；而应寻求与大自然的适应和顺应，冷静地思考自己在大自然中的地位和作用，重建人与大自然是有机统一体的观念，在实践中控制自己的行为，最大限度地降低人与大自然的功利关系。在努力探索大自然的运动规律的同时，更要以审美的眼光、审美的胸怀看待大自然，这样才能最终在本质上获得大自然也获得自身，其实这正是本书写作的动机和初衷。

《山水风景审美》，内蒙古大学出版社2011年第三版，收入本书时略有修改。

书中与路上的风景
——《诗心妙悟自然——中国山水文学研究》前言

喜欢山水进而探究山水，对于我来说，是再自然不过的事情。"宁可让心流浪，绝不模仿别人的生活"，是我一直遵奉的座右铭。我生性不安，渴望漂泊，对约束有一种发自本能的恐惧，虽然这约束我承认有时可能是正当的。不想盆栽，我要自由生长。为了逃避约束和自由生长，旅行便成了我个人唯一真正的喜好。

旅行当然需要有来自经济方面的厚实，而我却没有。好在我是教师，虽然清寒，却有一个炎热而又悠然的暑假。伴随着暑假的来临，学校此时每每要发放两个月的薪金，几乎是把微薄的薪金揣在怀里的当夜，我就匆忙启程了。二十年下来，我心中神往的山水风景居然多数被我看到了。以山而言，有泰山、恒山、华山、嵩山、五台山、黄山、庐山、千山、五当山、青城山、普陀山、九华山、九疑山、岷山、玉龙雪山、祁连山、天山、昆仑山……；以水而言，有根河、洛河、额尔齐斯河、金沙江、澜沧江、怒江、漓江、岷江、赣江、富春江—新安江、钱塘江、嘉陵江、鸭绿江、潇水、湘水、渭水、滇池、西湖、越秀湖、大明湖、千岛湖、青海湖、呼伦湖、喀纳斯湖……。我以为，山水相依，既是自然美的基本构成，也是自然美的基本体现。沉浸在山水美景中，身心俱爽，一派浩荡，我甚至不知道自己还在不在尘世间。

至今不能忘怀九寨沟之旅，那是我毕生所看到的最美风景。

我是在深秋时节来到九寨沟的。深秋时节的九寨沟最美：在高远的蓝天白云和远处雪山的映衬下，苍翠的松竹，深橙色的黄栌，浅黄色的椴叶，绛红色的枫叶，殷红色的浆果，深浅相间，错落有致，恰似一幅匠心独具的油画。在秋山、秋林暖色调的衬托下，湖水更清更碧，倒映湖中的五彩缤纷的秋林，与湖底或浅蓝或深黛的颜色交融成一个更加夺目绚烂、异彩纷呈的世界。九寨沟深秋色彩之丰富，即使是最善用色彩的印象派画家的作品也难望其项背。如果你不是站在水边，目睹了眼前的神奇景象，你几乎分不清哪儿是山哪儿是水，哪儿是耸立在水边的山，哪儿是倒映在水中的山。归来后，当我把在九寨沟拍摄的风景照片冲洗出来装入相册时，竟几次颠倒了上下，分不清上面的山和下面的水。九寨沟的山水就是这样浑然为一、妙合无际、一片天机。大自然的美，绝不是人为的。美开启人的灵智，敏锐人的感官，给人以无声的震撼。九寨沟又是一个宁静与涌动共存的地方，看湖水宁静湛蓝，可听见恋人的心音；观瀑流躁动喧豗，不由人不心潮翻涌。此景只应天上有！调动你全部的想象力吧，你想象九寨沟的山水有多美，它就有多美！我甚至不相信，在人世间还有比九寨沟更美的地方！徜徉在九寨沟奇丽的山水中，沉醉在无上的美的享受里，我的视觉、听觉、感觉被全部调动起来，游目骋怀，驰情入幻，喃喃自语，手足无措。虽然此前我已去过了许多地方，但面对九寨沟的山水，我依然心动不已，久久低回，恋恋不能离去……

由于来自经济方面的窘迫，我游的更多的是书中的山水：郦道元的、柳宗元的、徐霞客的。我以为，这是中国山水文学的三大高峰，迄今无人能够跨越。郦文之幽清、柳文之寒峭、徐文之雄奇，都给我寂寞心灵带来莫大的安慰，让我觉得活着不仅是美好的，而且是有意义的。再进一步，我想能否就丰富的中国山水文学方面做一点事情，"持短笔，照孤灯"，于是有了第一篇所谓的山水文学研究文章——《浅谈谢灵运诗歌的色彩美》（载《文科教学》1985年第4期）。时光荏苒，从那时到今天，已有整整二十年的时间。二十年中，我陆续在《内蒙古社会科学》《内蒙古大学学报》《内蒙古师范大学学报》《上海师范大学学报》《社会科学家》《甘肃社会科学》《古典文学知识》《森林与人类》《园林》《绿化与生活》《中国地名》《中旅之窗》《人民日报（海外版）》《光明日报》《文汇报》《北京旅游报》《旅游时报》《旅游导报》《内蒙古日报》等全国各地的报刊上，发表了有关山水文学、山水美学方面的研究文章100余篇。敝帚自珍，我亦不能免俗。山水美学方面的文章已结集成《山水风景审美》一书，1998年由内蒙古大学出版社出版；山水文学方面的文章，因为稍见系统，遂以《诗心妙悟自然——中国山水文学研究》名之，亦交由内蒙古大学出版社出版。

我在本书中所说的山水文学，是指以描写山水风景为主要内容的诗歌、散文、辞赋，包括部分描写乡村景色、田家生活的作品。在这里，我更赞同王瑶先生的观点。王瑶先生认为，"从玄言诗起，这一百多年的中间，山水也好，田园也好，里面的中心思想还是一致的。而且就对当时及以后的影响说，田园诗也只能算是山水诗的一个支流。""就山水诗是诗的主流说，田园诗也可以认为是另一形式的山水诗。"（《中古文学风貌——中古文学史论之三》，棠棣出版社1951年版，第82、83页）在本书中，我要着重讨论的是山水文学的发生、发展及其变化，尽可能捋出其中的线索，发掘出其中的规律来。我很高兴老朋友彩娜教授担任此书的责任编辑，她的细心和负责是我早已感受过的，她的具体的批评指正不仅使本书避免了许多谬误，也使本书有了更高的理论起点。中国山水文学源远流长，影响深远。我却只写到了唐朝，一是因为中国山水文学发展到唐朝已呈全面繁荣局面；二是因为才力所限，我实在无力把握如此宏富博大的中国山水文学。学问与人生一样，总会有这样或那样的缺憾，对此我无力改变，只能期待来哲了。

人类是从混沌的自然中走出来的，最终仍要回到自然中去，但那已是深情的、充满灵性的自然了，这一切都缘于山水审美意识的觉醒和具有划时代意义的山水文学的诞生。今天，人类该如何协调与环境生态的关系，对山水自然采取何种态度，从而求得持续稳定的发展，已成为摆在我们面前迫切需要解决的问题，在这方面，山水文学显示了独特的价值，并为我们提供了极其有益的启示——在满足基本的物质生存的前提下，要以审美的态度对待自然。审美是超功利的，审美可以改变人对自然的贪欲，审美使人与自然构成了完美的联系。

另外，就阅读、欣赏本身而言，山水文学可以唤醒人们的生态与环境保护意识，培养人们热爱自然的深厚感情。山水文学是永远的绿色，是人们奔波、劳顿之余可以全身心栖息的芳草地。对于空间日渐狭小、节奏日渐加快的现代城市生活来说，这绿色显得尤其重要。我相信，山水文学的独特价值，将随着社会的发展、时代的进步越来越凸显出来。19世纪美国文坛巨人爱默森说："大自然对于精神上的影响，以时间来说是最先，以地方来说是最重要。每一天，太阳；在日落之后，夜，与她的星辰。风永远吹着；草永远生长着。每一天，男人与女人，谈着话，观看着，被观看着。"(《爱默森文选》，张爱玲译，生活·读书·新知三联书店1986年版，第6页）人与大自然的审美关系既已确定，大自然对人精神的影响就将持续下去，直到永远。

在序言的结尾，我一如既往，衷心感谢艰难时以各种方式给我以帮助的善良人们。每当有明月升起的夜晚，我就在心底为你们祝福。

《诗心妙悟自然——中国山水文学研究》，内蒙古大学出版社2008年版。

与酒相亲的痛楚与快意
——《酒入诗肠句不寒——中国古代文人生活与酒》后记

又到了北风劲吹、天寒地冻的时节,洁白清寒的雪也该轻盈地飘舞了吧。用不了多久,一个砌玉堆银、粉雕晶琢的世界便要悄然诞生了。我急切地盼望这样的时节,因为那是围炉饮酒的绝好时刻,刘禹锡所谓"帘外雪已深,座中人半醉"(《冬夜宴河中李相公中堂命筝歌送酒》),苏轼也深爱此种境界,略改刘诗为"坐中人半醉,帘外雪将深"(《临江仙·送李公恕》),用在自己的词中。喜欢酒,喜欢和朋友们一起围炉饮酒、欢情畅言的感觉。由饮酒进入到对古代文人生活与酒之关系的探究,对于我来说,实在是一件很自然的事情。

我从事魏晋南北朝隋唐五代文学与中国古代山水田园文学的教学与研究有年,无论是嵇康、阮籍、陶渊明,还是李白、杜甫、白居易,他们的生活和诗文中无不弥漫着酒的芬芳。要想深入了解这时期的文学和这些天才的诗人,就不能不了解他们与酒搭成的是怎样的一种关系。在我看来,文脉与酒脉是相连的,在追求精神自由和心理能量的释放上,诗与酒是相通的。当诗人们举起清樽、痛饮高歌之时,除了我们所能体验到的,他们应该有更为深广的忧愤和感慨吧。阮籍喝进去的是薄劣的酒,吐出来的却是鲜红的血;陶渊明愿意沉浸在自己的酒境界中,就是要和那个他厌恶透顶的罪恶肮脏的现实隔离,哪怕是暂时的隔离!李白举杯邀明月,酒和明月陪伴着孤独的诗人,成为他举世唯一的知音。酒迎知己,酒送离人,酒抒愁怀,酒遣悲愤,以酒忘世，以酒逃世。那旷世的胸怀、干云的豪气、济世的热情，最终伴随他们走完了生命的旅程，虽然这其中不无苍凉与悲壮、辛酸与无奈。酒沸腾了他们的诗意人生，也见证了他们的悲苦命运。

我身边有几个要好的朋友，我称之为韵友。我们时常以酒相会，雨天雪夜更是如此。在这样的时候，酒慰藉并联通了孤寂的心，让彼此都觉得温暖。陶渊明说的"泛此忘忧物，远我遗世情"（《饮酒二十首》其七）、"试酌百情远，重觞忽忘天"（《连雨独饮》），是我们乐于体会和渴望进入的境界。在酒酿就的感伤而又温馨美好的氛围中，暂时忘却了生活的清寒和苦恼，虽然我们也知道，明天酒醒之后还需早起，还需不倦地去跋涉追寻。茶使人清醒，酒令人沉醉，让人超脱现实。我极赞赏我的朋友对酒的理解和透悟："我与酒的缘分尚浅，却喜欢，就像老友，不轻易相见，见即不忍分别，就是在心中怀想便已温暖体贴。喜欢酒的芬芳清冽，喜欢酒友的真淳、坦荡、多才，喜欢饮酒时物我两忘的心境。欢乐时多饮几杯亦不觉醉，悲伤时难胜酒力却不禁手把酒杯。无声的酒流入心田，浇灌出豪情的歌、浓情的话。酒助诗兴，酒发真情。生活中不能没有酒的滋味。"我以为，这与《随园诗话》（卷六）说的"俞又陶喜席上酒佳，谢主人云：'疏花似月将残夜，好友如醇欲醉时'"有异曲同工之妙。何况，酒时常酝酿家庭般、节日般的氛围，既温馨又浓烈，给我清寒寂寞的读书生活带来意想不到的莫大欢喜。酒后的心灵晶莹剔透，自由飞翔，不设防也没有疆界，纯是审美之境。有时酒触发的即使是难以抑制的悲情，因为那也是从晶亮澄澈的心河深处流淌出来的，所以格外动人情肠，让人怀想。黄庭坚的"春风桃李一杯酒，江湖夜雨十年灯"（《寄黄几复》），是我时常在心底吟诵的，"一杯酒"与"十年灯"写尽了欢聚时的真情和美好、分别后的孤独和思念。

苏轼所描绘的"休对故人思故国，且将新火试新茶，诗酒趁年华"（《望江南·超然台作》）的生活图景，一直是我所渴望把握和重现的。想要把握和重现这样的生活图景，我以为，旅行应该是最好和最正当的路径之一。经过长期坚守和不断的自我验证，旅行事实上成了我个人唯一真正的喜好。长路漂泊，寂寞无依，当然少不了酒的深情相伴。每到一地，我就喝一地的酒、吃一地的菜，酒也就因此成了了解当地风土人情的钥匙。如在绍兴喝的是"花雕""女儿红"，在西双版纳喝的是新酿的苞谷酒、木瓜酒、竹筒酒，在丽江喝的是荞麦清酒，在桂林、漓江喝的是桂花酒，在湖南永州喝的是"异蛇王酒"，在九疑山的苗寨里喝的是苗族同胞自酿的"瓜箪酒"，在南昌和庐山喝的都是"四特酒"，在西安、宝鸡喝的是"西凤酒""太白酒"，在太原、五台山喝的是"汾酒""竹叶青"，在西宁、青海湖喝的是青稞酒，在敦煌喝的是"敦煌液"，等等。这些酒虽然不如"茅台""五粮液"大名鼎鼎，但价钱便宜，特色鲜明，更适合我这样的"杖头钱"不多的漂泊之人享用。于是在或浓烈或醇香或清淡的酒里，你喝出的是"趣"是"真"，是此地的文化历史、人情冷暖。

如同由衷喜欢陶渊明进而探究陶渊明，写成《自然之子——陶渊明》（内蒙古大学出版社 2003 年版）一书；喜欢山水进而探究山水，写成《山水风景审美》（内蒙古大学出版社 2004 年版）、《诗心妙悟自然——中国山水文学研究》（内蒙古大学出版社

2008年版）二书一样；由衷喜欢酒，我就不能不去探究酒，探究酒与文人生活的关系，于是也就有了第一篇、第二篇正式酒论文的发表：《中国古代文人与酒之关系略论》（《内蒙古大学学报》2000年1期）、《从陶诗看陶渊明与酒之关系》（《内蒙古社会科学》2003年2期）。到后来，我的研究生张慧芳同学为我提供了方便，使我得以在她供职的《呼和浩特晚报》上连载了二十篇讨论中国古代文人生活与酒之关系的文章，这就为本书的成功写作奠定了坚实的基础。如今她辞职了，她要过属于自己的生活，虽然我心有担忧，但还是赞赏她的决心和勇气并且祝愿她早日成功。

在本书的写作过程中，我特别得到了崔丽同学（虽然她已经毕业，我还是愿意这样称呼她和她的同学们）的大力帮助。她生活工作的城市是国家图书馆的所在之地，她为我查阅了许多相关资料，帮我借阅、复印了一些有关酒文化的著作，这给我的研究带来了很大的方便。不仅如此，崔丽同学还把自己平日里关于酒和时间问题的思考提供给了我，其思考所达到的深度为我所不及，经她许可，我把她的部分思考成果吸纳进了我的论述中。还有南京大学的曲金燕博士帮我复印邮寄来了《黄侃日记》、苏州大学赵娜博士帮我购得《黄侃传》并复印邮寄来了《黄季刚诗文钞》。因为潜心思索，又阅读了不少酒文化及相关的研究专著，这就使本书的写作能够建立在一定的起点之上，以期不辜负自己这一年来废寝忘食、夜以继日的辛劳。需要说明的是，之所以把《鲁迅先生与酒》《黄侃先生与酒》两篇放在附录部分，是因为本书的主体是古代文人，而鲁迅先生和黄侃先生属于近代学者，但他们与酒的关系独特，颇具代表性，不可以不写。值得一记的是，九月初我到国家图书馆寻访酒文化研究著作，一天，在偌大京城的一家小酒馆里与内蒙古大学出版社的王凯、呼和两位老师意外相逢，有些落寞的我大有他乡遇故知之慨，惊喜之余，三人便开怀痛饮，直喝得天昏地暗，然心中却是一派浩荡，至今回想起来，仍觉趣味无穷。就在我进入写作的最紧张之时，老朋友托娅教授慷慨馈赠我一箱"古越龙山"生产的、绍兴咸亨酒店专卖的八年陈酿"太雕酒"，午夜小酌，味道悠长，妙不可言。书定稿之后，崔丽同学和我的研究生刘少丹同学、文艺理论硕士点的研究生张强同学又帮助我精心校阅了一遍书稿，从而避免了书中可能出现的更多错误。内蒙古大学出版社社长石斌教授初读书稿，便慨然允诺出版此书，由衷的信任让我感动不已。老朋友彩娜教授欣然担任此书的责编，精心编校，友情可感可铭。在此，我真诚地感谢在成书过程中给我帮助的友人并郑重许诺：此书正式出版后，我还会请你们喝酒。这回喝好酒、好久。

原载《呼和浩特晚报》2007年9月19日。《酒入诗肠句不寒——中国古代文人生活与酒》，内蒙古大学出版社2016年第二版。

"投醯酴米授之神"
——《〈北山酒经〉评注》前言

宋代制曲、酿酒工艺发达,有关著作众多,如田锡的《曲本草》、苏轼的《东坡酒经》、李保的《续〈北山酒经〉》、何剡的《酒尔雅》、窦苹的《酒谱》、范成大的《桂海酒志》、林洪的《新丰酒经》等。因为内容深厚、专业水准高,朱肱的《北山酒经》成为其中杰出的代表,长期以来,一直被人们奉为经典,影响广泛。

一

朱肱,字翼中(一作亦中),生卒年不详,号无求子,晚号大隐翁。北宋湖州乌程(今浙江吴兴)人,元祐三年(1088)进士,历任雄州(今属河北)防御推官、知邓州(今河南邓州)录事、奉议郎直秘阁(秘阁是宋代皇家保存珍稀古籍及书画的机构),故时人及后人亦称朱奉议。

朱肱生长在一个有操守和文化传统的家庭。其祖父朱承逸,字文倦,为人慷慨,乐善好施。曾代人偿债,避免了负债人全家落难。仁宗庆历年间(1041—1048)发生饥馑,他用八百斛米作粥,救活了贫民万余人。其父朱临,字正夫,曾任大理寺丞,尝跟随宋初学者、教育家胡瑗(世称"安定先生")学。后胡瑗殁,朱临以其学为乡邦学者推重。略晚于朱肱的北宋学者方勺(1066—?),后寓居乌程的泊宅村,著有《泊宅编》,

卷下记述了朱临的事迹："朱正夫临，年未四十以官大理寺丞致仕，居吴兴城西，取《训词》中'仰而高风'之语，作'仰高亭'于城上，长杜门谢客。"可见其性格品行。

朱肱之兄朱服（1048—?），字行中，《宋史》卷三四七有传。熙宁六年（1073）进士，授淮南节度推官。元丰三年（1080），擢监察御史里行，后为国子司业、出知润州（今江苏镇江）。绍圣元年（1094），召为中书舍人，出使辽，拜礼部侍郎。后出知庐州，因与苏轼游，贬海州（今江苏连云港）团练副使，蕲州（今湖北蕲春）安置，改兴国军，卒。不仅如此，朱肱自己也因"书东坡诗贬达州"（李保《题〈北山酒经〉后》）。受兄长影响，朱肱自己也心仪苏轼，喜读苏轼的诗词文章。朱服善诗文，《全宋诗》收其诗十三首，《全宋词》收词一首《渔家傲》："小雨廉纤风细细，万家杨柳青烟里。恋树湿花飞不起，愁无比，和春付与西流水。　　九十光阴能有几？金龟解尽留无计。寄语东城沽酒市，拚一醉，而今乐事他年泪。"委婉感伤，极见情致。著有文集十三卷（见《宋史·艺文志七》），今已轶。《全宋文》收其文十四篇。朱肱与其兄及父祖，皆为有道之人。

生长在这样一个家庭，朱肱自幼便受到来自祖父、父兄的影响，一生看重操守，仗义执言。崇宁元年（1102）日蚀，上疏讲灾异，指摘执政者章惇的过失，忤旨罢官，侨居杭州大隐坊，酿酒著书，自号大隐翁。政和四年（1114），值朝廷重视医学，遍求精于医术之人，朱肱遂被征为医学博士。与其兄一样，朱肱也由衷喜欢崇敬苏轼，政和五年（1115），因同情元祐党人、书苏轼诗触犯党禁，被贬达州（今属四川）。同贬者陈弁、余应求、李升、韩均，时称"五君子"。次年，朱肱以朝奉郎提点洞霄宫，召还京师。

关于朱肱的生平，限于材料，我们知道的并不多。《文献通考》卷二百二十二《经籍考》四十九在著录《南阳活人书》时，有朱肱的简略介绍："肱，吴兴人，秘丞临之子，中书舍人服之弟，登第，仕至朝奉郎直秘阁。"根据与朱肱同时代且"为同寮"的李保《读朱翼中〈北山酒经〉并序》记载："大隐先生朱翼中，壮年勇退，著书酿酒，侨居西湖上而老焉。"并有诗云：

> 赤子含德天所钧，日渐月化滋浇淳。
> 惟帝哀矜悯下民，为作醪醴发其真。
> 炊香酿玉为物春，投醺酘米授之神。
> 成此美禄功非人，酣适安在味甘辛。
> 一醉竟与羲皇邻，薰然盈腹皆慈仁。
> 陶冶穷愁孰知贫，诵德不独有伯伦。
> 先生作经贤圣分，独醒正似非全身。
> 德全不许世人闻，梦中作诗语所亲。
> 不顾万户误国恩，乞取醉乡作封君。

"侨居"，寄居他乡。朱肱正值壮年，就已"侨居西湖上"并于此终老。"勇退"，即急流勇退，旧时比喻在仕途得意顺利时毅然退出官场，毫无留恋。何况，朱肱的仕途并不得意顺利，对官场毫无留恋。朱肱尝自言"忧患余生，栖迟末路；爰脱身于簪绂，遂晦迹于渔樵"，"晓猿夜鹤，春韭秋菘；绝交几近于矫情，苦誓未忘于匪怨"（《活人书·谢表》），可见他的一生主要是在著书、酿酒、欣赏自然美景中度过的。"投醺酘米授之神"一句说朱肱制曲、酿酒水平之高有如神授一般。醹（rú），味道醇厚的酒。结合其名号"无求""大隐"及《北山酒经》卷上对酒性酒功的论述、对酒典的谙熟及对历史上饮者的叹赏，可知朱肱是一个学识渊博、个性鲜明、特立独行、闲放自适之人。

朱肱擅长医学，尤精于伤寒。侨居杭州期间，深入研究《伤寒论》，目的是希望"天下之大，人无夭伐，老不哭幼"（朱肱《活人书·序》），人人都能尊生长寿，尽其天年。从元祐四年（1089）始，朱肱"焦心皓首，绝笔青编"（朱肱《青词》），历时二十年，于大观二年（1108）著成《伤寒百问》一书。与朱肱生活在同一时期的张蒇认为，此书"非居幽而志广，形愁而思远者，不能作也"（张蒇《活人书·序》）。此书署名无求子，经坊间刊刻后，广为流传，惠播四方，但在流传中已渐有残缺。大观五年（1111），对朱肱深怀敬佩的张蒇经过多方寻求，终于与朱肱相逢："今秋游武林（杭州别称，以武林山得名），邂逅致政朱奉议，泛家入境，相遇于西湖之丛林，因论方士。"（张蒇《活人书·序》）二人相谈甚欢，朱肱亲授《伤寒百问》缮本给张蒇，张蒇据此加以补订，将全书增为二十卷，分为七册，计有九万一千余字。因为张仲景为南阳人，华佗称《伤寒论》为"活人"之书，依据《伤寒百问》诊治则又可以救活无数患者，张蒇遂将书名改为《南阳活人书》。《南阳活人书》亦称《活人书》《类证活人书》。政和元年（1111）的正月，朱肱将《南阳活人书》一函八册呈献给朝廷，希望国子监印造颁行，"以福群生"（朱肱《进表》）。后来此书在京师、成都、湖南、福建、两浙凡五处印行，影响广泛。在颁行流传过程中，朱肱发现此书"不曾校勘,错误颇多",于是在政和八年(1118),"取善本,重为参详,改一百余处,命工于杭州大隐坊镂板,作中字印行"(朱肱《活人书·重校正序》)。朱肱研究伤寒最重经络,认为"治伤寒先须识经络,不识经络,触途冥行,不知邪气之所在"(《活人书》卷一)。《南阳活人书》从经络病因传变加以分析,提出"因名识病,因病识证",强调脉证合参以辨病性,并付以诸方法治,对张仲景医学思想颇多发挥,是分类论述《伤寒论》的重要著作,对后世有较大影响。直到乾隆五十年(1785),《南阳活人书》"江南版本不废"(鲍廷博《〈北山酒经〉跋》)。清代名医徐大椿(字灵胎)称赞说:"宋人之书,能发明《伤寒论》,使人有所执持而易晓,大有功于仲景者,《活人书》为第一。"(《〈活人书〉论》)清人陆心源辑撰的《宋史翼》卷三十八中有《朱肱传》,蒐集了有关朱肱撰写《南阳活人书》及行医开方等相关故事。朱肱家居二十年,先后编撰了《伤寒百问》《南阳活人书》《北山酒经》《内外二景图》《大隐居士诗话》等著作,除《南阳活人书》及《北山酒经》存世外,其余各书均已散佚。李时珍在编撰《本草纲目》时将朱肱的《南阳活人书》列入276种"古今医家书目"之中,是重要的参考著作之一(见《本草纲目·序例》)。

二

《北山酒经》又称《酒经》,是我国现存的第一部全面系统论述制曲酿酒工艺的专门著作,成书年代没有确切记载。在朱肱《北山酒经》之后,李保有《读朱翼中〈北山酒经〉并序》

并作《续北山酒经》。李保的序写于宋徽宗政和七年（1117）正月，所以《北山酒经》当在此前完成，一般认为在政和五年（1115）。宋代的酿酒业在唐朝的基础上得到进一步普及和发展。由于酒税是政府重要的财政来源，宋代实行酒专卖制，禁止官府许可之外的酿沽行为，缉查打击民间的私酒活动，苏辙《和子瞻〈蜜酒歌〉》诗说"城中禁酒如禁盗，三百青铜愁杜老"，描述的正是这样的现实。因为利税丰厚，当时朝廷对酿酒业极为重视，江浙一带正是我国黄酒酿造的主要产地，酿酒作坊比比皆是，《文献通考》卷十七《征榷考四》记载："《建炎以来朝野杂记》曰：旧两浙坊场一千三百三十四，岁收净利钱八十四万缗。"一方面，商业的发展和城市的繁荣，使酒的消费量激增。另一方面，农业的发达、粮食的丰足，制曲、酿酒技术的成熟，又使酒的质量大为提高，酒的品种大为增多，酒业的生产范围不断扩大。宋祁《禁门待漏》说"漏箭急传催叠鼓，酒垆争拥卖寒醅"，写出了开封城一大早酒家就争相销售的情形。北宋画家张择端的《清明上河图》中也描绘了类似的情景，画面中酒楼、酒旗随处可见。朱弁《曲洧旧闻》卷七引张能臣《酒名记》，列举北宋末年的名酒多达二百余种，涉及的生产地区包括开封府、太原府、河间府、凤翔府、江宁府及定州、怀州、磁州、庆州、苏州、夔州等八十余个府、州。乾兴元年（1022），仅杭州一地，就耗米1万—3万石，生产商品酒10万—30万斗；宋神宗熙宁九年（1076），东京（洛阳）地区，耗米30万—41.8万斛，生产商品酒更多达300万—418万斗（参见李华瑞《宋代酒的生产和征榷》）。正是在此基础上，《北山酒经》成为当时丰富的酿酒理论和酿酒实践的概括和总结的代表性著作。

关于此书的写作地点，清人鲍廷博认为："此书有'流离放逐'及'御魑魅''转炎荒'之语，似成于贬所。而题曰'北山'者，示不忘西湖旧隐也。"（《〈北山酒经〉跋》）但考察朱肱生平，《北山酒经》应该是作者隐居西湖北山期间所作，是在对历史悠久的江南米酒有了全面深入的了解、累积了丰富的酿酒经验基础之上写成的。因其内容的丰富性和较强的实践性，需要一定的环境及时间，故难以在达州贬所短短的一年内完成。杭州又是江南米酒的主产地，对米酒的消费旺盛，促进了酿酒工艺的提高。宋无名氏《题太和楼壁》（《宋诗纪事》卷九六引《武林旧事》）一诗描绘了杭州酿酒、饮酒的盛况：

> 太和酒楼三百间，大槽昼夜声潺潺。千夫承槽万夫瓮，有酒如海糟如山。铜锅镕尽龙山雪，金波涌出西湖月。星宫琼浆天下无，九酝仙方谁漏泄。皇都春色满钱塘，苏小当垆酒倍香。席分珠履三千客，后列金钗十二行。一座行觞歌一曲，楼东声断楼西续。就中茜袖拥红牙，春葱不露人如玉。今年和气光华夷，游人不醉终不归。金貂玉尘宁论价，对月逢花能几时。有个酒仙人不识，幅巾大袖豪无敌。醉后题诗自不知，但见龙蛇满东壁。

太和楼，是当时杭州的著名酒楼，食客如云，川流不息，南宋周密《武林旧事·酒楼》（卷六）记作"太和楼 东库"，"东库"属于官府酒楼。《武林旧事·酒楼》又有"诸色酒名"，包括雪醅、玉醅、珍珠泉、十洲春、秦淮春、金斗泉等当时名酒五十二种。作者隐居西湖，不仅潜心医学，也悉心研究如何制曲、酿酒，不仅为繁华都会的酿酒业提供技术上的支持，也以此自乐。

朱肱知识渊博，特别是在医药学方面的知识，使他不仅总结出米酒的各种酿造方法，还总结出了各种用以滋补健身的药酒的制作方法。书中"投闲自放，攘襟露腹，便然酣卧于江湖之上""流离放逐""御魑魅于烟岚，转炎荒为净土"等语，不过是宣泄胸中的不平之气罢了。书名《北山酒经》中的"北山"，就是杭州西湖的北山。北山在西湖的北侧，南临西湖，北倚宝石山、保俶塔、葛岭、栖霞岭，林壑幽美，别有洞天，是西湖北面的风景长廊，宋人张扩《过龙井辩才退居》诗说："南山北山天接连，西湖环山水涵天。"《武林旧事》卷五亦有"北山路"的记载，沿路风景无数：葛岭、栖霞岭之外，更有黄山桥、扫叶坞、青芝坞、玉泉驼巘等。题名"北山"，说明此书的材料主要取自于当时浙江杭州一带。也有学者认为，"北山"是借《诗经·小雅·北山》"陟彼北山，言采其杞。偕偕士子，朝夕从事。王事靡盬，忧我父母"谴责统治者无休止盘剥之意，抒发朱肱内心的愤郁不平。

三

《北山酒经》全书约一万五千字，内容丰富，体例完备，分为上、中、下三卷。《四库全书总目提要》说："是编首卷为总论，二、三卷载制曲造酒之法颇详。《宋史·艺文志》作一卷，盖传刻之误。"

上卷是全书的总论部分。总结了前代有关饮酒、酿酒、制曲的重要理论，记述了以嗜酒闻世的魏晋人刘伶、嵇康、阮籍、陶渊明以及唐初诗人王绩等人的事迹，论述了酒在不同环境下所具有的不同功能，是全书的灵魂。朱肱站在历史悠久的中国酒文化的高度讨论酒，因而见解深刻，论述精辟。首先，朱肱看到了酒的巨大社会作用："礼天地，事鬼神。射乡之饮，鹿鸣之歌，宾主百拜，左右秩秩。上自搢绅，下逮闾里，诗人墨客，渔夫樵妇，无一可以缺此。"从一开始，酒和中国文化及中国人的日常生活就结下了不解之缘。其次，酒可以改变人的空间感和时间感："酒之移人也。惨舒阴阳，平治险阻"，"至于流离放逐，秋声暮雨，朝登糟丘，暮游曲封，御魑魅于烟岚，转炎荒为净土"。当人处境艰难的时候，酒所发挥的作用是神奇异常的。再次，朱肱看到了饮酒至为狂放的晋人真实的内心世界，一针见血地指出：晋人"酣放自肆，托于曲糵，以逃世网，未必真得酒中趣尔"。后来南宋叶梦得说"晋人多言饮酒有至于沉醉者，此未必意真在于酒。盖时方艰难，人各惧祸，惟托于醉，可以粗远世故"（《石林诗话》卷下），就是在朱肱论述基础上的进一步发挥。对于酒性及饮酒之人，朱肱也有着极为深刻的了解和感知。难能可贵的是，朱肱以辩证的眼光看待酒的作用："虽可忘忧，然能作疾，所谓腐肠烂胃、溃髓蒸筋。"认为饮酒虽然可以暂时忘忧，但毫无节制地饮酒，可能会带来意想不到的悲剧性后果，而不是一味夸大酒的无所不能并将其作用推向极端。他还认为，"酒之境界，岂酺歠者所能与哉？"酒的世界是别一个世界，远非寻常之人可以轻易理解和进入。

中卷论述制曲理论及各种曲的制作技术，收录了十三种酒曲的配方及制法。按照制法的不同，分成"罨曲""风曲""醸曲"三类。"罨曲"包括四种曲，"风曲"包括四种曲，"醖曲"包括五种曲。制曲，是保存酿酒微生物的最好办法，是中国人的一大发明。经过作者悉心研究、仔细观察，总结出了"造曲水多则糖心，水脉不匀则心内青黑色；伤热则心红，伤冷则发不透而体重。惟是体轻，心内黄白，或上面有花衣，乃是好曲"（《总论》）的宝贵经验。这十三种曲，再加上"神仙酒法"中所附的妙理曲法、时中曲法两种，一共是十五种曲。其中以小麦为原料的七种，用糯米的三种，米麦混合的三种，麦豆混合的一种，绿豆的一种，比《齐民要术》所记酒曲基本上以小麦为原料有了明显的进步。《齐民要术》所搜集的十余种制曲法，除了女曲是用稻米为原料，其他用的都是麦子。值得注意的是，这十五种酒曲，无一不加配有中草药，如白术、川芎、白附子、木香、桂花、丁香、人参、天南星、茯苓、地黄等等，均属于药曲。此前初唐诗人王绩《春庄酒后》诗说"郊扉乘晓辟，山酝及年开。柏叶投新酿，松花泼旧醅"，就以"柏叶""松花"加入米酒之中，酿为药酒。元散曲家张可久《人月圆·山中书事》也说："山中何事，松花酿酒，春水煎茶。"李时珍《本草纲目·谷部四·酒》中有"柏叶酒""椒柏酒"，以松、柏、桂一类香木的叶子、汁液等入酒，"治风痹历节作痛"，"辟一切疫疠不正之气"。唐人张子容《除夜乐城逢孟浩然》诗中也有记述："远客襄阳郡，来过海岸家。樽开柏叶酒，灯发九枝花。"究其原因，一是因为中草药中含有丰富的有利于微生物生长的维生素，可以促进酒曲的发酵，酿造出风味独特的酒来。二来也体现作为中医学家的朱肱对中草药药性、药理的谙熟（参见《宋代酒的生产和征榷》），他想通过自己丰富的理论素养和具体深入的实践活动，为酿造药酒探索一条可行的路径。

下卷着重论述酿酒的工艺过程及各种酒的酿造技术。先说卧浆、淘米、煎浆、汤米、蒸醋糜、用曲、合酵、酴米、蒸甜糜、投醹，以上均为酿酒的关键技术；用含淀粉的谷物酿酒要经历两个阶段，第一阶段是水解淀粉，使之糖化；第二阶段利用酵母菌将糖化物转化成酒精。说完酿酒的关键技术后，作者再说酿酒器具的选用以及如何榨酒、收酒、煮酒、火迫酒；其中煮酒、火迫酒是通过煎煮、熏烤的方法提高酒的浓度和纯度。浓度和纯度提高之后，即便是米酒，也可以长久保存了。在严格意义上的蒸馏酒（烧酒）出现之前，火迫可能是提高酒的纯度最有效的方法之一。作者依次论述了酿酒的工艺过程之后，再说各种酒的具体制作方法，包括曝酒、白羊酒、地黄酒、菊花酒、酴醾酒、蒲萄酒、猥酒七种酒。其中，白羊酒从用料到酿制，都有别于传统的米酒，使人们对这种以肥嫩羊肉为原料的古老营养保健酒有了切实的认识。在酿酒史上，朱肱首次记述了白羊酒的具体制法。成书于绍兴十七年（1147）的《东京梦华录》专记北宋事迹，卷二"宣德楼前省府宫宇"记载了汴京御街上有羊羔酒出售："此一店最是酒店上户，银瓶酒七十二文一角，羊羔酒八十一文一角。"角，酒器。青铜制，形似爵而无柱，两尾对称，有盖，可用来温酒、盛酒和量酒。

在三卷之后，附有"神仙酒法"，包括"武陵桃源酒法""真人变髭发方""冷泉酒法"三种酒的酿造方法及"妙理曲法""时中曲法"两种曲的制作方法。前三种酒法实际上体现了作者朱肱本人的酿酒理想，在酿酒工艺行为中又融入了浪漫的人文理想。他认为常饮这一类精酿的、带有明显滋补性质的酒，可以"延年益寿","蠲除万病,令人轻健","纵令酣酗,无所伤",借此让人们获得健康的体魄和快乐的心情,像武陵桃源人一样,保持持久的和平幸福,对未来怀有更多的期待。

四

纵观全书,确实如刊刻者鲍廷博所言:"曲方酿法,粲然备列","较之窦苹《酒谱》徒摭故实而无裨日用,读者宜有华实之辨焉"(《〈北山酒经〉跋》)。鲍廷博认为,《北山酒经》是一部既有理论高度又切合实用的专门著作。与同时代窦苹的《酒谱》相比较,窦著通篇讲的都是酒的掌故、饮酒者的趣事以及酒器、酒令等,很少涉及制曲、酿酒本身,更不能落实到工艺操作上。而《北山酒经》既有对中国酒文化的高度概括和论述,又提供了具体的制曲、酿酒方法及如何榨酒、收酒、贮存酒,读者据此完全可以进入到工艺层面的酿酒实践活动中去。一华一实,一迂阔一具体,二书的差别是显而易见的。

中国酿酒工艺理论的初步形成,是以北魏贾思勰的《齐民要术》列出专章"造神曲并酒""白醪曲""笨曲并酒""法酒",讲述制曲、酿酒理论和工艺为首要标志的。《北山酒经》是《齐民要术》之后论述制曲、酿酒工艺最为详尽的专门著作,书中对《齐民要术》有大量的引述和多方面的借鉴,可以看得出朱肱对《齐民要术》"造神曲""笨曲""法酒"等内容的创造性继承。如《北山酒经·用曲》说:

> 古法，先浸曲，发如鱼眼，汤净淘米，炊作饭，令极冷。以绢袋滤去曲滓，取曲汁于瓮中，即投饭。近世不然，炊饭冷，同曲搜拌入瓮。曲有陈新，陈曲力紧，每斗米用十两，新曲十二两或十三两，腊脚酒用曲宜重。大抵曲力胜则可存留，寒暑不能侵。米石百两，是为气平。十之上则苦，十之下则甘。要在随人所嗜而增损之。

所谓"古法"，指的是《齐民要术·造神曲并酒》中的"神曲粳米醪法"。"古法"是"取曲汁于瓮中，即投饭"，而朱肱的做法则是"炊饭冷，同曲搜拌入瓮"，省去了"古法"的滤汁、取汁，而且注意到了曲的陈新、曲力的急缓，明确指出"米石百两"是曲米用量的一个基本比例，更具有操作性。总之，与《齐民要术》有关制曲、酿酒部分的内容相比，《北山酒经》显然更进了一步，不仅叙述详细，搜集了各种酒曲及酒的制作方法，还对其中的原理进行了分析，既具有理论指导作用，又具有实践性。作为中国科技史上的最重要的著作之一，《北山酒经》系统地总结了南北朝以来的制曲酿酒经验，以大量的事实证明，中国的酿造技术在北宋就已经达到了很高水平。书中所记酒曲的制作方法及酿造经验，至今仍在江南米酒生产地区广泛流行。古有"越酒行天下"之说，这其中也有朱肱及其《北山酒经》的功劳。后世研究酒文化及黄酒酿造的学者文人，无不推崇此书并从中汲取养分。明代袁宏道《觞政》认为，《北山酒经》是源远流长的中国酒文化中的"内典"，其崇高地位如同佛教徒眼中的佛经。内典，指释迦世尊49年所说的一切法，也包括三藏十二部一切经典。因为佛法是心性内求的一门学问，所以称为内学。在袁宏道看来,"不熟此典者,保面瓮肠,非饮徒也",饮酒之人不熟读《北山酒经》等相关著作,是不能称作懂酒的。

五

今天我们看到的《北山酒经》主要有三种版本:一是钱曾(1629—1701)"述古堂钞本",钱曾是清著名藏书家,号述古主人,此钞本后收入《知不足斋丛书》。《知不足斋丛书》是清乾嘉间江南大藏书家鲍廷博(1728—1814)、鲍士恭父子刊刻的著名丛书。全书三十集,其中前二十七集由鲍廷博所刻,后三集由其子鲍士恭续刻,共收书208种(含附录12种)。该丛书所收者多为珍稀古籍,多善本,校雠精良,为人凭信。《北山酒经》收在《知不足斋丛书》的第十二集,著录称"《酒经》三卷,宋朱肱撰,吴枚庵钞足本",卷上正文首页有"枚庵漫士古欢堂秘册""大隐翁撰"字样。二是"《说郛》本",明人陶宗仪辑录旧籍,编《说郛》一百二十卷,虽收《北山酒经》,却只有卷上,卷中和卷下有目无文。三是"《四库》本",《四库全书》收《北山酒经》三卷,看似足本,但卷中"玉友曲"、卷下"蒸甜麋""酴米"等条,文字多有脱误,上下文不能接续。三种版本中,以《知不足斋丛书》所收《北山酒经》为善。

本书以《知不足斋丛书》本为底本,校以《说郛》及《四库全书·子部·谱录类》所收《北山酒经》,三种书分别简称"《知不足斋》本""《说郛》本""《四库》本"。本书一般不出校记,遇到特殊情况所出的校记均放在注释之中。本书正文后附有北宋李保《读朱翼中〈北山酒经〉并序》，清人吴枚庵、鲍廷博《〈北山酒经〉跋》以及《四库全书总目提要·北山酒经》，前三种材料同见于《知不足斋丛书》所收《酒经》中，以便于读者进一步了解研究此书。

  本书在整理过程中，得到了中华书局张彩梅女士的具体指导和帮助，补充了材料的不足，纠正了拙稿中的谬误，内蒙古大学图书馆古籍部朱敏老师提供了资料方便。我的研究生帮助核对了全书的引文。本书参考吸收了有关专家关于米酒酿造技术研究的成果，其中李华瑞《宋代酒的生产和征榷》（河北大学出版社1995年版）、洪光住《中国酿酒科技发展史》（中国轻工业出版社2001年版）两部著作，材料丰富，学力深厚，使笔者获益良多。限于篇幅和体例，不能一一注出，在此一并表示衷心感谢。由于时间紧迫，《北山酒经》又涉及了许多制曲及酿酒工艺方面的专门知识，非笔者所能通晓，故在题解、注释、译文中难免存在错讹之处，敬请方家批评指正。

《〈北山酒经〉评注》（中华生活经典丛书），中华书局2011年版

"长耽典籍,若啖蔗饴"
——《〈本草纲目·酒〉译注》前言

明朝是中国历史上最后一个由汉族建立的王朝。明初政治上的集权、文化上的专制,阻碍了文学艺术、科学文化的发展。随着城市商业经济的繁荣,市民阶层(自由商人)的扩大,手工业工人及雇佣关系的出现,到了明中叶,思想上的钳制开始松动,出现了一批对后世有广泛深远影响的科学家、文学家、旅行家,如汤显祖(1550—1616)及其"玉茗堂四梦",徐霞客(1587—1641)及其游记(也是地理学著作),宋应星(1587—约1666)及其《天工开物》,徐光启(1562—1633)及其《农政全书》。这其中,李时珍及其《本草纲目》的出现,在科学史上、文化史上都有重大意义。

一

李时珍(1518—1593),字东璧,晚号濒湖老人,湖广蕲州(今湖北蕲春)人,出生医药世家,官楚王府奉祠正,其父李言闻曾任太医院吏目,著有《四珍发明》等。李时珍十四岁考中秀才,后经乡试三次落榜,遂决定继承家学,以医为业,同时确立了自己宏大的学术理想。李时珍博览前代医典及文化经典,实地调查,广泛收集验方,进行多学科的综合研究,在继承和总结前代本草学成就的基础上,撰写成药学巨著《本草纲目》。

《明史·方技传》说李时珍为了撰写《本草纲目》,"穷搜博采,芟烦补阙,历三十年,阅书八百余家,藁(稿)三易而成书"。李时珍在《本草纲目·序例》中详细列出了"阅书八百余家"的具体书名，包括："历代诸家本草"，凡四十一家；"古今医家书目"，"除旧本外，凡二百七十六家"；"古今经史百家书目"，"自陶弘景、唐宋已下所引用者，凡一百五十一家；时珍所引用者，除旧本外，凡四百四十家"。四者加起来，《本草纲目》用实际上引用的典籍达九百零八种。李时珍并不是就本草研究本草，而是将本草置放在浩瀚的中华文化的历史长河中加以观照，医书、药书、农书之外，他引用更多的是传统哲学、历史、文学、语言学经典，如王弼的《易经注疏》、郑玄的《礼记注疏》、张湛的《列子注》、郭象的《庄子注》、杜预的《春秋左传注疏》、李善的《文选注》以及《尔雅》《方言》《释名》《埤雅》等等，其间还有对前代典籍年代的考证、作者的辨识、舛误的订正，因而取得了别人不能也不可能取得的巨大成就。李时珍殚精竭虑，为此耗尽了毕生心血，其子李建元在《进〈本草纲目〉疏》中说："行年三十，力肆校雠；历岁七旬，功始成就。""三十"是举其大数，实际上李时珍花了整整二十七年（1552—1578）的时间才完成了《本草纲目》的编撰，一直到七十岁仍在精心校勘此书，避免讹误。

关于李时珍的生平事迹，明代著名文学家、史学家王世贞的《〈本草纲目〉序》中的记述最为生动形象，从中颇见"药圣"的性情、追求：

> 楚蕲阳李君东璧，一日过予弇山园谒予，留饮数日。予窥其人，睟然貌也，癯然身也，津津然谭议也，真北斗以南一人。解其装，无长物，有《本草纲目》数十卷。谓

予曰:"时珍,荆楚鄙人也,幼多羸疾,质成钝椎,长耽典籍,若啖蔗饴。遂渔猎群书,搜罗百氏。凡子史经传,声韵农圃,医卜星相,乐府诸家,稍有得处,辄著数言。古有《本草》一书,自炎皇及汉、梁、唐、宋,下迨国朝,注解群氏旧矣。第其中舛谬差讹遗漏,不可枚数,乃敢奋编摩之志,僭篡述之权。岁历三十稔,书考八百余家,稿凡三易。复者芟之,阙者缉之,讹者绳之。旧本一千五百一十八种,今增药三百七十四种,分为一十六部,著成五十二卷,虽非集成,亦粗大备,僭名曰《本草纲目》。愿乞一言,以托不朽。"

弇山园,是王世贞修筑的私家园林,在今江苏太仓隆福寺西。王世贞,字元美,号凤洲、弇州山人,太仓(今属江苏)人,嘉靖二十六年(1547)进士,授刑部主事,万历时官至南京刑部尚书,是"后七子"的首领,主持文坛二十年,有较高的名望和文化地位,著作甚丰。"《本草》一书",指的是宋代唐慎微的《经史证类备急本草》(简称《证类本草》)。该书问世五百年以来,大量散在的药学材料未得到汇集整理,其中的舛误也未得到订正,原有本草书已不能适应当代药学发展的需要。李时珍怀着强烈的历史使命感,以一己之力对古代医药文献进行全面系统的整理研究,最终完成了《本草纲目》一书。已是七十二岁的李时珍此去太仓拜访比自己小八岁的王世贞,是为自己的著作求序,期待获得更广泛的影响。"解其装,无长物,有《本草纲目》数十卷"的描写令人感慨,看得出来,李时珍本质上就是一位学者。李时珍诚恳地介绍了《本草纲目》

的成书过程，王世贞"留饮数日"，热情招待了李时珍，给予《本草纲目》崇高的评价："上自坟典，下及传奇，凡有相关，靡不备采。如入金谷之园，种色夺目；如登龙君之宫，宝藏悉陈；如对冰壶玉鉴，毛发可指数也。博而不繁，详而有要，综核究竟，直窥渊海。"王世贞认为《本草纲目》不只是医书，实在是阐述生命原理与规律的宝典，怎么赞誉都不为过："兹岂仅以医书觑哉，实性理之精微。"王世贞序《本草纲目》写于万历岁庚寅春上元日，亦即万历十八年（1590）正月十五。这年《本草纲目》在金陵首刻；这年农历十一月二十七日（12月23日），王世贞在太仓的家中去世，享年65岁，距离为李时珍写序仅10个月。430年前王、李的太仓之会，是学术史上一段令人感动的佳话。

《本草纲目》全书五十二卷，一百九十余万字，收药物1892种，附方11096个，插图1160幅，分为十六部（水、火、土、金石、草、谷、菜、果、木、服器、虫、鳞、介、禽、兽、人）六十类，采用的体例是："首标正名为纲，余各附释为目，次以集解详其出产、形色，又次以气味、主治附方。"（《明史·李时珍传》）通常是在一个药名下分列3—5个或7—8个义项，依次解说论述，包括："释名"，即正名，列举别名，释解意义；"集解"，汇辑诸家之说，以广识见；"正误"（"辨疑"），辨析纠正诸家之误；"修治"，专述药之炮制方法；"气味"，阐述药性，如甘、温、无毒；"主治"，其药主治何种病症；"发明"，列举他人之说，亦多作者个人见解；"附方"，针对病症，附列相关方剂。

由于集大成性质，《本草纲目》成为明代之后中国药学著作的资料源泉，产生了近百种本草学著作，如《本草原始》（明·李中立）、《本草汇言》（明·倪朱漠）、《本草备要》（清·汪昂）、《本经逢原》（清·张璐）、《本草从新》（清·吴仪洛）、《本草纲目拾遗》（清·赵学敏）、《本草求真》（清·黄宫绣）等等，直至今天的《中药大辞典》（江苏新医学院编，上海科学技术出版社1986年版）、《中华本草》（全10册，国家中医药管理局主持编纂，上海科学技术出版社1999年版）。达尔文在讨论鸡的变异、金鱼的育种家化时均征引了《本草纲目》的内容，并称其为"古代中国的百科全书"（见《中国大百科全书·中国传统医学》）。《本草纲目》还传至东南亚及日本等地，对东南亚尤其是日本的药学、植物学发展起到了巨大的推动作用。

二

　　《本草纲目》是一部医药学巨著，也是一部具有世界影响的博物学著作。英国科学史家李约瑟称李时珍是"中国博物学中的无冕之王"，称《本草纲目》是"明代最伟大的科学成就"。《本草纲目》对医药学、植物学、矿物学、化学甚至食品、酿造等学科和领域均有杰出的贡献，仅就书中对于酒的讨论，也可以见出李时珍知识的渊博和极高的专业水准。李时珍在《本草纲目·谷部四·酒》（卷二十五）中分别对酒、米酒、烧酒、葡萄酒加以讨论，先总论，后分说，纲目清晰，层次分明。

　　中国酒文化源远流长，丰富博大，李时珍引宋代药物学家寇宗奭《本草衍义》说："《本草》已著酒名，《素问》亦有酒浆，则酒自黄帝始，非仪狄矣。"依照此说法，酒在中国的起源是在传说中的黄帝时期（公元前2550年），远早于大禹时代（公元前2140年），其历史至少也有4500多年。《本草纲目·谷部四·酒》在充分吸收前代丰富的酒文化研究成果的基础上，对酒的产生、名称、酿制、功用等做了总体的介绍：

> 时珍曰：按许氏《说文》云：酒，就也。所以就人之善恶也。一说：酒字篆文，象酒在卤中之狀。《饮膳》标题云：酒之清者曰"釀"，浊者曰"盎"；浓曰"醇"，薄曰"醨"；重酿曰"酎"，一宿曰"醴"；美曰"醑"，未榨曰"醅"；红曰"醍"，绿曰"醽"，白曰"醝"。

能通过命名将酒区分到如此精细的程度，足见李时珍的眼光，没有长期深入的了解是不可能的。不仅是名称，可以用来酿酒的材料也有很多种类："酒有秫、黍、粳、糯、粟、曲、蜜、葡萄等色。"此外，还有大量的中草药，如地黄、牛膝、虎骨、牛蒡、大豆、枸杞、通草、仙灵脾等，"皆可和酿作酒，俱各有方"，都可以用作酒材，各有各的酿造之法。仅是古代流传下来的药方用酒，就有醇酒、春酒、白酒、清酒、美酒、糟下酒、粳酒、秫黍酒、葡萄酒、地黄酒、蜜酒、有灰酒、新熟无灰酒、社坛余胙酒等等。李时珍特别引用《尚书·商书·说命》关于"若作酒醴，尔惟曲蘖"的论述，指出酒与醴、曲与蘖的细微差别：酿酒要用酒曲，制醴则用蘖。在对中国各地名酒的研究考察过程中，李时珍对东阳酒夸赞有加，认为"常饮、入药俱良"，一个重要原因是酿酒之地自然环境优异、所用之水优异，所谓好水出好酒，"水土之美也"。

对米酒，特别是对用谷物添加草药酿造，或用米酒与草药调制而成的药酒及其功用的讨论，是《本草纲目·谷部四·酒》的重点。《汉书·食货志四下》说"夫盐，食肴之将；酒，百药之长"，指出酒有特殊的药效，在百药中排为第一。明人卢全《食物本草·味类》说："酒，大热，有毒，主行药势，杀百邪恶、毒气。行诸经而不止。通血脉，厚肠胃，御风寒雾气，养脾扶肝。"酒能溶出很多香药中的多种有效成分，成为中草药的最佳伴侣。南朝梁代诗人庾肩吾《岁尽应令诗》诗中记述饮用药酒："聊开柏叶酒，试奠五辛盘。"《本草纲目·菜部一·五辛菜》曰："五辛菜，乃元旦立春，以葱、蒜、韭、蓼蒿、芥辛嫩之菜，杂和食之，取迎新之意，谓之五辛盘。"饮柏叶酒，吃五辛菜，有驱邪除病的作用。唐宋时期的药学著作如《备急千金要方》《外台秘要》《太平圣惠方》《圣济总录》中都收录了大量药酒、补酒的配方与制法。宋人朱肱《北山酒经》中收入的十五种酒曲，均配有中草药如白术、川芎、白附子、木香、桂花、丁香、人参、天南星、茯苓等，是典型的药曲，所谓"后世曲有用药者，所以治疾也"，用药曲酿成的酒对风湿等症有明显的疗效。

李时珍引苏恭《唐本草》说："诸酒醇醨不同，惟米酒入药用。"李时珍以辩证的眼光看待酒与药的关系，他重申陶弘景《名医别录》中米酒可以"行药势，杀百邪恶毒气"的观点，认为不同的药酒有不同的功效，或"壮筋骨""健腰脚"，或"补虚弱，通血脉""止诸痛"，或"消愁遣兴""清心畅意"等。除了辑录《齐民要术》《千金方》《圣惠方》等著名配方药酒之外，他特别提到糟底酒、老酒、春酒、社坛余胙酒、糟笋节中酒、东阳酒这六种酒有明显的药疗作用，予以特别推荐。接着又在"附诸酒药方"中附列了六十九种米酒,如屠苏酒、五加皮酒、天冬门酒、地黄酒、当归酒、菖蒲酒、茯苓酒、菊花酒、枸杞酒、桑椹酒、蓼酒、松液酒、竹叶酒等等,二者加起来一共是七十五种药酒,包括配方、酿制、用法、主治等,认为常饮"壮筋骨""健腰脚""补虚弱,通血脉""止诸痛""清心畅意"。这些药酒绝大多数配方科学,制作方便,至今仍有很高的保健和药用价值,被老百姓广泛接受。

酒是用粮食或水果、动物乳汁等发酵制成的含有酒精的饮料。在酿制工艺上,可以分为非蒸馏酒与蒸馏酒两大类。时间上前者发明早,后者晚;酿造技术上前者是本土的,后者是外来的。前者主要是米酒,酒精度数较低;后者主要是烧酒,酒精度较高,性烈味香。因为色清如水,烧酒也称为"白酒"。李时珍记述的蒸馏酒酿造方法如下:

> 近时惟以糯米或粳米或黍或秫或大麦蒸熟,和曲酿瓮中七日,以甑蒸取。其清如水,味极浓烈,盖酒露也。

蒸馏的方法,就是加热液体使之变成蒸汽,再使蒸汽冷却凝成液体,从而完全除去其中的杂质。通过蒸馏法获取的烧酒,既无杂质,颜色清亮,纯度也得到了极大的提高,更容易长久保存,因其"与火同性,得火即燃,同乎焰消",所以又有"火酒"之称。因为酒精度高,许多中药的芳香成分随着酒精浓度的提高而提高。烧酒的发明,在酿酒史上是具有革命性质的,烧酒所具有的特点也是米酒不能比的。李时珍认为,"烧酒非古法也,自元时始创",这一观点已经被越来越多的学者所接受。因为烧酒酒精度数高,虽有特殊的疗效,也不能过量饮,李时珍明确说:"过饮败胃伤胆,丧心损寿,甚则黑肠腐胃而死。"

葡萄酒产自西域,属于典型的外来酒,酿酒的主要原料是葡萄,亦产自西域。《汉书·西域传》说:"罽宾地平温和,有目宿、杂草、奇木、檀、槐、梓、竹、漆。种五谷、蒲陶诸果,粪治园田",且末国"有蒲陶诸果",兜难国"种五谷、蒲陶诸果"。蒲陶,即葡萄,也写作"蒲萄""葡桃";罽宾国、且末国、难兜国,均为西域古国,盛产葡萄酒。元好问《蒲桃酒赋》说:"西域开,汉节回。得蒲桃之奇种,与天马分俱来。枝蔓千年,郁其无涯。敛清秋以春煦,发至美乎胚胎。意天以美酿而饱予,出遗法于湮埋。"葡萄酒与汗血马相继进入中原,是汉武帝开通"丝绸之路"的结果。

《神农本草经·上经·草》说:葡萄"益气,倍力,强志,令人肥健,耐饥,忍风寒。久食轻身,不老,延年。可作酒"。葡萄的保健药疗作用明显,自然发酵可以获得葡萄酒:"葡萄久贮,亦自成酒,芳甘酷烈,此真葡萄酒也。"用蒸馏的方法同样可以获得葡萄酒,而且可以长久地保存,《本草纲目·谷部四·酒》中这一节记述引人瞩目:

> 烧者,取葡萄数十斤,同大曲酿酢。取入甑蒸之,以器承其滴露,红色可爱。古者西域造之,唐时破高昌,始得其法。

记述中说用蒸馏法酿造的葡萄酒,有"益气调中,耐饥强志""消痰破癖"的药疗作用,却也"大热大毒,甚于烧酒",所以李时珍提醒说:"北人习而不觉,南人切不可轻生饮之。"

三

《本草纲目》属于不可复制的巨制，汇辑的资料浩繁。对于李时珍来说，如何采录、采录多少合适，确实是一个不能不慎重对待的问题。以李时珍关于酒的概述文字为例，可见其良苦用心。这段文字来自宋人寇宗奭的《本草衍义》，后收入《续修四库全书·子部·医家类》第九九〇册（上海古籍出版社1995年版）。《本草衍义》刊于宋政和六年（1116），李时珍对此书倍加推崇，在《本草纲目·历代诸家本草》评价说："参考事实，核其情理，援引辨证，发明良多，东垣、丹溪诸公亦尊倍之。"《本草衍义》卷二十"酒"条文字如下：

> 古方用酒，有醇酒、春酒、社坛余胙酒、糟下酒、白酒、清酒、好酒、美酒、葡萄酒、秫黍酒、粳酒、蜜酒、有灰酒、新熟无灰酒、地黄酒。今有糯酒、煮酒、小豆曲酒、香药曲酒、鹿头酒、羔儿等酒。今江浙、湖南北又以糯米粉入众药，和合为曲，曰饼子酒。至于官务中，亦用四夷酒，更别中国，不可取以为法。今医家所用酒，正宜斟酌。但饮家惟取其味，不顾入药如何尔，然久之，未见不作疾者。盖此物损益兼行，可不谨欤？
>
> 汉赐丞相上樽酒，糯为上，稷为中，粟为下者。今入药佐使，专以糯米，用清水白面曲所造为正。古人造曲未见入诸药，合和者如此，则功力和厚，皆胜余酒。今人又以麦蘖造者，盖止是醴尔，非酒也。《书》曰："若作酒醴，尔惟曲蘖。"酒则须用曲，醴故用蘖，盖酒与醴，其气味

甚相辽,治疗岂不殊也?

李时珍在引用时有一些改变。一是内容上《本草纲目·谷部四·酒》删了"好酒"一项。二是诸酒排序上发生了变化,《本草衍义》作"醇酒、春酒、社坛余胙酒、糟下酒、白酒、清酒、好酒、美酒、葡萄酒、秋黍酒、粳酒、蜜酒、有灰酒、新熟无灰酒、地黄酒",《本草纲目》作"醇酒、春酒、白酒、清酒、美酒、糟下酒、粳酒、秋黍酒、葡萄酒、地黄酒、蜜酒、有灰酒、新熟无灰酒、社坛余胙酒"。三是文字有增减或改变:"今有糯酒",《本草纲目》作"今人所用,有糯酒";"糯米粉",《本草纲目》作"糯粉";"和合为曲",《本草纲目》作"和为曲";"亦用四夷酒,更别中国,不可取以为法",《本草纲目》作"亦有四夷酒,中国不可取以为法";"今医家所用酒",《本草纲目》作"今医家所用";"但饮家惟取其味",《本草纲目》作"但饮酒惟取其味";"不顾入药如何尔",《本草纲目》作"不顾入药何如尔";"合和者如此,则功力和厚",《本草纲目》作"所以功力和厚";"酒则须用曲,醴故用糵,盖酒与醴,其气味甚相辽",《本草纲目》作"酒则用曲,醴则用糵,气味甚相辽"。之所以有这样的改变,李时珍在《本草纲目·凡例》中做了说明:"诸家本草,重复者删去,疑误者辨正,采其精华。"不只是为了文字上的简洁,"采其精华"才是目的,这也是李时珍广泛利用前代典籍编撰《本草纲目》的一个重要特点。

《本草纲目》一经刊刻,便风行于世。现存最早版本,是万历十八年(1590)出版商胡承龙在金陵(今南京)首刻,至万历二十一年（1593）刻完，简称"金陵本"，未及面世，李时珍去世。李时珍之子李建元在万历二十四年（1596）十一月《进〈本草纲目〉疏》中说："（其父）曾著《本草》一部，甫及刻成，忽值数尽，撰有遗表，令臣代献。"就在李建元上疏这年，《本草纲目》全部出版，距离李时珍去世已经三年。万历三十一年（1603）、万历三十四年（1606），又相继有江西本（夏良心序）、湖北本刊行（董其昌序）。到明末，《本草纲目》版本已多达7种。之后，又不断有新版本问世，到目前已达30余种，这在古籍刊刻史上是不多见的，可见其广泛影响和受欢迎的程度。人民卫生出版社1977—1981年间出版的刘衡如以江西本为底本整理校点的《本草纲目》，是目前易得而精确的排印本，简称"刘衡如本"。"金陵本"有上海科学技术出版社1993年影印本，王育杰整理、人民卫生出版社1999年排印本。

本书所选《本草纲目·谷部四·酒》原文悉照台湾商务印书馆1983年印行的《影印文渊阁四库全书·子部·医家类》第七七四册所收《本草纲目》录入，简称"四库本"，校以"金陵本"和"刘衡如本"。因为文字差异小，故一般不出校记，遇到特殊情况所出的校记均放在了注释之中。文中如（校正）（释名）（集解）（主治）（附方）字样的（），为笔者点校时所加，以显示相关内容的独立性与整一性。本书后附张廷玉《明史·李时珍传》、王世贞《本草纲目》序、李建元《进〈本草纲目〉疏》以及《四库全书总目提要·本草纲目》，王文、李文录自"刘衡如本"，以便于读者进一步了解研究此书。

需要说明的是，为了语言的连贯顺畅，本书的译文部分去掉"四库本"中的"校正""释名""集解"等字样，而将其义涵自然地融入行文之中，希望读者诸君明辨。

原载《书屋》2021年5期。《〈本草纲目·酒〉译注》与《北山酒经》(中华经典名著全本全注全译丛书)合编为一册，2021年由中华书局出版。

"润旧益新,词简义赡"
——《〈觞政〉译注》前言

在明代文坛上,袁宏道是一位引人注目的作家,不仅在于他的才情,还在于他的文学主张与别样的人生趣味。袁宏道认为,真正的文学"大都独抒灵性,不拘格套,非从自己胸臆流出,不肯下笔"(《叙小修诗》),不粉饰蹈袭,不为传统绳墨所拘,崇尚真情的抒发,强调个性化的文学创作,脱尽了文人习气,给人耳目一新之感。与文学趣尚相一致,袁宏道不愿为官场羁绊,自言"性之所安,殆不可强,率性所行,是谓真人"(《识张幼于箴铭后》),短暂的一生以诗酒自娱,以游赏山水为务。

一

袁宏道(1568—1610),字中郎,湖北公安县人,万历二十年(1592)进士,前一年春,袁宏道只身前往麻城龙湖,问学于隐居于此的思想巨匠李贽(1527—1602),居留长达三个月。万历二十年、二十一年,又与兄袁宗道、弟袁中道两次拜访李贽,欢谈有日。三次拜望李贽,对袁宏道人生道路的选择与文学主张的提出产生了重要影响。李贽举人之后不应会试,弃官设帐讲学;袁宏道进士之后,心思仍在学问文章、诗酒山水。李贽主张"童心说",袁宏道主张"独抒性灵",二者之间是有内在联系的。

袁宏道一生三次出仕。第一次是万历二十三年(1595)二月任吴县（今属江苏）知县，在任上，他努力做一些事情，颇受地方拥戴，也招致当道者的不满，加上吏事繁杂，让人心烦，他在给任萧山知县沈广乘的信中说：

> 人生作吏甚苦，而作令为尤苦，若作吴令则其苦万万倍，直牛马不若矣。何也？上官如云，过客如雨，簿书如山，钱谷如海，朝夕趋承检点，尚恐不及，苦哉！苦哉！

不胜其苦的袁宏道第二年便托故辞职，却没有回到湖北公安，而是饱览了吴越风光，长达三个月，他在给袁宗道的信中说："自堕地以来，不曾有此乐"，"无一日不游，无一游不乐，无一刻不谭，无一谭不畅"（《伯修》）。第二次是万历二十六年（1598）起任顺天府教授、国子监助教，因为公务清闲，其间作专门研究瓶中插花艺术的《瓶史》十二篇，与友人饮酒论诗，遍游京城名胜。二十八年（1600）升礼部主事，七月告假回公安，在城南营建柳浪馆以为新居。馆成，六年盘桓其间，不接应酬，唯读书写作。第三次是万历三十四年（1606），奉父命再次入京，补吏部主事，公务清闲，以诗酒读书创作为乐。后升为吏部考功司员外郎，公务渐多。三十八年（1610）请假归乡，中秋节后得病，九月初六去世，时年四十三岁。袁宏道一生三次为官，时间加起来才六七年。

袁宏道是那种热爱生活、懂得生活的人，机智、风趣，有性情，一生喜好山水诗酒及博雅之事。袁小修《中郎先生行状》称他"好山水，喜谭谑。不能酒，最爱人饮酒。意兴无日不畅适，未见其一刻皱眉蒿目。居柳浪六年，睡或高歌而醒。好修治小室，排当极有方略"。与袁宏道有过具体交往并且一起喝过酒的李枳在《觞政·题词》中说：

> 往岁中郎以谒选侨居真州，时四方谭艺者云集，而高阳生居十之八九，予幸割公荣之半，尚不了曲蘖事。日从中郎狎游，每胜地良辰，未尝不挈尊携侣，即歌舞纷沓，觥筹错落，而更肃然作文字饮，卜昼卜夜无倦色，客各欢然剧饮而散。觉中郎酣适亦过于客，是所谓得酒之趣，传酒之神者也。

袁宏道在真州（今江苏仪征）与四方酒友相聚，饮酒量虽不大，却酣适过人。酒之外，袁宏道对山水最有会心："一峦一壑，可到名山；败址残石，堪入图画"（《西洞庭》）；"青山也许人酬价，学得云闲是主人。"（《采石蛾眉亭》其三）在袁宏道看来，凡是能被人欣赏的自然，都具有美的性质。有了闲云一样散淡的胸怀，便自然能成为江山美景的主人。"闲"作为一种审美胸怀的体现，使欣赏主体能以超越世俗的虚静空灵、从容自如的心态与大自然相近相投、相融相化，从而在真正意义上领略美、品赏美、享受美。

由于一生体弱多病，又遭逢兄长袁宗道（1560—1600）英年早逝，袁宏道对生命的感叹显得格外深沉："古今文士爱念光景，未尝不感叹于死生之际。故或登高临水，悲陵谷之不长；花晨月夕，嗟露电之易逝。虽当快心适志之时，常若有一段隐忧埋伏胸中。"（《兰亭记》）对山水的喜好与对生命短暂的悲慨，让袁宏道对酒特别是酒文化产生了浓厚兴趣，在与友人结社饮酒的同时，产生了编撰《觞政》的念头，作为"雅饮"的依据。

二

万历二十七年（1599），袁宏道任顺天府教授，广结名士，初夏在京西崇国寺结"葡萄社"，时常召同道饮，除袁氏兄弟，与社者有谢肇淛、江进之、丘长孺、黄平倩、方子公等。袁宏道《崇国寺葡萄园集黄平倩钟君威谢在杭方子公伯修小修剧饮》说：

> 树上酒提偏，波面流杯满。
> 榴花当觥筹，但诉花来缓。
> 一呼百螺空，江河决平衍。
> 流水成糟醨，鬣髭沾苔藓。
> 侍立尽酲颠，不辨杯与盏。
> 翘首望袆中，天地囨沉沔。
> 未觉七贤达，异乎三子撰。

"一呼百螺空""流水成糟醨""侍立尽酲颠，不辨杯与盏"，写出了狂饮的场面，足见"葡萄社"中饮徒居多。盏，小杯子。韩愈《祭河南张员外文》说："把盏相饮，后期有无。""七贤"，指"竹林七贤"，皆能痛饮。"异乎三子撰"，指兴趣在山水自然。孔子问曾皙（名点）的志趣，回答说："异乎三子者之撰"，"莫春者，春服既成，冠者五六人，童子六七人，浴乎沂，风乎舞雩，咏而归。"（《论语·先进》）《避雨崇国寺三日纪事》一诗，描述的也是"葡萄社"聚饮的情形：

> 湿云涨山雨不止，一酣三日葡萄底。

> 天公困雨如困醒,醉人渴饮似渴水。
> 东市典书西典几,团糟堆曲作城垒。
> 明知无雨亦不行,权将雨作题目尔。
> 仆夫安眠马束尾,大瓮小瓮来日起。

"一酣三日""渴饮似渴水""团糟堆曲作城垒",虽有夸张,却也写出了欢饮之甚。此外还有《端阳日集诸公葡萄社分得未字》《夏日过葡萄园赋得薰风自南来》《夏日同江进之丘长孺黄平倩方子公家伯修小修集葡萄方丈以五月江深草阁寒为韵余得五字》等诗,记述的均为结社饮酒之事。《觞政》就是此时在京编撰完成的。引言说:

> 社中近饶饮徒,而觞容不习,大觉卤莽。夫提衡糟丘,而酒宪不修,是亦令长者之责也。今采古科之简正者,附以新条,名曰《觞政》。凡为饮客者,各收一帙,亦醉乡之甲令也。

这是编撰《觞政》的起因。结社聚会,频繁狂饮,就需要有典章加以规范。袁宏道写于这年即万历二十七年的《和黄平倩落字》,可以说是袖珍版的诗体《觞政》:

> 诸君且停喧,听我酒正约。
> 禅客飽子后,文士银不落。
> 酒人但盆饮,无得滥杯杓。
> 痛饮勿移席,极欢勿嘲谑。
> 当杯勿议酒,屈罚无过却。
> 种种皆欢候,违者三大爵。

"痛饮勿移席""当杯勿议酒""屈罚""欢候"等,后来均编入了《觞政》之中。因时在国子监任职,袁宏道有机会大量阅读相关典籍,他在《觞政·引》中提到的有关酒文化的前代著作就有:汝阳王的《甘露经》《酒谱》、王绩的《酒经》、刘炫的《酒孝经》《贞元饮略》、窦子野的《酒谱》、朱肱的《北山酒经》、李保的《续北山酒经》、胡杰还的《醉乡小略》、皇甫崧的《醉乡日月》、侯白《酒律》等。他从古代典籍中采集了大量的资料,编撰成《觞政》十六条,要求"凡为饮客者,各收一帙,亦醉乡之甲令也"。

所谓"觞政",就是饮酒时应遵守的政令,即酒令,用以规范饮酒之秩序,也为了增添饮酒的乐趣和热烈气氛。古代宴饮,往往要推举一人为令官,其余的人听其号令,违令者罚酒。最早的觞政,其实可以追溯到《诗经》,《小雅·宾之初筵》说:"凡此饮酒,或醉或否。既立之监,或佐之史。"大凡赴宴饮酒者,有喝醉的也有清醒的;为了维持饮酒的秩序,需设立酒监再加上酒史监督饮酒。《宾之初筵》是中国文学史、中国文化史上关于饮酒及其场面记录得最早、最完整的文献,"立之监""佐之史"就是最早的酒令官。酒令如法律,一旦制定,就必须执行,《说苑·善说》说:

> 魏文侯与大夫饮酒,使公乘不仁为觞政,曰:"饮不釂者,浮以大白。"文侯饮而不釂,公乘不仁举白浮君,君视而不应。侍者曰:"不仁退,君已醉矣。"公乘不仁曰:"《周书》曰'前车覆,后车戒',盖言其危。为人臣者不易,为君亦不易。今君已设令,令不行,可乎?"君曰:

"善！"举白而饮，饮毕，曰："以公乘不仁为上客。"

魏文侯（前472—前396），魏国国君，是魏国百年霸业的开创者；公乘不仁，魏国客卿；釂，"尽"之义。公乘不仁严格执行觞政，绝不徇私，饮不尽者要罚一大杯，连贵为一国之君的魏文侯也不能例外。宋人窦子野《酒谱》引《说苑》所记故事之后说："其酒令之渐乎？"认为这就是酒令的发端。

1968年，河北满城西汉中山靖王刘胜与其妻窦绾墓在国内首次出土了一套完整的"行酒令钱"，共40枚，其中20枚铸"第一"至"第廿"字样；另20枚铸三字或四字韵语，即"圣主佐""珠玉行""五谷成""寿毋病""万民番（蕃）""天下安""贵富寿""乐无忧""起行酒""常毋苛""饮酒歌""饮其加""得佳士""骄次已""府库实""自饮止""金钱地（施）""乐乃始""田田妻鄙""寿夫王母"，这些韵语内容丰富，有祈盼，有祝福，有行止。同时出土的还有一枚"错金银镶嵌铜骰"，铜骰共18面，其中16面为数字，两面分别为"酒来""骄"字。各面除文字外还用金丝、绿松石、红玛瑙镶嵌出纹饰，铜骰与"行酒令钱"应该是配合使用。由此我们知道，最晚在西汉，行酒令已完全成熟，在饮酒场合普遍实行。东晋穆帝永和九年（353）暮春时节，王羲之与谢安、许询、孙绰、支道林等几十人，相会于风景优美的会稽山阴（今浙江绍兴）兰亭"曲水流觞"，仅是以"兰亭"为题的诗就作成了三十余首。这是中国文学史上第一次有名有姓的诗人大聚会，"曲水流觞"由此成了诗酒相会、文人雅集的代名词。

"觞政"文化形成之后，历代承继者不绝。焦竑《焦氏笔乘续集·觞政》说:"唐时文士,或以经史为令,如退之诗'令征前事为',乐天诗'闲征雅令穷经史'是也。或以呼卢为令,乐天诗'醉翻衫袖抛小令,笑掷骰盆呼大采'是也。"白居易"花时同醉破春愁,醉折花枝当酒筹"(《李十一醉忆元九》)的描写,亦颇见饮者的情趣。唐人好饮好醉,酒中醉后一派浩荡天真,勃勃英气尽显,盛唐人亦复如此且毫不逊色。直至中唐,刘禹锡依旧说:"长安百花时,风景宜轻薄。无人不沽酒,何处不闻乐。"(《百花行》)约以觞政,则豪中有雅,更见饮酒中的文化蕴含。宋人赵与时的《觞记述》、何剡的《酒尔雅》,元人曹绍的《安雅堂酒令》,明人田艺蘅的《醉乡律令》、陈洪绶的《水浒叶子》《博古酒牌》、无名氏的《酣酣斋酒牌》,清人讷斋道人的《酒人觞政》、任熊的《列仙酒牌》、俞敦培的《酒令丛钞》、黄周星的《酒社刍言》、张潮的《饮中八仙令》,等等,都是"觞政"文化有力的继承者和实践者。

三

中国酒文化博大精深,源远流长。"觞政"体现的是饮酒的文化蕴含。在情绪大起大落之后的相对平静中,中国文人善于从酒中寻找情致,寻找趣味,以提高饮酒的品位,将饮酒上升到一种"雅"的高度,使之更具有文化气息。与此同时,中国文人对酒之色味的品评、命名,对饮酒器具的要求,对饮酒环境的选择,以至于酒令的编制、酒席宴饮间的奖罚,等等,都有一整套饶有兴味的规矩。酒趣,说到底是人生感悟、人生智慧在饮酒中的诗意体现。识酒趣、懂酒趣,能在平常饮食中挖掘幽情雅意，饮酒才会有品位，有境界，有深厚的文化蕴含，才会饶有情味，饶有兴致，避免堕入饮酒无度、借酒使气的"酒荒"和"酒狂"之中，这便是袁宏道编撰《觞政》的文化理由。

与袁宏道关系密切的方子公在《觞政》跋文中说："先生无酒肠，知酒味，有酒趣，爱酒客饮，因采古科、定新法，寓意深矣。夫士人之善雅谑者，不修酒宪而酒宪存。昔王、阮共饮，不与于刘，刘终日自若，是所以奉酒宪也。间有饶酒之徒，惟知有酒而不知有酒宪，礼法怠矣。故先生订新书十六条，名曰《觞政》，意重于刑书。"不善饮的袁宏道深谙酒道，他赞赏李白之酒："刘伶之酒味太浅，渊明之酒味太深。非深非浅谪仙家，未饮陶陶先醉心。"（《饮酒》）认为李白的酒深浅适宜，既不像刘伶的酒浅露直白，让人觉得乏味；也不似陶渊明的酒蕴含着那么多有关宇宙自然人生的妙理，非用心体悟难以进入真境。李白的酒深浅恰到好处，正在似与不似之间，充满了人间气息。

《觞政》不同于一般的酒令，因为即兴容易流于浅浮与零碎，而是成系统的，有深刻文化内涵的。如"酒客"一项是这样说的："饮喜宜节，饮劳宜静，饮倦宜诙，饮礼法宜潇洒，饮乱宜绳约，饮新知宜闲雅真率，饮杂揉客宜逡巡却退。"对在不同的情绪状态下、不同的场合中、不同的饮酒对象应采取的态度和做法，都提出了科学合理的要求。高兴的时候饮酒要有所节制，劳顿的时候饮酒要比平时更加安静，倦怠的时候饮酒需要幽默诙谐，和礼法之人饮酒要潇洒自如，在混乱的场合饮酒要注意自我约束，和新知的人饮酒要闲雅真率，和乱七八糟的人饮酒不宜久留、要逡巡退场。总之，要保持良好的酒人

风度。"凡醉有所宜"一项强调的是醉酒与具体环境、具体对象的协调和适宜:

> 醉花宜昼,袭其光也;醉雪宜夜,消其洁也;醉得意宜唱,导其和也;醉将离宜击钵,壮其神也;醉俊人宜加觥盂、旗帜,助其烈也;醉楼宜暑,资其清也;醉水宜秋,泛其爽也。

酒不仅要喝好喝足,就是醉也应醉得其时,醉得其地,醉得其人。袁宏道强调:醉中景美人美,醉中情真意真,醉中有无限的意趣。酒与醉的世界,不仅可以改变时间感和空间感,拉开饮者与现实世界的距离,还可以充分激发浪漫神奇的想象,让饮者在独属于自己的世界里自由遨游,充分享受醉之境带来的曼妙美好。醉之美,是一种自然的美、潇洒的美、飘逸的美,是一种偏离了常轨、超越了社会伦常之后所显示出的自由美。因其真,因其朴,因其绝去雕饰、身心俱忘、不计利害,所以更贴近美的本质,更能引人入胜。元代散曲家商挺说:"暖阁偏宜低低唱,共饮羊羔酿。宜醉赏,宜醉赏腊梅香。雪飞扬,堪画在帏屏上。"(《双调·潘妃曲》)在洁白轻寒的雪花漫天飘舞之时,在一个砌玉堆银、粉雕晶琢的世界悄然诞生之际,畅饮羊羔酒,乘着醉意欣赏绽放的蜡梅花,最是兴味无穷。

与袁宏道同时的李桢在《觞政·题词》中说:"余观中郎《觞政》,十六款,润旧益新,词简义赡,勒成令甲,型范森然。""觞政"自诞生以来,一直受到历代文人雅士的关注。在袁宏道的基础上,清人又扩展了《觞政》的内容,张潮说:"上元须酹豪友,端午须酹丽友,七夕须酹韵友,中秋须酹淡友,重九须酌逸友。"(《幽梦影》)不同的节日,要和不同气质、性情的朋友饮酒,这样才能最大限度激发饮酒的兴致。李渔说:"宴集之事,其可贵者有五:饮量无论宽窄,贵在能好;饮伴无论多寡,贵在善谈;饮具无论丰啬,贵在可继;饮政无论宽猛,贵在可行;饮候无论短长,贵在能止。备此五贵,始可与言饮酒之乐。"(《闲情偶记·颐养部·饮》)"能好""善谈""可继""可行""能止",是欢饮的前提与基本保证。

将中国酒文化推向高潮的是《红楼梦》,其中关于酒令、饮酒场面的描写精彩纷呈,令人目不暇接,是袁宏道之后对"觞政"最生动完美的诠释。第四回:"(鸳鸯)吃了一盅酒,笑道:'酒令大如军令,不论尊卑,唯我是主,违了我的话,是要受罚的。'"《红楼梦》中的诸多酒令、饮酒场面的描写,就明显受到了《觞政》的启发和影响。女儿们那些尽展才情的诗词,多数是在酒席宴上完成的,如黛玉的咏菊花诗、宝钗的咏螃蟹诗。《红楼梦》中的酒令,也非随意杜撰,而是曹雪芹的精心设计,在"寿怡红群芳开夜宴"(第六十二回)中,湘云要求酒令自出:"酒面要一句古文,一句旧诗,一句骨牌名,一句曲牌名,还要一句时宪书上的话,共总凑成一句话。酒底要关人事的果菜名。"第四十九回"琉璃世界白雪红梅",是饮酒与气候环境相宜的范例:

> 天亮了,(宝玉)就爬起来掀起帐子一看,虽然门窗尚掩,只见窗上光辉夺目,心内早踌躇起来,埋怨定是晴了,日光已出。一面忙起来揭起窗屉,从玻璃窗内往外一看,原来不是日光,竟是一夜的雪,下的将有一尺厚,天上仍是搓绵扯絮一般。……出了院门,四顾一望,并无二色,

远远是青松翠竹,自己却似装在玻璃盆内一般。于是走至山坡之下,顺着山脚,刚转过去,已闻得一股寒香扑鼻,回头一看,却是妙玉那边栊翠庵中有十数枝红梅,如胭脂一般,映着雪色,分外显得精神,好不有趣。

大观园中的众多女儿们置身在这"玻璃盆"一般的冰雪世界中,非凡的才情,敏捷的思维,奇逸的酒兴、诗兴,得到了更充分完美的发挥。湘云就说自己"爱吃酒",因为"吃了酒才有诗"。她们吃烧鹿肉,"即景联句,五言排律一首,限'二萧韵'",联成的排律长达七十句,这是《红楼梦》中最动人的场景之一。曹雪芹乐酒善饮,所以他深知如何写酒、写醉。

清人黄周星《酒社刍言》说:"饮酒者,乃学问之事,非饮食之事也。何也?我辈生性好学,作止语默,无非学问。而其中最亲切而有益者,莫过于饮酒之顷。盖知己会聚,形骸礼法,一切都忘,惟有纵横往复,大可畅叙情怀。而钓诗扫愁之具,生趣复触发无穷。"(《清稗类钞》第十三册)袁宏道编撰《觞政》,看重的正在于此。酒宴不是酒局,一醉方休并不是目的。饮酒过程也是一个显露人性与才情的过程,是一个文化熏陶与洗礼的过程。

四

关于《觞政》编成的时间,沈德符《万历野获编》卷二十五"金瓶梅条"说:"袁中郎《觞政》,以《金瓶梅》配《水浒传》为外典,予恨未见得。丙午遇中郎京邸,问:'曾有全帙否?'曰:'第睹数卷,甚奇快。今麻城刘涎、白乘禧家有全本。'"丙午为万历三十四年（1606），这年袁宏道在吏部任职，《觞政》已经编成。《觞政》正文前有李贽的题词，所署日期为"万历戊申上巳日"，即公元1608年农历三月三日。李贽的题词称："《觞政》旧已剞劂，方子公欲重梓广传，属序于余，余素善中郎是编，宁得嘿嘿。子公又出一扇示余，则中郎丁未夏日评论诸君饮量者。"子公即方文僎，字子公，自万历二十二年（1594）至三十五年（1607）的十几年间一直为袁宏道料理笔墨，多次陪同袁宏道出游。袁宏道在《西湖一》中说："晚同子公渡净寺，觅阿宾旧住僧房。"《觞政》的跋文就是方文僎撰写的，对了解袁宏道及其《觞政》有很大帮助。丁未为万历三十五年，时袁宏道在京任吏部侍郎。这样看来，《觞政》此前已经刊印，这次是序后再印。

浙江图书馆藏明万历三十八年（1610）刻本《觞政》一卷，简称"万历本"，就是在袁宏道去世的当年刊刻的，收入齐鲁书社1997年出版的《四库全书存目丛书·子部》第八十册。全书一卷十六条，单鱼尾，同白口四周单边，加上序跋共二十二页，每页十行，每行二十个字。《四库全书总目提要·觞政一卷》说：

> 《觞政》一卷，内府藏本，明袁宏道撰。宏道字无学，公安人。万历壬辰进士，官至吏部稽勋司郎中。事迹具《明史·文苑传》。是书纪觞政凡十六则。前有宏道引语，谓采古科之简正者，附以新条，为醉乡甲令。朱国桢《涌幢小品》曰，袁中郎不善饮而好谈饮，著有《觞政》一篇，即此书也。

《觞政》影响广泛，是酒社、宴席中的参加者乐于遵守的法律、条文。关于其成书过程，袁宏道说是"采古科之简正者，附以新条"，也就是说《觞政》由两个部分构成，一为"古科"，即旧有典籍；一为"新条"，即新的条文。袁宏道是在采撷"古科"的基础上，增以"新条"，总成《觞政》的。比勘之后发现，《觞政》"采古科"最多的有两部书：一是前代皇甫崧的《醉乡日月》，一是当代沈沈的《酒概》。

《醉乡日月》，唐皇甫崧撰。崧，一作"松"，生卒年不详。字梓琪，自号檀栾子，睦州新安（今浙江淳安）人，著名古文家皇甫湜之子。崧工诗文，然终生未及进士第。《新唐书·艺文志》著录《醉乡日月》三卷，《直斋书录题解》卷一一亦记《醉乡日月》三卷，称"唐人饮酒令，此书详载，然今人皆不能晓也"。皇甫崧《醉乡日月·自序》中谈到了编撰此书的起因："余会昌五年（845）春，尝因醉罢，戏纂当今饮酒者之格，寻而亡之。是冬闲暇，追以再就，名曰《醉乡日月》，勒成一家，施于好事，凡上中下三卷。"《醉乡日月》收入明人陶宗仪编《说郛三种》，另有陶敏的整理本（见陶敏主编《全唐五代笔记》第二册，三秦出版社2012年版）。《觞政》的"四之宜""六之候""十二之品第"数节，均来自于皇甫崧《醉乡日月》的"饮论第一""谋饮第二"，个别文字有所不同。

《酒概》，明沈沈撰，北京国家图书馆藏明刻本，收入齐鲁书社1997年出版的《四库全书存目丛书·子部》第八十册。沈沈生平事迹不详，《四库全书总目提要》卷一一六说：

> 《酒概》四卷，浙江巡抚采进本，明沈沈撰。自题曰

震旦醉民囷囷父。前有自序一首，则称曰褐之父。囷囷沈沈，名号诡谲，不知何许人。每卷所署校正姓氏，皆称海陵，则刻于泰州者也。其书仿陆羽《茶经》之体，以类酒事。一卷三目，曰酒、名、器。二卷七目，曰释、法、造、出、称、量、饮。三卷六目，曰评、僻、寄、缘、事、异。四卷六目，曰功、德、戒、乱、令、文。杂引诸书，体例丛碎，至以孔子为酒圣，阮籍、陶潜、王绩、邵雍为四配，尤妄诞矣。

《酒概》没有具体的刊刻时间，每一卷首题有"震旦醉民沈沈囷囷父辑""海陵友弟储煐君照父、韩涛如巨源父校"字样，正文前有编撰者沈沈自序。全书四卷二十二目，单鱼尾，同白口四周单边，共三百六十五页，每页九行，每行十九个字。沈沈生平事迹无从考，但从内容大致上可以判定，《酒概》成书早于《觞政》，作者为民间好酒之人，博览群书，熟悉历代典籍，视野辽阔，所辑均为明代之前的酒人、酒事，应收尽收，内容驳杂而丰富，虽说"杂引诸书，体例丛碎"，却是辑纂者沈沈的尽心尽力之作，不失为一部有关中国酒文化的资料汇编。

五

《酒概》在袁宏道编撰《觞政》过程中的重要参考价值是显而易见的。兹举数例，以见《觞政》与《酒概》之关系。

（一）《酒概》卷二"诸贤"条：

> 山巨源，胡毋彦国、毕茂世、张季鹰、何次道、李元忠、贺知章、李太白以下，祀两庑。至若仪狄、杜康、刘白堕、

焦革辈，皆以造酒得名，无关饮徒，姑祠之门垣，以旌酿客。

《觞政》改《酒概》"诸贤"条为"八之祭"，改"造酒"二字换成"酝法"，"以旌酿客"之后增补"亦犹校宫之有土主，梵宇之有伽蓝也"两句，其余文字相同。

（二）《酒概》卷二"饮品"条：

曹参、蒋琬，饮醇者也；陆贾、陈遵，饮达者也；张师亮、寇平仲，饮豪者也；王元达、何承裕，饮儁者也。蔡中郎，饮而文；郑康成，饮而儒；淳于髡，饮而俳；广野君，饮而辩；孔北海，饮而肆。醉颠、法常、非禅饮者乎？孔元、张志和，非仙饮者乎？杨子云、管公明，非玄饮者乎？白香山之饮适，苏子美之饮愤，陈暄之饮骇，颜光禄之饮矜，荆卿、灌夫之饮怒，信陵、东阿之饮悲，其饮品各有派也。

《觞政》改《酒概》"饮品"条为"九之典刑"，改"非禅饮者乎"为"禅饮者也"。在"其饮品各有派也"后增补"诸公皆非饮派，直以兴寄所托，一往标誉，触类广之，皆欢场之宗工，饮家之绳尺也"数句，其余文字相同。

（三）《酒概》卷二"饮有五合"条：

饮有五合，有十乖。凉月好风，快雨时雪，一合也。花开酿熟，二合也。偶而欲饮，三合也。小饮成狂，四合也。初郁后畅，谈机乍利，五合也。

《酒概》卷二"饮有十乖"条：

日炙风燥，一乖也。神情索莫，二乖也。特地排当，饮户不称，三乖也。宾主牵率，四乖也。草草应付，如恐不竟，五乖也。强颜为欢，六乖也。革履板折，诨言往复，七乖也。刻期登临，浓阴恶雨，八乖也。饮场远缓，迫暮思归，九乖也。客佳而有他期，妓欢而有别促，酒醇而沸，炙美而冷，十乖也。

《觞政》合并《酒概》"饮有五合"条、"饮有十乖"条为"五之遇"，改"光风霁月"为"凉月好风"，改"酒醇而沸"为"酒醇而易"，其余文字相同。

（四）《酒概》卷二"饮有七宜"条：

饮喜宜节，饮劳宜静，饮倦宜诙谐，饮礼法宜潇洒，饮乱宜绳约，饮新知宜闲雅，饮杂糅客宜逡巡却退。

《觞政》改《酒概》"饮有七宜"条为"三之容"，改"饮倦宜诙谐"为"饮倦宜诙"，改"饮新知宜闲雅"为"饮新知宜闲雅真率"，其余文字相同。

（五）《酒概》卷二"饮有醉之宜六"条：

醉花宜昼，袭其光也。醉雪宜夜，助其洁也。醉月宜楼，资其清也。醉暑宜舟，领其旷也。醉山宜幽，陶其趣也。醉水宜秋，泛其爽也。

《酒概》卷二"饮有醉客之宜八"条：

醉得意宜唱咏，醉将离宜鸣鼍，醉文人宜妙令无苛酌，醉俊人宜加觥盂、旗帜，醉正人宜谨节奏、章程，醉佳人宜微酡，醉豪客宜挥觥发浩歌，醉知音宜清喉檀板。

《觞政》合并《酒概》"饮有醉之宜六"条、"饮有醉客之宜八"条为"四之宜",次序前后有调整,文字亦有所增补:

> 凡醉有所宜。醉花宜昼,袭其光也。醉雪宜夜,消其洁也。醉得意宜唱,导其和也。醉将离宜击钵,壮其神也。醉文人宜谨节奏、章程,畏其侮也。醉俊人宜加觥盂、旗帜,助其烈也。醉楼宜暑,资其清也。醉水宜秋,泛其爽也。一云:醉月宜楼,醉暑宜舟,醉山宜幽,醉佳人宜微酡,醉文人宜妙令无苛酌,醉豪客宜挥觥发浩歌,醉知音宜吴儿清喉檀板。

此外,《酒概》卷二"酒圣酒宗"条"今祀宣父曰酒圣,夫无量不及乱,觞之祖也,是为饮宗","四配"条"阮嗣宗、陶彭泽、王无功、邵尧夫",袁宏道全部录入《觞政》"八之祭"中。

"古科之简正者"之外,就是"新条"了。"新条"中最值得一提的是《觞政》以"六经"为饮酒的经典,同时把小说戏曲如"乐府则董解元、王实甫、马东篱、高则诚等,传奇则《水浒传》《金瓶梅》等,为逸典",给予俗文学以相当高的评价。《金瓶梅》是袁宏道万历二十四年(1596)在吴县时给董其昌(号思白)的信中第一次透露了有这样一部奇书存世。袁宏道说:"《金瓶梅》从何得来?伏枕略观,云霞满纸,胜于枚生《七发》多矣。"(《锦帆集之四·董思白》)又说:"后来读《水浒》,文字益奇变。'六经'非至文,马迁失组练。"(《解脱集之二·听朱生说〈水浒传〉》)从《觞政》中可见袁宏道的文学观念及明晚期的文学风尚。

本书的《觞政》原文悉照"万历本"录入,包括明人李栻的

《觞政》题词、方文僎的《觞政》跋文。《觞政》原文中的个别错字，参照《说郛三种》续三十八卷（上海古籍出版社1988年影印本）、苏渊雷序《袁中郎集》（上海世界书局1935年版）、钱伯城《袁宏道集笺校》（上海古籍出版社2008年版）中所收《觞政》径改之，未出校记。

原载《名作欣赏》2021年5期。《〈觞政〉译注》与《北山酒经》（中华经典名著全本全注全译丛书）合编为一册，2021年由中华书局出版。

《骏马追风舞——唐诗与北方游牧文化》后记

常年研习讲授唐诗，又生活在辽阔的北方游牧地区，是完成这部书稿的重要动因。唐诗尤其是盛唐诗的雄浑壮美、游牧文化的大气快爽，本已动人心神，二者结合，珠联璧合，熠熠生辉，更加令人着迷。为此，笔者决心做专门的研究，探求唐诗与北方游牧文化的内在契合。

从2009年秋冬之交开始，笔者再次阅读《全唐诗》，并从《史记》《汉书》《后汉书》《旧唐书》《新唐书》中搜求相关材料，夙兴夜寐，锱铢必集，同时走访全国各大博物馆，寻找唐诗中写到的文物，以便参照印证。因为从头做起，工作量巨大，除了上课和旅行，几乎所有的时间都用在此课题的研究上了。屈指一数，从开始研究到最后完成书稿，前后差不多花了十年的时间。拙著中的部分内容先期在《民族文学研究》《文史知识》《古典文学知识》《中文学术前沿》《唐代文学研究》《文学地理学》《内蒙古大学学报》《苏州大学学报》《海南师范大学学报》《光明日报》《中华读书报》《中国社会科学报》《学习时报》等刊物上发表。

值得一说的是，唐诗中有大量关于今天内蒙古西部地理、气候、风俗的描写，虽然相隔一千多年，读来却格外亲切，这给笔者的研究带来莫大乐趣。如五原、居延、金河、阴山，都是笔者曾亲临的神奇之地。九曲黄河环绕的五原富庶可比江南，美如油画的居延大漠胡杨挺拔苍劲、豁人胸襟，一旦遭遇就再难忘怀。悠悠流淌的金河，则紧邻内蒙古大学南校区。只要给学生上课，透过教学主楼宽大的玻璃窗，就会不时与它对望。至于巍峨的阴山主峰——大青山，则横亘于呼和浩特市区北部，夏日苍郁，冬日清寂，举头即可相见。"阴山一夜雨，白草四郊秋。乱雁鸣寒渡，飞沙入废楼"（栖白《边思》），"路始阴山北，迢迢雨雪天。长城人过少，沙碛马难前"（马戴《送和北虏使》），"黄沙风卷半空抛，云动阴山雪满郊"（赵延寿《塞上》），"月明星稀霜满野，毡车夜宿阴山下"（无名氏《胡笳曲》），虽显萧瑟，却也壮阔，是古代北方游牧地区自然与风俗的真实图景。汉唐以来的阴山南北，原本就是游牧民族的活跃之地，从匈奴、鲜卑一直到突厥、契丹、蒙古，在与农耕文明长期的碰撞和交融中，曾发生过无数惊天动地的故事，至今犹有回响。曾吟小诗，表达对唐诗及唐文化的认识：

> 骏马追风舞，唐音半自胡。
> 东西合一璧，大志起鸿图。

北方游牧文化是以马为核心的，日常生活与征战都离不开马，故取第一句为书名。本书的部分内容与"丝绸之路"及西域文化交叉，以笔者的研究水平，目前尚难以清晰切割，对此已在绪论中说明。关于唐诗与"丝绸之路"及西域文化关系研究的成果，笔者期待不久能在另一本学术著作中集中呈现。

本书的出版得到内蒙古大学"一流学科建设经费"的资助，得到人民出版社贺畅编审的全力支持，冯文开教授通读拙著并指出其中的错误，在此一并表示感谢。需要说明的是，拙著涉及学科领域众多，如民族史、边疆史、边疆地理、考古学以及舞蹈史、音乐史、服装史等，皆非笔者所能通晓，故书中存在的不足和谬误，敬祈专家指正。

《骏马追风舞——唐诗与北方游牧文化》，人民出版社 2020 年版

第三辑

书中与路上的风景

让人景仰的伟大诗哲

陶渊明是王国维先生所赞许的"数百年而一出"的天才诗人,是"高尚伟大之人格"与"高尚伟大之文学"完美结合的体现者,一千五百年来一直激励鼓舞着在风雨中艰难跋涉的中国文人。探究陶渊明如何成为令人景仰的一代诗哲,在几个方面具有不一样的启发意义,值得我们特别关注。

一

一个人的成长历程、价值取向,与其故乡的自然环境、风土人情有密切的关系。陶渊明的家乡在浔阳柴桑的赛湖、八里湖一带,地处庐山之西北、长江之南岸,东临鄱阳湖,林木参天,气候湿暖,民风淳朴,风景兼山水之胜。从"贫居依稼穑,戮力东林隈"(《丙辰岁八月中于下潠田舍获》)的描写可知,陶渊明的家离庐山脚下的东林寺不远。鲍照《登大雷岸与妹书》说:"西南望庐山,又特惊异。基压江潮,峰与辰汉相接。上常积云霞,雕锦缛。若华夕曜,岩泽气通,传明散彩,赫似绛天。左右青霭,表里紫霄。从岭而上,气尽金光,半山以下,纯为黛色。信可以神居帝郊,镇控湘、汉者也。"《水经注·庐江水》也说"其山(庐山)明净,风泽清旷,气爽节和,土沃民逸"。鄱阳湖是中国的第一大淡水湖,古称彭蠡,湖面辽阔,湖上烟波浩渺,风光绮丽,夺人心魄。王勃的"落霞与孤鹜齐飞,秋水共长天一色。渔舟唱晚,响穷彭蠡之滨;雁阵惊寒,声断衡阳之浦"(《秋日登洪府滕王阁饯别序》),描绘的正是鄱阳湖上的风光。

陶渊明生活的时代,正是山水审美意识日益觉醒的时代,优美的自然环境,培养了他对山水、田园的深厚感情:"少无适俗韵,性本爱丘山"(《归园田居五首》其一),"诗书敦宿好,林园无世情"(《辛丑岁七月赴假还江陵夜行涂口》),"静念园林好,人间良可辞"(《庚子岁五月中从都还阻风于规林二首》其二),"园田日梦想,安得久离析"(《乙巳岁三月为建威参军使都经钱溪》)。丘山的自然真朴、园田的清新可喜,正契合他热爱自由的天性和已经觉醒的山水审美意识,这也为后来陶渊明几经徘徊、最终毅然决然辞官归隐提供了重要的依据。即使是身在官场,陶渊明也没有片刻忘记生他养他的故乡,别人是叶落归根,陶渊明则是叶未落就已经归根了。

躬耕之余,读书、写作、抚琴、饮酒、欣赏自然美景,是陶渊明田园生活的全部内容:"斯晨斯夕,言息其庐。花药分列,林竹翳如。清琴横床,浊酒半壶"(《时运并序》其四),"洋洋平津,乃漱乃濯。邈邈遐景,载欣载瞩。称心而言,人亦易足。挥兹一觞,陶然自乐"(《时运并序》其二)。鲜花明媚,林竹荫浓,春水漫溢,涨满沼泽;目光流连之处,风景如画,生机无限,让人陶醉。人生在世,能称心如意、遂其所愿,便是最大的满足了。一想到这些,便禁不住要举杯畅饮,几杯酒之后,诗人就沉浸在无比的快乐之中了。家乡的风景安顿了陶渊明曾经流浪的灵魂,也启发了他对自然和生命的思索。仔细考察,庐山及周围优美的自然环境至少给予陶渊明三方面的影响。

一是以一种充满诗意的眼光审视处在无限时空中的有限人

生,所以在生活中能处处发现美并悠然地欣赏美、享受美:"少学琴书,偶爱闲静。开卷有得,便欣然忘食。见树木交荫,时鸟变声,亦复欢然有喜。尝言五六月中,北窗下卧,遇凉风暂至,自谓是羲皇上人。"(《与子俨等疏》)诗人笔下"采菊东篱下,悠然见南山"中的"南山"即庐山,在陶渊明家乡的东南方向。宗白华先生说:陶渊明"'采菊东篱下,悠然见南山',是因为南山给予了他劳动时的安慰和精神上的休息。陶渊明正是在自己辛勤的劳动里体会到大自然山水给予他的慈惠和精神上的养育"(《关于山水诗画的点滴感想》)。钟惺说:"陶公山水朋友诗文之乐,即从田园耕凿中一段忧勤讨出,不作别一副旷达之语,所以为真旷达。"(《古诗归·评〈丙辰岁八月中于下潠田舍获〉》)每日举头即见青苍的庐山,滋养了陶渊明的高情远志。

二是培养了他热爱自由的精神,让他敢于抉择,摆脱官场的羁绊。与大自然的远近实际上也是一种人文精神的体现与反映:与大自然密切,与社会政治就相对疏远;与大自然疏远,与现实社会政治就相对密切;失意时与大自然密切,得意时则疏远;心志淡泊时与大自然密切,利欲强烈时则疏远;个性张扬时与大自然密切,委顿、迎合则疏远;离自然近,离官场就远。陶渊明"不为五斗米折腰",弃绝官场,毅然回归田园,是建立在对黑暗虚伪的世道、人事极其清醒的认识的基础上的,但家乡优美的风景、和洽的人情和朴素自由的生活方式,也是吸引他归来的重要原因。梁启超先生说:"自然界是他爱恋的伴侣。常常对着他微笑。他无论肉体上有多大痛苦,这位伴侣都能给他安慰,因他抓定了这位伴侣,所以在他周围的人事,也都变成微笑了。"(《陶渊明》)

三是滋润了他的诗文,因"伤名教"而被贬九江的白居易在五百年后考察了陶渊明的生活环境之后深有感触地说:"江州左匡庐,右江湖,土高气清,富有佳境"(《江州司马厅记》),江州境内有青青苍苍的庐山,烟水浩渺的长江、鄱阳湖,气调清高,不同凡响,实在是一片难得的钟灵毓秀之地。在《题浔阳楼》中白居易进一步说:"常爱陶彭泽,文思何高玄","今朝登此楼,有以知其然。大江寒见底,匡山青倚天。深夜溢浦月,平旦炉峰烟。清辉与灵气,日夕供文篇。"白居易认为,是浔阳特殊的自然环境和奇异的山水风光陶钧了陶渊明高玄的文思,使他能够写出自然平淡、少有先例的田园诗,成为中国田园诗派的开创者。

中国文人一直认为,积极出仕虽然能实现他们治国、齐家、平天下的理想,带给他们功成名就的满足,但在具体的实行过程中不仅荆棘丛生,难之又难,而且会扭曲人格、毁坏情性,而山水田园则是他们敞放心神、保全情性、印证人格价值的最佳处所。与山水田园的亲近和晤对,使在仕途中遭遇种种不幸的文人获得了最深的和最后的慰藉,避免了心灵与人格再度受到伤害。

二

陶渊明一生的重大转折是义熙元年(405)八月,四十一岁时从彭泽县令任上辞职。辞官之初,他写下了一生最重要的作品——《归去来兮辞》,总结了其前半生的生活,揭示了归耕的独特意义,传递出对田园自由生活的全心肯定。此文对于了解陶渊明的人格和思想,有着不可忽视的价值。《归去来兮辞》

是陶渊明掷地有声的人生宣言。宋人王十朋说"潇潇风尘太绝尘,寓形宇内任天真。弦歌只用八十日,便作田园归去人"(《观渊明画像》),盛赞陶渊明的大智大勇、敢于抉择。袁行霈先生说:"对于后人来说,一切的回归,一切的解放,都可以借着这篇文章来抒发,由此它也就有了永恒的生命力。"(《中国文学史》第二卷,高等教育出版社1999年版,第83页)"归去来兮"既是清明理性的人生选择的象征,又是美感生活、独立人格的象征:

> 余家贫,耕植不足以自给。幼稚盈室,瓶无储粟,生生所资,未见其术。亲故多劝余为长吏,脱然有怀,求之靡途。会有四方之事,诸侯以惠爱为德,家叔以余贫苦,遂见用于小邑。于时风波未静,心惮远役,彭泽去家百里,公田之利,足以为酒,故便求之。及少日,眷然有归与之情,何则?质性自然,非矫厉所得。饥冻虽切,违己交病,尝从人事,皆口腹自役。于是怅然慷慨,深愧平生之志。犹望一稔,当敛裳宵逝。寻程氏妹丧于武昌,情在骏奔,自免去职。

在序中,陶渊明坦陈为贫而仕,子多且幼,谋生无术,在生存的挤压下不得不违背本心,外出做官,但自己"自然"的天性与泯灭个性的官场却是格格不入,难以调和。后来在《与子俨等疏》中陶渊明也说自己"少而穷苦,每以家弊,东西游走。性刚才拙,与物多忤"。经济压迫、生存艰难当然是痛苦的,但比起官场倾轧、灵肉分离的痛苦根本算不得什么,所谓"饥冻虽切,违己交病"。对于陶渊明来说,思想深处要解决的最重大的问题就是:田园与他结成的究竟是一种什么样的关系?

在他的精神与物质生活中占据的地位有多重要，可不可以割舍？如何割舍？经过长久深入的思索（包括与能给他带来俸禄的官场的比对、能否承受得了归田后物质生活压迫的痛苦等），陶渊明确信：田园是他的本根，是他的血脉，是他的生命，割舍了田园也就等于割舍了自己的全部幸福。现在问题已经解决，他借口奔丧武昌，毫不迟疑地归来，所以充溢在《归去来兮辞》中的是强烈的思乡之情及归来后的无比欣慰之情：

> 归去来兮，田园将芜胡不归？既自以心为形役，奚惆怅而独悲。悟已往之不谏，知来者之可追。实迷途其未远，觉今是而昨非。

他找不出不回归的理由，所以开篇即一声发自心底的唤归。在唤归声里，包含了陶渊明多少的人生企盼！他告诉自己，已经过去的事情（指出仕为官）不可挽回了，但未来的事情还来得及弥补与修正。自己误入迷途走得还不是太远，完全可以掉头返归正路，现在的选择才是正确的。"今是""昨非"，就是大是大非，马虎不得，表明人生之路是在不断地自我检讨与反省中向前延伸的。宋兰溪邵因有"今是堂"，元林泉生有"觉是轩"，明开化金寔、清宛平查为仁有"昨非斋"；清吴兴钱守和号"觉非"，元邓椿号"觉非叟"，清江都王兆祥号"觉非子"；明瓯宁吴文亮号"今是翁"，清新阳葛潘凤有"今是轩"，明闽侯郑瑄、清华亭陈锦、吴兴沈兆蕙有"昨非庵"，后人乐以"今是""昨非"为室名、别号，就是要辨识自我、申明志趣，以陶渊明为人生的榜样。宋人林正大盛赞陶渊明的及时归来："问陶彭泽，有田园活计，归来何晚。昨梦皆非今觉是，

实迷途其未远。松菊犹存,壶觞自酌,寄傲南窗畔。闲云出岫,更看飞鸟投倦。"(《念奴娇·括陶渊明归去来》)

事实证明,陶渊明此次回归田园之后,无论物质生活多么困顿,个人处境多么寂寞孤独,都坚守自己,再也没有出仕,以田园为终老之地,田园有陶渊明期待的一切:

> 悦亲戚之情话,乐琴书以消忧。农人告余以春及,将有事于西畴。或命巾车,或棹孤舟。既窈窕以寻壑,亦崎岖而经丘。木欣欣以向荣,泉涓涓而始流。善万物之得时,感吾生之行休。

回到田园、回到故乡,有亲戚可以叙叨家常,有琴、书可以寄托怀抱,有西田可以耕耘收获,有生机勃勃的山水自然可以亲近,有欣欣向荣的田园美景可以欣赏,何乐而不为呢?陶渊明既欣喜万物皆得其时,也为自己一生将尽于此而欣慰:

> 已矣乎!寓形宇内复几时,曷不委心任去留?胡为乎遑遑欲何之?富贵非我愿,帝乡不可期。

一旦了悟生命有限,便倍觉自由之可贵。诗人要从心顺愿、形为心役,真正按照自己的意志生活。在这里,诗人既否定了世俗的幸福(富贵),又否定了宗教的彼岸世界(帝乡)。在汲汲求官、佛教道教盛行的东晋时代,陶渊明的这个思想是难能可贵的。这里,"遑遑欲何之"是一种带有哲学意味的终极追问:我们行色匆匆,究竟要去哪里?又能去哪里?法国印象派画家保罗·高更1898年发出的著名追问:"我们从何处来?我们是什么?我们向何处去?"(《塞尚、梵高、高更通信录》,吕澎译,广西师范大学出版社 2002 年版，第 69 页）陶渊明在 1493 年前就已经追问了。我们急切地想回到家园，却不知道家园在哪里，唯有陶渊明知道家园就是稻菽青青的田园：

> 怀良辰以孤往，或植杖而耘耔。登东皋以舒啸，临清流而赋诗。聊乘化以归尽，乐夫天命复奚疑！

良辰游赏、农忙耕耘、登高长啸、临水赋诗，有劳作有休歇，有思考有创造，这是诗人追寻全幅的田园生活图景——独立，自由，高洁。

陶渊明一生淡然自守，自甘寂寞，在清贫宁静中过着属于自己的生活。如果说陶渊明一生有什么惊天动地的举动，那自然要数彭泽辞官了。就封建官场而言，不过是众多县令中的一个县令由于价值观与性格的原因，理性地辞官归田了，并无什么特别之处。但就文化史而言，却意义重大、非同寻常。因为辞官，陶渊明造就了一个大气磅礴、灿烂嘹亮的文化符号——"归去来兮"，其中包蕴的意义异常丰富。可以说，"归去来兮"是清明理性的人生选择的象征，指明了仕宦之外，人生依旧有大路可走，依旧可以为社会、为文化奉上一份甘甜的思想果实；"归去来兮"是美感生活重新开始、独立人格重新确立的象征；"归去来兮"意味着拒绝名利、重归自我，意味着栖止大地，不再漂泊。"归去来兮"是生活的需要，更是生命的需要。

三

陶渊明之所以是一位伟大的诗哲，不仅在于他的忧患意识,更在于他对于那些具有终极价值意义的问题的不倦探寻,如:理想的社会是什么样的?生存的基本要求有哪些?如何看待"耕"与"读",二者的关系如何?幸福的人生需要什么样的条件?爱与死的本质是什么?等等。

陶渊明对生活的要求原本不高,食能果腹、衣能蔽体就好:"营己良有极,过足非所钦"(《和郭主簿二首》其一),"耕织称其用,过此奚所须"(《和刘柴桑》)。回到乡村之后,他以耕田为业,早出晚归,辛勤劳作,"晨出肆微勤,日入负耒还"(《庚戌岁九月中于西田获早稻》),"代耕本非望,所业在田桑。躬亲未曾替,寒馁常糟糠"(《杂诗八首》其八)。勉力躬耕,但还是不能解决基本的温饱问题,而且经常陷入困境:"倾壶绝余沥,窥灶不见烟"(《咏贫士七首》其二),"弊襟不掩肘,藜羹常乏斟"(《咏贫士七首》其三),"夏日长抱饥,寒夜无被眠"(《怨诗楚调示庞主簿邓治中》)。陶渊明发现,并不是自己不努力,而是制度在剥削人,于是经过艰苦、反复的探索,他提出了理想的社会制度,描绘出一幅安宁和乐、自由平等、风景优美的生活图景,这就是桃花源。在陶渊明看来,理想的社会是人人平等、没有君主、没有剥削压迫的社会,其特点一是"相命肆农耕",人人劳动,自耕自食;二是"秋熟靡王税",自给自足,没有苛捐杂税,人人可以按照自己的意志生活。桃花源理想是当时小生产者所能产生出的最高理想,并成为后人用以对抗黑暗现实时高扬的一面大旗,"桃源""桃花源""武陵源"也由此成为美好风景、美好生活、美好社会的代名词。

在陶渊明看来,幸福的人生是纯朴的人生,是有天伦之乐的人生,是充满美感的人生:"春秫作美酒,酒熟吾自斟。弱子戏我侧,学语未成音。此事真复乐,聊用忘华簪"(《和郭主簿二首》其一),"丈夫志四海,我愿不知老。亲戚共一处,子孙还相保。觞弦肆朝日,樽中酒不燥。缓带尽欢娱,起晚眠常早"(《杂诗十二首》其四),"仰想东户时,余粮宿中田。鼓腹无所思,朝起暮归眠"(《戊申岁六月中遇火》)。陶渊明认为,用自己的劳动满足自己的生活,丰衣足食,亲情浓烈,并能够自由支配自己的时间,宽衣缓带,鼓腹而歌,愿意多晚起就多晚起,愿意多早睡就多早睡,就是幸福的。

陶渊明高雅平实,胸襟开阔,目光深邃,在如何看待"耕""读"这个问题上,最能看出他的远见卓识:"既耕亦已种,时还读我书"(《读山海经十三首》其一),是陶渊明乡村生活的基本内容,它体现的是中国社会延续了几千年的传统价值观,其核心是"耕""读"。"耕"在前,"读"在后;"耕"得其食,"读"养其心:"人生归有道,衣食固其端;孰是都不营,而以求自安"(《庚戌岁九月中于西田获早稻》);"耕"与"读"一是物质的,一是精神的。"耕"关乎现实生存,是基础:"衣食当须纪,力耕不吾欺"(《移居二首》其二),"但愿长如此,躬耕非所叹"(《庚戌岁九月中于西田获早稻》);"读"关乎精神生活质量,是指向:"息交游闲业,卧起弄书琴"(《和郭主簿二首》其一),"得知千载上,正赖古人书"(《赠羊长史》);"耕"与"读"相辅相成、不可分离。"耕"与"读",代表的是自力更生,是充满生机的创造,既脚踏实地又志情高远,既坚忍不拔又有对过去、未来的深情关注。因为"耕",所以能"欢然酌春酒",安享自己的劳动成果;因为"读",所以能"俯仰终宇宙",让精神遨游于九天之上。耕作不忘读书，读书不忘耕作，二者关系密切，不可偏废。"耕"与"读"事实上关乎一个人的生存发展，也关乎一个民族的生存发展。后世为人称颂的"耕读传家"，应导源于陶渊明身体力行的人生实践。

陶渊明对爱与死本质的探究与穿透，是他作为诗哲最重要的体现。《闲情赋》表达的是他对爱的本质的穿透，赋中提出著名的"十愿"，鲁迅先生说陶渊明"在全集里，他却有时很摩登，'愿在丝而为履，附素足以周旋，悲行止之有节，空委弃于床前'，竟想摇身一变，化为'阿呀呀，我的爱人呀'的鞋子，虽然后来自说因为'止于礼义'，未能进攻到底，但那些胡思乱想的自白，究竟是大胆的"（《题未定草·六》）。面对心目中的爱人，陶渊明有火热"十愿"，想尽办法与爱人接近："在衣而为领""在发而为泽""在眉而为黛""在夜而为烛"……虽然"十愿"最后全部落空，但诗人不言放弃，空而又愿，愿而再空，空而再愿。"十愿"所表达的爱刻骨铭心、无以复加，实际上在某种程度已经揭示出了爱的悲剧本质：爱是以爱的不能最后实现为存在前提的；反过来说，爱的实现之日也就是爱的死灭之时；爱投入的是生命，不求回报也难以回报；爱如杜鹃啼血，含蕴着强烈的信仰成分，形而上色彩十分明显，因而时常会伴随着一种难言的心痛，带给人的是终生难以痊愈的深度心灵损伤。《闲情赋》续接的是《诗经·国风》如《关雎》《蒹葭》《静女》等的可贵传统，表达的是在以男权为中心的封建社会中罕见的男性对爱情的纯洁真挚以及发自心底的对女性的尊重，打破了男性制造的爱情只是女人的需要的神话（如历代无数男性诗人拟女性口吻所写的"闺怨"诗即典型例证），使妇女再次成为爱情生活中的天使。此后，继承此传统并将其发挥到极致的是李商隐及其《无题》诗、黄景仁及其《绮怀十六首》。

作为一位令人敬仰的伟大诗哲，陶渊明对待生命的态度异常通达，启人心智。他能够穿透死亡，超越死亡，对死亡采取相当现实、睿智的态度，表现出常人难有的从容冷静："有生必有死，早终非命促"（《挽歌诗三首》其一），"死去何所知，称心固为好"（《饮酒二十首》其十一），"寒暑有代谢，人道每如兹。达人解其会，逝将不复疑"（《饮酒二十首》其一）。在陶渊明看来，死死生生、生生死死犹如昼夜更替、寒暑代谢、季节轮换，是自然的、合乎规律的。人生在世，重要的是任情适性，灵肉合一。"甚念伤吾生，正宜委运去。纵浪大化中，不喜亦不惧。应尽便须尽，无复独多虑"（《形影神》），是陶渊明生死观集中典型的体现。了然于生死变化之道，将有限的个体生命融入宇宙的运化之中，让个人成为自然的一部分，不以生而喜，不以死为悲，随运而适，应尽即尽，由此把个体生命不得不来、不得不走的被动无奈化为生命琴弦上一段优雅的乐音。法国文艺复兴作家蒙田说："死亡是人生的目的地，是我们必须瞄准的目标。如果我们惧怕死亡，每前进一步都会惶惶不安。""如果我们怕死，就会受到无穷无尽的折磨，永远得不到缓解。"（《探究哲理就是学习死亡》）正是这种"委运乘化"、随顺自然的人生态度，使陶渊明能以极其平和、安详的心态面对即将临近的死亡。陶渊明临终所作《自祭文》，是他为自己谱写的《安魂曲》："天寒夜长，风气萧索，鸿雁于征，草木黄落。陶子将辞逆旅之馆，永归于本宅"，在一个萧条冷落、万木凋零、大雁南飞的深秋之夜,陶渊明说自己就要永远离开所热爱的美丽田园,离开这个让他忧劳让他留恋的人世,不再有漂泊和流浪,不再有饥饿和寒冷。他平静地回忆了自己的一生,感恩自然和生活的赐予:"春秋代谢,有务中园。载耘载耔,乃育乃繁。欣以素牍,和以七弦。冬曝其日,夏濯其泉。勤靡余劳,心有常闲。乐天委分,以至百年。"因为听从心的召唤(即"称心"),按照自己的意志选择生活、劳动、读书、弹琴,尽享大自然的和谐美好,所以没有遗憾:"余今斯化,可以无恨。"面对即将到来的死亡,陶渊明内心安详,一片朗阔,如缀满了星辰的幽蓝天空。

四

陶渊明已经深入到后人的内心深处、精神深处。无论为人处世还是诗文创作,陶渊明都给予他们丰富的养分和深刻的启示;无论仕还是隐、出还是处、得意还是失意、顺境还是逆境,陶渊明都是他们精神上的依托和慰藉,特别是陶渊明在俯仰自如中油然生出的气韵风神,如"采菊东篱下"的悠然、"我醉欲眠卿可去"的率真、抚弄无弦琴以寄其意的自得、"葛巾漉酒""还复著之"的从容、自拟《挽歌诗》《自祭文》与面对死亡的淡定等等,不仅让人追慕,而且对人们打破礼教束缚、追求个性解放具有楷模意义。

可以毫不夸张地说,陶渊明是继庄子之后最让后人景仰的伟大诗哲。如果说由于时代的久远、哲学思想的高深,庄子还多少使人觉得隔膜的话,那么,陶渊明就是我们身边的一位凡近之人，一位有着高情雅趣又和善平易的朋友，既让人信赖又让人亲近，如坐春风，如临秋日慈光的鉴照。可以这样说，因为有了陶渊明，我们的平淡无奇的日常生活才变得如此充实和富有情韵。我们由衷地喜欢陶渊明，感谢陶渊明，因为是陶渊明改变了我们！笔者有《咏赞陶渊明四首》，聊为本文的结尾。

其一
南有鄱阳北九江，匡庐烟雨起苍茫。
钟灵毓秀出奇骨，璞玉浑金映日光。

其二
五柳清歌素抱深，远心自有朴真存。
北窗偃卧凉风至，本是羲皇上古人。

其三
洒落风尘理旧家，也春稻谷也栽花。
还归大璞耕读乐，晌雨犁春种紫霞。

其四
诗写田园百代宗，平和淡远起新风。
园菊有态真佳色，欲辩无言已忘情。

原载《名作欣赏》2019 年 9 期

"今是中原一布衣"

初识元好问,是读了他的《论诗三十绝句》,惊异他对前代诗人的深刻理解和在诗歌美学方面的独到见地。他对《敕勒歌》的评价"慷慨歌谣绝不传,穹庐一曲本天然。中州万古英雄气,也到阴山敕勒川",尤其让我觉得亲近,那是对北方游牧文化有深刻感知之后的中的之言。《敕勒歌》全诗寥寥27字,抓住北方草原上典型的景物,描绘出一幅苍莽壮阔的游牧图景,使人强烈地感受到大自然勃发的生命活力与"逐水草迁徙"的草原生活的无穷魅力。全诗语无雕饰,纯是天籁之声。眼前有景,心中有情,猝然相遇,即成佳构。后又读到《岐阳三首》(其二)"野蔓有情萦战骨,残阳何意照空城",为他在诗中表现出的如焚忧心、似海哀情而感伤低回不已。这次漫游三晋从五台山下来,正好路经古城忻州,于是小停一天,拜谒了久已仰慕的元好问墓园。

元好问的墓园在忻州东南郊15里的朝韩岩村侧,环境幽静,向北,是一个独立的园子,一条松柏护围的小路尽头是一座木结构的半封闭六角亭子,亭子北向的墙上嵌着一块石刻,是元好问的半身像,头戴布冠,表情凝重又不无忧思,石刻的线条简练流畅又富于生趣。塑像的两侧各嵌有一块石刻,镌有后世仰慕者盛赞先生的诗文。眼前的这间亭子叫"野史亭",是金亡后元好问从元人羁管的冠氏(今山东冠县)回到家乡秀容(今山西忻州)后建成的。此时金朝已被蒙古王朝所灭,元好问也年近半百,饱受了战乱的蹂躏,饱尝了国破家亡的痛苦,他抱着"题诗未要题名字，今是中原一布衣"（《为邓人作诗》）的态度回到家乡，过起了遗民生活。在此期间，他将全部精力都投入到了学术研究与著述之中，立志要完成全部金史的编撰工作，为此他经常来往于各地，悉心搜集史料，并在自己家里筑起了这座"野史亭"，以表明自己的决心。经过近二十年的艰苦努力，元好问终于完成了《中州集》《壬辰杂编》两部书的编撰，保存了大量的金朝文献，为元人修撰《金史》提供了大量珍贵可靠的史料。

离开"野史亭"，在垂柳的掩映下，通过一条青砖和鹅卵石铺成的幽僻小径，再穿过一个砖砌的门楼，就到了元好问的墓前。元好问的墓垒石以成，周围杨柳葱茏，墓前立着一块高二尺许的石碑，刻有"元遗山之墓"几个字，墓冢中间生长着一棵苍劲的老榆树，枝叶婆娑，生机勃勃。元好问是在完成了《中州集》和《壬辰杂编》之后在67岁（1257年）时辞世的。在墓园前的五开间的享厅中，还有大量的碑碣嵌刻，记述了元好问的生平事迹及后人的赞誉。元好问晚年已不刻意为诗，但他并未停止对元朝黑暗统治的揭露。对故国山河的怀念，对百姓生活的深刻同情，仍然是他诗歌创作的重要内容，诗的风格也更沉痛悲凉，动人心弦。作为13世纪北中国第一个大作家，元好问一生颠沛流离，充满艰辛坎坷，但他忧国忧民的思想感情却一脉贯注。他以雄健的笔力，切实记录了那个时代的痛苦和希望，因而清人赵翼称他上追"诗圣"杜甫，是真正写出"可歌可泣"作品的少数诗人之一。

走出元好问墓园，我仍在琢磨赵翼《题遗山诗》中说的"行殿幽兰悲夜火，故都乔木泣秋风。国家不幸诗家幸，赋到沧桑句更工"的意味。诗人的幸运,依仗于国家的幸运,若是国家不幸,又哪里会有诗人的幸运!元好问的遭遇早在六百年前就已清楚地说明了这一点。

原载《中国环境报》1997年5月4日,题作《布衣元好问之墓》,收入本书时略有修改。

拜谒王国维先生墓

近代中国积贫积弱、内忧外患,处在危亡的边缘,赖有一大批有操守、有人格追求的知识分子苦心孤诣的奋斗,特别是文化上的坚守,才避免了灭国亡种的深重灾难,这在王国维(1877—1927)先生身上得到极其鲜明的体现。王国维先生是中国近代以来最伟大的学者,人格超拔,顶天立地,其学术成就迄今无人能超越。研究中国文学、美学、史学、哲学、文字学、考古学者,没有不受先生恩泽的。2013年4月17日,我去北京参加中国社会科学院民族文学研究所举办的学术会议,专门提前来了一天,去了坐落在京郊西山风景区的福田公墓,在清寂中拜谒王国维先生墓,了了长久的心愿。

福田公墓北依燕山山脉,西邻风景胜地八大处,离颐和园、香山植物园不远。墓园内拥挤不堪,墓墓紧挨,几无间隙,而且价格不菲,一方墓地最低价也要十几万元人民币,许多名人仍旧选择这里作为人生最后的安息之所。陆续安葬在这里的有五四新文化运动的倡导者之一的钱玄同(1887—1939),清王朝最后一位摄政王爱新觉罗·载沣(1883—1951),著名学者俞陛云(1868—1950)、余嘉锡(1883—1955)、王伯祥(1890—1975)、俞平伯(1900—1990),美学家蔡仪(1906—1992),作家汪曾祺(1920—1997)、姚雪垠(1910—1999)、叶君健(1914—1999),核物理学家钱三强(1913—1992),生物学家汪堃仁(1912—1993),经济学家蒋一苇

（1920—1993），还有京剧表演艺术家郝寿臣（1886—1961），康有为的女儿康同璧（1886—1969），等等。在世界的那一头，也还是硕儒云集、群英荟萃，是可以继续开展思想交锋的好地方。这其中，王国维先生的遭遇最让人慨叹唏嘘，也最引人沉思。

1927年6月2日上午11时许，王国维先生来到颐和园内的鱼藻轩前，选择了如屈原一样的方式，自沉于昆明湖。6月2日，是这年农历五月初三，端午节的前两天。陈寅恪先生《挽王静安先生》一诗将王国维先生的投湖与两千多年前屈原的投江紧密联系："赢得大清干净水，年年呜咽说灵均"，屈原自字灵均。殓葬时在王国维先生内衣口袋内发现遗书，遗书背面有"西院十八号王贞明先生收"字样，王贞明是王国维先生第三子。遗书云：

> 五十之年，只欠一死；经此事变，义无再辱！我死后，当草草棺殓，即行藁葬于清华茔地。汝等不能南归，亦可暂移于城内居住。汝兄亦不必奔丧，因道路不通，渠又不曾出门故也。书籍可托陈、吴二先生处理。家人自有人料理，必不至于不能南归。我虽无财产分文遗汝等，然苟谨慎勤俭，亦必不至饿死也。
>
> 五月初二日，父字

遗书中的陈、吴，指陈寅恪（1890—1969）和吴宓（1894—1978），都是王国维先生清华的同事，亦是可信赖的朋友。《吴宓日记》（1927年6月3日）写道："王先生命宓与寅恪整理其书籍，实宓之大荣矣。"同时抄录了王国维遗书。（陈平原编《追忆王国维》）王国维先生的突然弃世，令学术界震惊、哀伤，特别是小王国维13岁的陈寅恪先生。时在清华研究院读书的姜亮夫先生回忆说："当天（6月3日——笔者注）晚上殡葬后，研究院师生向静安先生最后告别。告别会上有两件事我一辈子不能忘：一件是我们二十几位同学行三鞠躬礼，但陈寅恪先生来后他行三跪九叩大礼。我们当时深感情义深浅在一举一动中可见。"（同上）《吴宓日记》（1927年6月3日）也写道："宓随同陈寅恪行跪拜礼，学生等亦踵效之。"（同上）王国维先生去世后，埋葬在了清华大学东二里西柳树的七间房。1960年1月，清华大学将其墓迁葬至西山的福田公墓内。1985年8月，国家拨款3万元维修王国维墓及清华园内的王国维先生纪念碑。

在拥挤的墓地和林立的墓碑中，王国维先生的墓地十分朴素，不仅一点儿都不显眼，甚至还有几分寒碜，若不是福田公墓入口处不远有王国维先生的铜塑坐像（另一尊是钱三强先生的铜像），你简直看不出和埋葬在这里的其他任何人有什么差别。几次询问园内的工作人员，费了好一阵儿工夫，才找到在墓园中部东边的王国维先生墓。墓盖是白色大理石，墓碑在坟墓的北端，上有"海宁王国维先生之墓"字迹，为著名书法家沙孟海（1900—1992）先生所书。碑背为王国维先生在清华大学的学生、著名历史学家、古文字学家、华东师范大学教授戴家祥（1906—1998）先生撰写的长达1228字的碑文，叙述王国维先生生平及学术思想，称许王国维先生"以整理新发现之史料为己任，匠心独运，创获良多"，"治学之规矩法度，足以垂范后学者，固无所不在也"。碑文也是沙孟海先生书写的，字迹凝重稳健，一见难忘。我站立在墓前，徘徊久之，恋恋不能离去，再为王国维先生三鞠躬，感念其为中华文化所做出的无与伦比的巨大贡献。仅是我的案头,时常翻检拜读的就有《王国维美论文选》《宋元戏曲史》《观堂集林》《王国维学术随笔》《王国维集》《人间词话疏证》《王国维诗词笺注》等数种,还有《一代学人王国维》《王国维传》两种传记。

王国维先生之墓 高建新拍摄

关于王国维先生的去世,说法纷纭,莫衷一是,有"殉清""逼债""惊惧"等数说,笔者亦有小诗表达感慨:

一从碧水此身沉,讼案纷纭议至今。
不获自由生亦死,金明馆主最知心。

金明馆,陈寅恪先生晚年在中山大学的书房名。我以为,陈寅恪先生撰写的《海宁王静安先生纪念碑》碑文(碑额字样为《海宁王先生之碑铭》）最有真知灼见，也最接近王国维先生死的真相。全文如下：

> 海宁王先生自沉后二年，清华研究院同人咸怀思不能自已。其弟子受先生之陶冶煦育者有年，尤思有以永其念，佥曰，宜铭之贞珉，以昭示于无竟。因以刻石之辞命寅恪。数辞不获已，谨举先生之志事，以普告天下后世。其词曰：
>
> 士之读书治学，盖将以脱心志于俗谛之桎梏，真理因得以发扬。思想而不自由，毋宁死耳。斯古今仁圣所同殉之精义，夫岂庸鄙之敢望？先生以一死见其独立自由之意志，非所论于一人之恩怨，一姓之兴亡。呜呼！树兹石于讲舍，系哀思而不忘，表哲人之奇节，诉真宰之茫茫，来世不可知者也。先生之著述或有时而不章，先生之学说或有时而可商，惟此独立之精神、自由之思想，历千万祀，与天壤而同久，共三光而永光。
>
> 　　义宁陈寅恪撰文　闽县林志钧书丹　鄞县马衡篆额
> 　　新会梁思成拟式　武进刘南策监工　北平李桂藻刻石
> 　　　　　中华民国十八年六月三日二周年忌日
> 　　　　　　　　国立清华大学研究院师生敬立

纪念碑1929年6月3日立在清华大学校园工字厅东南土坡下，后毁于"文革"中，今又重立于清华园一教与二教之间的人工小山东麓。我曾在北京清华大学甲所下榻，所居之处距《海宁王先生之碑铭》刻石不足百米，每日拜读金石文字，自有所思，成小诗，敬赞陈寅恪先生：

> 铁骨孤情旷代奇，群贤灿灿望风靡。
> 还将心志离俗谛，独立自由不可移。

陈寅恪先生认为，王国维先生不惜以死表达不屈的自由的生命意志。"思想而不自由，毋宁死耳"，这就是王国维先生不惜赴死的全部缘由。

在《王观堂先生挽词并序》中，陈寅恪先生曾说："凡一种文化值衰落之时，为此文化所化之人，必感苦痛，其表现此文化之程量愈宏，则其所受之苦痛亦愈甚；迨既达极深之度，殆非出于自杀无以求一己之心安而义尽也"；"盖今日之赤县神州值数千年未有之巨劫奇变，劫尽变穷，则此文化精神所凝聚之人，安得不与之共命而同尽。此观堂先生所以不得不死，遂为天下后世所极哀而深惜者也。至于流俗恩怨荣辱委琐龌龊之说，皆不足置辨。"（《寒柳堂集·寅恪先生诗存》）我自己在《诗人、作家自杀的文化观照》（《内蒙古社会科学》2000 年 2 期）一文中也曾讨论王国维先生弃世的原因，并征引了陈寅恪先生的观点。陈寅恪先生有《王观堂先生挽词》：

> 汉家之厄今十世，不见中兴伤老至。
> 一死从容殉大伦，千秋怅望悲遗志。
> 曾赋连昌旧苑诗，兴亡哀感动人思。
> 岂知长庆才人语，竟作灵均息壤词。

陈寅恪先生又有挽联吊王国维先生："十七年家国久魂销，犹余剩水残山，留与累臣供一死；五千卷牙签新手触，待检玄文奇字，谬承遗命倍伤神。"哀伤之情，溢于言表。牙签，是系在书卷上作标识、以便翻检的签牌，类似今天的书签，用骨头等制成。韩愈《送诸葛觉往随州读书》诗说："邺侯家多书，插架三万轴。一一悬牙签，新若手未触。为人强记览，过眼不再读。"后用"牙签三万"比喻博闻强记。知王国维者，莫如陈寅恪。陈寅恪先生认为王国维先生是为文化殉命的，是中华文化的"托命之人"。汪荣祖教授说："陈寅恪哀悼王国维显然有自己的身影，足见两人相濡以沫之深。"（《唯有认同成气类——陈寅恪及其交往者》）在陈寅恪先生看来，文化的兴衰，与一个国家、一个民族的兴衰紧密相连。即使国难当头，陈寅恪先生对中华文化也充满了自信，在《邓广铭宋史职官志考证序》（《金明馆丛稿二编》）一文中他说：

> 华夏民族之文化，历数千载之演进，造极于赵宋之世。后渐衰微，终必复振。譬诸冬季之树木，虽已凋落，而本根未死，阳春气暖，萌芽日长，及至盛夏，枝叶扶疏，亭亭如车盖，又可庇荫百十人矣。

只要中华文化的根不死，中华民族的未来就充满希望。要知道，这段文字写在抗战最艰难的1943年的桂林。陈寅恪先生对王国维先生推重，深层的原因在于他对中华文化的推重和自信，所以他能站在数千年中华学术史的高度评价王国维先生的学术贡献，在《王静安先生遗书序》（《金明馆丛稿二编》）中又说：

> 自昔大师巨子，其关系于民族盛衰学术兴废者，不仅在能承继先哲将坠之业，为其托命之人，而尤在能开拓学术之区宇，补前修之未逮。故其著作可转移一时之风气，

> 而示来者以轨则也。先生之学博矣，精矣，几若无涯岸之可望，辙迹之可寻。然详绎遗书，其学术内容及治学方法，殆可举三目以概括之者。
>
> 一曰取地下之宝物与纸上之遗文互相释证。凡属于考古学及上古史之作，如殷卜辞中所见先公先王及鬼方昆夷玁狁考等是也。
>
> 二曰取异族之故书与吾国之旧籍互相补正。凡属于辽金元史事及边疆地理之作，如萌古考及元朝秘史之主因亦儿坚考等是也。
>
> 三曰取外来之观念，与固有之材料互相参证。凡属于文艺批评及小说戏曲之作，如红楼梦评论及宋元戏曲考唐宋大曲考等是也。
>
> 此三类之著作，其学术性质固有异同，所用方法亦不尽符会，要皆足以转移一时之风气，而示来者以轨则。吾国他日文史考据之学，范围纵广，途径纵多，恐亦无以远出三类之外。此先生之书所以为吾国近代学术界最重要之产物也。

仅此三方面的贡献，王国维先生就已经不朽。陈寅恪先生认为："其真能于思想上自成系统，有所创获者，必须一方面吸收输入外来之学说，一方面不忘本来民族之地位。"（《冯友兰〈中国哲学史〉下册审查报告》，见《金明馆丛稿二编》）王国维先生正是这样，立足于本土，又不断吸收近代以来西方新的学说，所以其学问既博又精，如同先生海宁故居前的钱塘江潮，雄浑壮阔，浩浩荡荡，不见崖涘。王国维先生仅活了50岁，其成就就已经惊世骇俗、笼罩群言，如果活到 60 岁、70 岁呢？活到季羡林老（1911—2009）的 98 岁呢？是不是可以借此改变近代中国的学术风气，为中华文化做出更为辉煌的贡献呢？不能推想，愈想愈悲，愈悲愈痛，心中有血，眼中有泪。

正值仲春，天空湛蓝，新绿满眼，公墓里盛开的桃花与冷寂的墓碑形成了强烈的对比，墓道上铺满了缤纷的落英，但枝头上依旧有红艳的桃花绽放，生和死的对立与统一——时间让人感慨万端。无论如何，个体生命终究要消亡，但中华文化却不会消亡，代表中国知识分子风骨和气质、为守护中华文化血脉做出巨大贡献的学者，如王国维先生、陈寅恪先生，光照人间，永垂不朽！

2013 年 4 月 25 日

张爱玲与香港大学

这次南下深圳，出于对"一国两制"的好奇，先后去了香港和澳门。在香港，游览了海洋公园、迪士尼乐园以及九龙国际免税店、DFS 国际环球免税店，知道香港的繁荣既得益于地缘和政策的优势，又借助了金钱所显示的巨大力量。入夜的维多利亚港湾，你可以看到许多世界著名大企业、大公司用光电打出来的巨大招牌，五光十色，梦幻般地闪烁，仿佛要和沉沉的港夜一试高低。1943 年 9 月，张爱玲借小说《倾城之恋》说出了自己对香港的印象："那是个火辣辣的下午，望过去最触目的便是码头上围列着的巨型广告牌，红的，橘红的，粉红的，

香港维多利亚湾　高建新拍摄

倒映在绿油油的海水里，一条条，一抹抹刺激性的犯冲的色素，窜上落下，在水底下厮杀得异常热闹。"虽然又过了66年，香港本质不变。说实话，灯红酒绿、令人目眩的香港，压根就不是穷人的世界，但我也不相信这就是香港的全部。直到去香港大学参观的那一天上午，方知道在金钱之外，香港也还有清爽雅致之地。

香港大学（The University of Hong Kong，HKU）简称港大，校园本部坐落在香港岛西部的薄扶林道东，占地约16公顷。整个主校区依山而建，南高北低，以名人命名的各式建筑上上下下，错落有致，可观可赏。时过农历小雪，校园内依旧绿色葱茏，鲜花盛放。匆忙往来的学生，既有黄皮肤、棕色皮肤的，也有白皮肤、黑皮肤的；既有穿短裙的，也有穿薄羽绒服的。校园南面的"邵逸夫楼"下面有一家"大学书店"，明洁雅静，书店中陈列的多是英文书籍，中文的书籍数量不多，且都是港台版的，多为内地看不到的政治性书籍。我翻阅了好一阵子，最后还是花60元港币买了一本2009年版的《香港街道地方指南》。走出书店，前面的园子里一棵巨大的樟树挺拔苍劲，枝叶婆娑，浓荫四罩，让人想到港大近百年的历史。顺着台阶向下，是港大图书馆和中山广场，广场面积虽然只有一个篮球场大小，但设在广场对面的"民主墙"宣传窗却豁人眼目，引人驻足。看得出来，这是一个多元文化共存的校园。

香港大学　李欢喜拍摄

香港大学是香港最早成立的大学，前身是创立于1887年的香港西医书院，孙中山先生曾习医于此。当时西方列强争相在中国成立大学，力图影响中国的高等教育。时任港督卢押认为，英国也应该在香港建立一所大学，既与其他列强竞争，同时给港人灌输英国的价值观，以利巩固英国在港的管治，拓展在华南的势力。当时两广总督和省港工商界亦觉得成立大学有助中国人学习西方的科技，使中国自强，于是出钱支持。在英国政府和其他在港英资如汇丰银行的支持下，卢押最终筹足资金，于1910年3月16日主持大学的动工仪式，1912年举行了正式的创校典礼。港大建校之初只设三个学院：医学院、工程学院及文学院。1916年12月举行第一届毕业礼，有23个毕业生、5个荣誉毕业生。今天的港大共有10个学院：建筑学院、文学院、经济及工商管理学院、牙医学院、教育学院、工程学院、法学院、医学院、理学院、社会科学学院。我注意到，在各个学院中，文学院包罗最为丰富，计有中文学院、中文系本部（中国语言及文学、中国历史、翻译）、中国语文学部、中文增补课程、英文学院、地理学院、人文学院、比较文学系、艺术系、历史系、语言学系、音乐系、哲学系、现代语言及文化学院、日本研究系、美国研究系、欧洲研究系、语文研习所共18个单位。为港大带来巨大声誉的著名作家张爱玲（1920—1995），当年就是在文学院读书的。

1937年，张爱玲毕业于上海圣玛利亚女子中学。1938年年底，18岁的张爱玲在整个远东区（包括日本、菲律宾、马来西亚等）的考生中，以第一名的优异成绩考取伦敦大学，但由于战争，未能去英国上学。1939年8月，持成绩单改入香港大学文学院。早在张爱玲来港大之前，港大毕业（1918—1922）的朱光潜先生已经是著名美学家、北京大学的教授了。张爱玲是提着母亲出洋时常拎着的一只小旧皮箱独自一人乘船从上海来到港大的，简简单单，清清爽爽，她就是来求学的。张爱玲当年读书的文学院红砖楼，就在港大北面的本部大楼，而宿舍则在东南的仪礼堂、梅堂，所以张爱玲每日都要沿着蜿蜒曲折的小路，往来于教室和宿舍之间。顺着"邵逸夫楼"前幽静的长廊往前走，弧形拱门、瓷砖铺就的地面洁净、淡雅，一切都像张爱玲所在的30年代。本部大楼的陆佑堂，是李安导演的《色，戒》中学生们演戏的剧场取景地。港大一直采用英语作为主要教学语言，以至于英语学得甚至比以英语为第一语言的同学还要好的张爱玲回到上海后，再考美国人办的圣约翰大学国文科竟不及格。

在香港大学求学期间，张爱玲结识了锡兰（今斯里兰卡）

的同学炎樱。炎樱多次出现在张爱玲的笔下,是张爱玲终生的朋友和知己。张爱玲1944年发表的《炎樱语录》一文,记录了炎樱的聪慧与可爱,如"每一个蝴蝶都是从前的一朵花的灵魂,回来寻找它自己","月亮叫喊着,叫出生命的喜悦;一颗小星是它的羞涩的回声";炎樱描写一个女人的头发:"非常非常黑,那种黑是盲人的黑",等等。在港大,张爱玲学习刻苦异常,获得香港大学文科仅有的颁给最优秀学生的两个奖学金,减轻了母亲经济上的压力。苦难和早熟,让张爱玲沉静到了冷寂的程度,对于身边的一切,她都是默默相对。张爱玲是那种将自己的喜怒深深包裹起来独自咀嚼的人,除了读书,她什么都不过问,也从不张扬什么,天生的颖慧加上持续的勤勉,让老师们对她另眼相看。

1941年12月18日,太平洋战争爆发,日军同时进攻香港,香港沦陷,港大被迫停课。张爱玲回忆说:"一个炸弹掉在我们宿舍的隔壁","我们聚集在宿舍的最下层,黑漆漆的箱子间里,只听见机关枪'忒啦啦拍拍'像荷叶上的雨。因为怕流弹,小大姐不敢走到窗户跟前迎着亮洗菜,所以我们的菜汤里满是蠕蠕的虫";"我们立在摊头上吃滚油煎的萝卜饼,尺来远脚底下就躺着穷人的青紫的尸首。"(《烬余录》)为了生计,张爱玲和一些学生到防空总部报名做了防空员,参加"守城"工作。停战后,又在"大学堂临时医院"做看护,她说:"这儿聚集了八十多个死里逃生的年轻人,因为死里逃生,更是充满了生气:有的吃,有的住,没有外界的娱乐使他们分心;没有教授(其实一般的教授们,没有也罢),可是有许多书,诸子百家,《诗经》《圣经》,莎士比亚——正是大学教育的最理想的环境。"(《烬余录》)这段在香港战乱的经历让张爱玲铭心刻骨，后来她在小说《倾城之恋》中有详细的描写。

在张爱玲看来，构成理想的大学环境的核心资源只有两部分：最优秀的教授和最丰富的图书。就在这一年，任港大中文学院主任的许地山先生去世；前此一年，陈寅恪先生应牛津大学之聘，转道香港去英国，因欧战加剧，滞留香港，应许地山先生之邀担任港大客座教授。许地山去世后，陈寅恪先生暂时接任中文学院主任一职，其间撰《唐代政治史述论稿》一书，这些都成为港大校史上的佳话。1942 年 7 月，陈寅恪先生携家人回到桂林。大约这一年的 4、5 月份，张爱玲拎着那只来时就拎着的小旧皮箱独自回到了上海，住进赫德路 192 号爱丁顿公寓的姑姑家，一住就是十年。这十年是她在创作上大丰收的时期，也是她感情经历最为丰富的时期。直到 1952 年，听说港大已经复校，年过而立的张爱玲只身乘船到广州，然后到了香港。但她并没有进港大继续深造，而是到了香港美国新闻处工作。再后来，她就去了美国，直到 1995 年 9 月去世，享年 75 岁。

建校近百年的港大出过很多著名人物，但张爱玲的地位特殊，影响一直持续到当下。随着电影《色，戒》的热播，张爱玲的名声如日中天。2007 年 10 月 31 日，港大网页发布公告说：

> 香港大学（港大）新闻及传媒研究中心举办的"张爱玲的香港传奇（1939—1941）"公开展览，两星期以来反应热烈。中心现于展期最后一天（十一月五日），与港大图书馆合办"城西书话"讲座，邀得张爱玲遗产监管人宋以朗先生主讲：《阅读张爱玲——三十事、物、情》，细道有关

张爱玲的三十项事、物、情,包括她的生活轶事、文学、电影、亲属情谊等,并辅以珍贵图片、书信及手稿资料。

现诚邀传媒出席采访"城西书话":《阅读张爱玲——三十事、物、情》,详情如下:

主讲嘉宾:宋以朗先生(张爱玲遗产监管人)

日期:2007年11月5日(星期一)

时间:晚上7时至9时

地点:香港大学图书馆大楼 一楼

语言:广东话

"张爱玲的香港传奇(1939—1941)"展现于港大图书馆开放时间内,于图书馆大楼地下大堂举行,展期至11月5日(星期一),展出张爱玲珍贵《谈色,戒》初稿、入读港大学生记录、英文小说、从没发表之个人笔记,以及不同版本的个人著作、相片、个人证件等。

展览最让人瞩目的是张爱玲《谈色,戒》的手写初稿。手稿已经尘封了40多年,是宋以朗近期在家里翻出的。原来他的父母亲是张爱玲的挚友,1962年张爱玲曾住在宋家,12岁的宋以朗还让出房间让张姐姐住了几个月。在宋以朗的印象中,张爱玲很少穿旗袍,衣服穿得密密实实,整天躲在房间里写稿子。宋以朗是最早知道李安要拍《色,戒》的人,因为李安想拍摄影片,就需征得张爱玲遗产监管人宋以朗的同意。早在1992年2月12日,张爱玲就立下遗嘱:一是将所有私人物品都留给在香港的宋以朗父母;二是立刻火化遗体,不举行任何仪式,骨灰撒到任何广阔的荒野中。有人问宋以朗,李安给了多少版权费？他笑笑回答："合约写明不能讲！"那张爱玲留下多少遗产呢？他说："钱就真是不多，因为她只是一位作家，但作品版权就很有价值。"

2009年2月26日，张爱玲的遗作《小团圆》在作家母校香港大学首发。香港皇冠出版社将628页的《小团圆》手稿副本赠予作家母校图书馆，以供研究鉴赏。这部带有争议的自传性长篇小说，在作家辞世14年后终于揭开神秘面纱。张爱玲自己说："这是一个热情故事，我想表达出爱情的万转千回，完全幻灭了之后也还有点什么东西在。"（宋以朗《小团圆·前言》引）《小团圆》中，张爱玲以一贯的细腻入微刻画，表现她最深知的人生素材。作品完成于1976年，描写的是出身传统家族的女主角九莉与有妇之夫、汉奸邵之雍热恋的故事，小说中的情节让人想起当年的张爱玲与胡兰成。熟知张爱玲生平的专家认为这本小说的自传性色彩十分浓厚，处处有张爱玲的影子。《小团圆》手稿多年来一直保存在台湾未曾曝光。在张爱玲经纪人宋淇夫妇辞世后，宋淇之子宋以朗做出将此书交付出版的决定。在《小团圆》新书记者会上，宋以朗表示，张爱玲曾在给其父宋淇的信函中讨论过销毁《小团圆》手稿，但是在正式遗嘱中并未提及此事。会上，宋以朗捐资100万港元给香港大学，成立"张爱玲纪念奖学金"。他说，张爱玲与《小团圆》女主人公九莉均由上海来香港读大学，靠着奖学金完成了学业。扶助有类似背景的女孩子，一定符合张爱玲的心愿。港大副校长周肇平教授表示，这项奖学金将特别颁给从内地或台湾来港、在香港大学修读文学及人文学科之全日制本科女学生，希望她们将港大的人文薪火延续下去。《小团圆》内地版由北京十月文艺出版社 2009 年 4 月出版。

有许地山、陈寅恪执教，培养了朱光潜、张爱玲的港大今天依旧弘扬自由精神，以追求学术为宗旨，以培养优秀人才为己任。从出自"四书"中《大学》的校训"明德格物"可以看出，虽然包裹在浓郁的商业氛围中，港大并不放弃对真知的追求和对学生品德的砥砺。港大一切从学生出发，为学生着想，无线网络覆盖整个校园，几乎所有的课堂都可以使用笔记本电脑。自习室和学生宿舍 24 小时不熄灯，餐厅从早 8 时到晚 10 时一直供应饭菜。港大采用英式教育，几乎所有的课程都会采用"研讨"方式授课，一个教授，十几个学生，为了一个学术问题而满堂争论。港大时任校长徐立之教授这样说：

> 香港大学是本地历史最悠久的大学，成立至今已有九十多年历史，与这个城市一起成长，是名副其实的"香港"大学。
>
> 今天的港大，是一所充满活力的世界级综合大学，共有十个学院及数十个研究中心，是寰球知名的卓越学术中心。本校将会继续发挥所长，在教学及研究方面力求创新，重视学生的各方面发展，以栽培毕业生成为领袖人才。
>
> 在一些人心目中，港大是一处孕育思想、实现梦想的地方；对广大社会而言，它是一个包罗不同社群的大家庭；港大校园既标志着我们的历史，也是引领我们迈向未来的大门。总而言之，大学对大众有着多重意义。

不过，对于内地学生而言，要想享受这样优质的学术环境，还需付出经济上的代价。港大自 2000 年在内地招生以来，学费不断上涨，2007 年由原来的一年 8 万元港币涨至 10 万元港币，2010年将涨至12万元港币，当然优秀学生可以获得每年11万元港币的奖学金。

香港大学培养了张爱玲，张爱玲也以自己的创作实绩加倍回馈母校。只要大学教育不事功，学子对母校的回馈是早晚的事情，甚至是身后。

原载《名作欣赏》2012年1期

他的家在草原深处

初识蒙古族诗人蒙根高勒，是在常有风沙弥漫的塞北小城——集宁。我们都钟情于文学且甘于自己的寂寞追求，于是便有机会坐在一起讨论对小说、诗歌及人生社会等各种问题的看法。如果有时间，我们也间或小酌一番，酒酣耳热之际，还能听到蒙根高勒深沉有力、含有些许悲凉的歌声。我注意到，他喝酒很少吃菜，也不硬劝别人喝，只是自己慢慢地啜饮，我从未见他醉过。酒之于蒙根高勒，不只是激发一种豪情逸兴，更多的是对自然、人生的叩问，对蒙古民族过去、未来的追怀与探寻。他虽然会因酒而激昂，但更多的时候却是一种异乎寻常的沉静，在这沉静的背后，我却每每能感觉到诗人从心底升起的苍凉，尽管在苍凉中也有热望，怀着对明天执着却不虚妄的向往。

他喜欢说草原，我也喜欢听他说草原，因为我自己也有一段艰苦却也快乐的草原生活。从他的谈吐中，从他的诗行里，我听得出也读得出草原在他心头的分量。那是他的血脉之源，且不说他的家乡克什克腾旗在草原的深处，仅是他自己在苏尼特草原的插队生活就有足足五年。那是他心智成长的黄金时期，也是他在诗路上跋涉的奠基时期。我相信，他与草原的联系，是一种无法分割的血肉联系，一片缱绻的乡情时刻萦绕着他那易感的心。他年年都要回草原，而且一住就是几个月，他要实实在在地触摸草原，感受草原，我能想象得见他归向草原的激动与神圣。面对大漠孤烟、如血残阳，他的心一定胀满了难言的疼痛，而在这样的时候，诗不过是缓解传导疼痛的一种手段。

与蒙根高勒交往多了，对他诗路跋涉的历程便有了一些了解。1986年，他参加了全国首届青年作家创作会议，十年后的1996年，他又参加了第五次全国作家代表大会。他是自治区文学创作最高奖——"索龙嘎奖"的两次获得者（第二届、第四届），出版过诗集《灵魂的声音》。他的诗在国内不少大刊物上发表过，如《诗刊》《人民文学》《中国作家》《民族文学》等，还被收入多种诗歌选本之中。这其中，最让我动心的是抒情长诗《走马兴安路》（《诗刊》1994年10期）、组诗《逐水草而生》（《人民文学》1994年10期）。

《走马兴安路》长达200余行，是《诗刊》近十年发表的少有的抒情长诗，全诗抒发了一个游子面对自己民族的发祥地——大兴安岭的无比虔诚，诗人诉说自己与兴安岭那种割舍不断的血肉联系，并由此生发了对人生、社会、历史、未来的深沉思索，从而展示了一颗为寻梦寻路而跳动不已的诗心，贯穿诗中的是一种超拔于尘俗之上的浩然正气。诗人往来无羁，叩问苍茫大地，执着寻找古老家园，一任风起云涌、沙鸣树偃而不改初衷，傲骨铮铮，豪气干云。《逐水草而生》由《心灵之约》《歌王哈扎布》《岩画中的公主》《命运之马》组成，表现了蒙古民族"逐水草而生"的游牧生活，是蒸腾着血气的雄性之作，读后让人心潮起伏，激荡难宁。读蒙根高勒的这类诗作，不只是一种审美享受，同时也受到了强烈的心灵震撼，那是诗歌，更是誓言，是绝不向命运低头的决心和信念。

蒙根高勒曾这样说："我会从我的胯下的坐骑驰骋出一路

音韵来展示我的一生。我将翻越那座座山峰,翻越那远山的壮丽,并把那壮丽唱给我的读者和亲人。歌唱是歌唱者至高无上的光荣。"(《唱出那光明》)我相信,他的话是发自心底的。在人们飘浮茫然且自由空间日渐狭小的今天,应该说,蒙根高勒是幸运的,因为他有根,他有一生钟情的草原,有寄放诗心、诗魂的辽阔之地。我们也有理由相信,在不久的将来,蒙根高勒会有更多更好的作品问世,以回馈知他爱他的人们。

我知道,蒙根高勒虽然寄身于城市,但他在城里没有家,他的家在草原深处。

原载《内蒙古日报》1998 年 5 月 9 日

弦歌声里的先生们
——兼记内蒙古大学中文系第一任系主任张清常先生

中国知识分子最可贵、最为人称道的品格无过于坚韧执着、信念如山了。无论风起云涌、地撼山摇，他们都慨然对之，让自己隐微的生命提示着追求的崇高，提示着真理的崇高，在人类精神的田园上培植着一片又一片新绿，一种殉道者的气质贯穿了他们生命的始终，他们是敢为信仰献身的一群人。云南师范大学"一二·一"校区，正是当年国立西南联合大学（简称"西南联大"）的师范部，校内有当年的许多旧物及新建的先贤塑像、纪念碑、亭。每次来到昆明，我都会先去老校区参观，不仅缅怀先贤，也为了更深切地感受国难中中国知识分子的品格、气节和矢志不渝的追求。

西南联大是1937年抗日战争全面爆发后，由北京大学、清华大学、南开大学迁至昆明联合组成的。在国难当头之时，西南联大的教师同心同德，克服了各种意想不到的困难，分设了理、工、文、法、商、师范等学院，先后培养毕业了八千多名学生、投笔从戎参加抗战者八百余人，极大地支持和鼓励了在前方浴血奋战的抗日军民，为中国人民的神圣抗战事业做出了不可磨灭的贡献。可以说，西南联大的师生是在日军飞机的轰炸中捍卫着中华民族的文化血脉的。李公朴、闻一多、周培源、陈寅恪、刘文典、郑天挺、朱自清、吴宓、冯至、冯友兰、孙毓棠、雷海宗、陈序经、吴晗、王力、罗根泽、浦江清、唐兰、沈从文、李广田、卞之琳、潘光旦、华罗庚、陈岱孙、金岳霖、吴大猷、钱伟长等一大批学者都曾是西南联大的教师；李政道、杨振宁、钱伟长、黄昆、朱光亚、杨周翰、汪曾祺、朱德熙、郑敏、唐祈、袁可嘉、许渊冲、穆旦（查良铮）、杜运燮、吴大年等一批科学家、学者、文学家、诗人都曾是西南联大的学生。西南联大常委会由梅贻琦（1889—1962）、蒋梦麟（1886—1964）、张伯苓（1876—1951）组成，"一二·一"校区内塑有他们的半身雕像，目光深沉，依旧遥望着远方。

一

在"一二·一"校区内的"国立西南联合大学教授名录"刻石上，我惊喜地看到了后来担任内蒙古大学副校长、著名的植物学家李继侗先生（1897.8.24—1961.12.12）的名字，看到了著名的语言学家、内蒙古大学中文系第一任系主任张清常（1915.7—1998.1.11）先生的名字。李继侗先生是江苏兴化人，中国植物生理学的开拓者，植物生态学与地植物学的奠基人之一，1916年就读圣约翰大学，1918年入金陵大学林科，1921年考取清华学校公费留美，进入耶鲁大学林学研究院，1925年获博士学位后回国，任北京大学生物系教授，后南下任西南联大生物系教授。1957年内蒙古大学建校之初，已经是中国科学院学部委员（即后来的院士）的李继侗先生将他在北京大学创建的生态学与地植物学教研室移到内蒙古大学，在原生物学系创立了生态学与地植物学专门组，并在植物学专业内设立生态学与地植物学专门化方向，主持启动了《内蒙古植物志》的编撰工作。李继侗先生著有《植物地理学、植物生态学和地植物学的发展》（科学出版社1958年版），1961年在呼和浩特市逝世，年仅64岁。李继侗先生一生淡泊名利，关于其生平事迹知道的人并不多，好在内蒙古大学在校园里为先生立了一尊半身铜像。其子李德平先生亦为中科院院士，一时传为美谈。

著名的语言学家、内蒙古大学中文系教授梁东汉（1920.10—2006.3.6）先生则是西南联大中文系1939级的学生，名在西南联大校友录中。梁东汉先生是广东珠海人，1957年从北京大学来到内蒙古大学任教，讲授"说文解字研究"等多门课程。据听过课的老学生说，梁东汉先生知识渊博，幽默雅致，能把枯燥的文字学课讲得妙趣横生。梁先生的《汉字的结构及其流变》（上海教育出版社1959年版）一书，虽薄薄一册，仅有13万余字，却创见颇多，是现代中国文字学的经典之作，一向为学术界推重，学术影响延续至今。梁东汉先生在内蒙古大学教书育人30年，直到66岁时才调回家乡广东的汕头大学。常听人们说内蒙古大学办学起点高、学术水平高，我这才明白了其中的缘由。

张清常先生是贵州安顺人，生长在北京，1930年考入北京师范大学国文系时年仅15岁，任课教师及课程有沈兼士先生的"文字学"、商承祚先生的"甲骨文字研究"、唐兰先生的"古文字研究"、钱玄同先生的"说文研究"，这样厚实的文字学训练，让张清常先生一生获益。此外，他还选修了黎锦熙先生的"国语文法"课以及在北师大兼课的朱自清先生的"新文学概要"。1934年大学毕业后，张清常先生随即考入清华大学研究院中文系做研究生，师从杨树达、罗常培、王力等名家。晚年，张清常先生回忆在清华的读书生活："那时清华研究生在第二学年之末须参加口试，目的在于检查考生的思维能力，提出问题、分析问题、解决问题之能力，治学态度，业务基础，知识面之广度，技能之熟练程度，口才，作风等等。"（《忆清华中文系考试事例》）张清常先生的口试委员会12人，皆为当时最杰出的学者：钱玄同、罗常培、冯友兰、雷海宗、陈寅恪、杨树达、刘文典、闻一多、俞平伯、朱自清、王力、浦江清。各位先生依次提问，罗常培考语言理论，冯友兰考中国哲学史，雷海宗考西洋通史，陈寅恪考华梵对音，杨树达考《说文》，刘文典考《庄子》，闻一多考神话，俞平伯考《诗经》，朱自清考陶渊明诗文。那阵势，真是了得。这还不说此次口试钱玄同先生请假未来，王力、浦江清两位先生没有提问。这样严格的训练，当然会培养出真正的人才。

张清常先生1937年夏天在清华毕业，先回到家乡贵州都匀师范学校任教，后吴宓先生推荐去了迁至广西宜山的浙江大学中文系专任讲师，其间曾为马一浮先生作词的浙江大学校歌谱曲。1940年秋天应朱自清先生聘请来到西南联大任教，是学校最年轻的教授，时年25岁。张清常先生在西南联大开的课程有训诂学、古音研究、《广韵》、国语与国音、国语运动史、西方学者的中国音韵学研究、文字学概要、唐宋文、中学国文教材教法等13门，可见其渊博的学识。西南联大纪念馆中陈列着张清常先生的《忆联大师范学院》手稿，忆及西南联大师范学院旧事，手稿开头引的就是西南联大师范学院院长黄钰生先生撰写歌词、张清常先生谱曲的院歌："春风熙熙，时雨滋兮；桃李向荣，实累累兮。"手稿字迹遒劲，一笔一画，清晰得让我辈惭愧，知道老一辈学者的功力确实深厚。

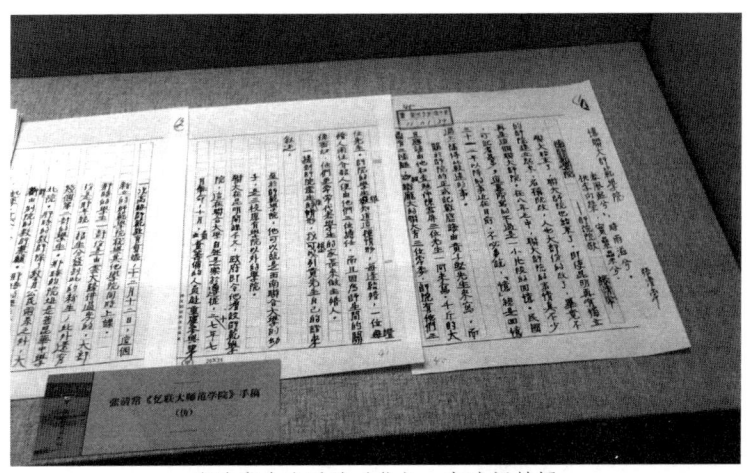

张清常先生手稿（仿） 高建新拍摄

张清常先生在语音、音乐与文学关系方面的研究国内独绝，在音乐方面的修养尤为人所称道，学术界罕有其比，时任清华大学中文系主任的朱自清先生甚至主张由清华大学保送他到美国专门学习音乐理论。张清常先生说：周六晚上在西南联大附近的文林堂听既单薄又微弱的留声机放出的西洋古典音乐唱片，如贝多芬的交响曲，"在战争年代，这算是我——一个穷教书匠最高的精神享受了"（《忆联大的音乐活动》）。他是《国立西南联合大学校歌》的曲作者，词是罗庸先生填的《满江红》：

万里长征，辞却了五朝宫阙，暂驻足衡山湘水，又成离别。绝徼移栽桢干质，九州遍洒黎元血。尽笳吹、弦诵在山城，情弥切。

千秋耻，终当雪。中兴业，须人杰。便一成三户，壮怀难折。多难殷忧新国运，动心忍性希前哲。待驱除仇寇，复神京，还燕碣。

悲愤，果敢，刚毅，不屈，尽在歌曲之中。张清常先生不仅谱曲，还是一位杰出的指挥家，在西南联大他多次指挥自己谱曲的西南联大校歌、《西南联合大学进行曲》、西南联大附中校歌、西南联大附小校歌，给人留下了深刻印象。与张清常先生相识六十年的任继愈先生说：

> 西南联大校歌如实地谱写出联大师生坚贞、奋进、战胜强寇、收复河山的壮志。清常教授为校歌谱曲，激昂壮烈，试唱以后博得广大师生的一致赞许。联大校歌将与联大校史载入史册，流传下去。（《张清常文集·序》）

44级西南联大附中的学生姚曼华回忆说："我还记得，当他指挥我们唱歌时，他那件褪了色的、磨损得半透明的大褂就随着起伏甩动。在物质生活极为贫困的情况下，他给了我们多么丰富的精神财富啊！"大褂说明了张先生当时的生活相当清寒。姚文中引用张清常先生的回信，引人深思："提起联大附中合唱团，距今差不多是50年了。你说那时唱得好，这话有道理。因为天真纯洁的少年儿童心灵跟伟大的音乐家所作的艺术真善美作品是共鸣一致的。成年人要追求那种高尚的境界反而十分困难。即使做到，已经缺少了纯美甘甜而多了几分苦涩酸辛。即使达到艺术上的高峰，人工雕琢的痕迹就多了。"（《张清常先生和不朽的校歌》，见《中华读书报》2008年8月20日）非音乐修养深厚者，不能道此语；非历经沧桑者，亦不能道此语。当年联大学生王均回忆说："1940年后曾在联大就读的同学，没有不会唱联大校歌的。"（《张清常文集·序》）西南联大附中46届校友、著名作家宗璞（冯友兰先生的女儿）在《谁是主人翁》一文中也有动情的回忆。

二

抗战胜利后三校北归复校，张清常先生任南开大学中文系系主任、语言学教研室主任。1957年，为支援民族地区教育事业的发展，通过由高教部、南开大学、内蒙古大学与张清常先生本人四方协议的方式，他被借调到刚刚成立的内蒙古大学，担任中文系主任。上任之初，张清常先生制订符合民族地区特点的教学计划，深入学习研究当地语言。

张清常先生说："下车伊始，先学起蒙古语来"；"我在内蒙古期间，参与了自治区汉语方言调查及推广普通话工作，也下去作过短期方言调查。留下这方面的部分文章，算是个纪念吧"（《八十述怀》）；"我要感谢我的蒙语老师青格尔泰教授、陈乃雄教授、照那斯图先生和随时帮我解答疑问的许多位内蒙古大学工作的蒙汉朋友"（《胡同及其他——社会语言学的探索·自序》）。《内蒙古自治区汉语方音与普通话语音对应规律》（《内蒙古大学学报》1959年第1期）、《内蒙古西部汉语方言构词法中一些特殊现象》（《内蒙古大学学报》1962年第2期）、《内蒙古自治区汉语方音概略》《内蒙古萨拉齐汉语方言词汇一瞥》（均见《内蒙古大学学报》1963年第2期），即这一时期重要的研究成果。在研究萨拉齐汉语方言词汇时，张清常先生发现了大量蒙古语借词，如"圐圙"（早期译作"库伦"）、"胡拉盖""褡裢""蘑菇"，地名尤多。在调查萨拉齐汉语方言词汇论文中，张清常先生在学术界第一次提出"胡同可能是蒙语的huddug（井）"

这一观点,指出各地地名中还有二眼井、三眼井、四眼井,北京也有。方言调查后他深有体会地说:"过去,每天关在书房里、图书馆里、学校里、城市里,读了元人杂剧,喜看那么多的形容词生动形式,惊叹不已。这次来到劳动人民中间,方知天外有天,要从头学起。语言文学的源头确是在劳动人民中。"张清常先生以自己的切实努力,为内蒙古的文化、教育、学术事业以及人才培养做出了可贵的贡献。

悠久深厚的蒙古语言文化也给予张清常先生丰富的滋养,关于"胡同"的研究尤其如此。他说:"我在内蒙古18年,至今(1993年)离开了18年。人寿几何,18年不是可以等闲视之的。一谈到内蒙古,心情极为激动,也极为复杂";"胡同这个问题,没有蒙族学者权威性的发言,天就缺了大半边";"没有青格尔泰、陈乃雄、照那斯图三位老师教我蒙语,我根本不可能接触蒙汉语的历史关系这个课题,也不会把'胡同'跟'水井'联系起来"(《"胡同"原是借词水井新证》)。

在内蒙古生活工作18年后的1975年暑假,南开大学以"课题带教学"的方式,将张清常先生从内蒙古大学"借调"回来(李晓《遥望张清常》,《文史天地》2009年第5期)。来时刚过而立之年,去时已经花甲。1981年年底,为了使分居多年的夫妻团聚,在王力先生的举荐下,张清常先生调入北京语言学院(今北京语言大学),任外国留学生二系系主任、校职称评定委员会副主任、校学术委员会副主任等职,尽职尽责,决不懈怠。他说:"每天要为中青年教师、研究生、本科生、留学生解答若干问题,看稿子,给他们修改论文,每周还要讲'汉语史'四节课,脑子里七进八出,静不下来。顾不上处理我个人的私事儿（包括自传的事）。"（《1981年5月1日致董树人》）北京语言大学教授赵金铭回忆，张清常先生年近八秩时曾夫子自道：

> 我名叫清常，本人微不足道，一位教师而已。年近八十，这一生大概也就是这个模样了吧。清，我做到了清清白白，不怕半夜鬼叫门；生活清贫，但决不懈怠；头脑基本清醒，我知道自己能吃几碗干饭；字写得不好，但一笔一画让人认得出；事情做得未能尽如人意，但竭力以赴，有个交代，力求清清楚楚；其他的事，容我尽力而为。常，我只做到平平常常。不反常，不失常。（《一"名"惊人——取名的艺术》序）

清清白白，平平常常，这就是张清常先生的一生。余生也晚，没有机会聆听教诲，但从张清常先生身上知道了什么是风骨，什么是君子，什么是知识分子，什么是西南联大人，也知道了当年的内蒙古大学中文系为什么有那么高的学术水平和那么好的学术风气。受过张清常先生亲炙的1957级系友、毕业后留在中文系任教的林方直教授说："永远怀念张清常先生！永远怀念与张先生做师生的内大中文系起初的年代！一去不复返的生活年代！"

张清常先生慧眼独具，常能在小处、平常处、别人不经意处发现大学问，而且持续追索，毫不懈怠，如对"胡同"的研究就是这样。《漫谈汉语中的蒙语借词》（《中国语文》1978年第3期）一文就是当年研究的延续："胡同在蒙语本来是'水井'，北京的地名有'二眼井''四眼井'，可能就是这种命名的痕迹。于是汉语在街道、路、里、巷、弄之外，又有了具有北方特点的'胡同'。有些胡同没有出口,有的称为'口袋胡同',有的叫作'死胡同'。"当年的或然判断变成了必然判断。在《胡同与水井》一文中张先生说:"我国北方一些城市特有的'胡同'这个词始见于元代,可能借自蒙古语的'水井'。提出这种假设,不仅是从借词的关系,从蒙汉两族的历史关系来考虑,还因为在北京城区有许许多多胡同因水井而得名。"(《语言教学与研究》1984年第4期)张先生指出"胡同"一词最早出现在元杂剧中:"直杀一个血胡同"(关汉卿《关大王单刀赴会杂剧》第三折),"砖塔儿胡同"(李好古《沙门岛张生煮海杂剧》第一折)。在《释胡同》一文中张先生又说:"胡同"是个双音节单纯词,只用于北京和北方少数城市。它始见于近代汉语。元朝才留下有较多的资料证实它是已经行用的街巷异名。关于"胡同"这个词的来历,旧日的解释大体上有三种,均未能说得圆满。我认为"胡同"是个借词。蒙古语、突厥语、维吾尔语、鄂温克语、女真语、满语等"水井"这个词,大致是 huto 这样的音,被汉语吸收,借字表音,汉字有八种写法,其中"胡同"最为流行。明清大量使用,使"胡同"原义(有水井处)转为"街巷",并被看作是汉语自己的词。(《语言教学与研究》1985年第4期)张清常先生后又在《八十述怀》一文中重申此观点:"'胡同'乃是借词,源自于蒙古语'水井'。"这一研究从20世纪50年代一直持续到80年代,历经几十年的时间,最终获得了学术界的广泛赞同。张先生还花费了大量精力研究北京胡同,考证出北平的胡同一共有3334条,令人称绝。

张清常先生一生淡泊名利,风骨凛然,教书育人,矢志不移。他73岁时说:人生没有十全十美的,"'鱼'与'熊掌'

都归自己恐怕不易。如果'二者不可兼得'的话，就必须有所取有所舍。就我来说，宁取纯正的心灵与朴实的精神，不取豪华舒适"；一生"大中小学教学的甘苦我都尝过，生活的清苦早已安之若素，而'得天下英才而教育之'所给予我的快乐和鼓励，是无论多少金钱也换不来的"（《渺沧海之一粟》）；"严峻的人生教育了我，取巧未必真得智慧，守拙未必不是聪明"（《抒怀》）。80 岁高龄时有学生要为老师举办庆生活动，张清常先生委婉拒绝，自言："我是沧海一粟，微不足道，'免提'吧。"张清常先生的主要著述收在《张清常文集》（五卷，北京语言大学出版社 2006 年版）中，包括《音韵》《汉语史及词汇》《中国上古音乐史论丛》《唐代长安方言》《音韵学讲义》《胡同研究》《方言》等，其中《中国上古音乐史论丛》虽十余万字却创见颇多，早在 1944 年就由重庆独立出版社出版，获当时教育部学术著作三等奖。张清常先生的学问深厚，如他的家乡安顺的黄果树瀑布一样，汇聚众流，奔腾浩荡，气势非凡。

窃以为，无论是学术成就还是社会声望，张清常先生在内蒙古大学校史上都占有重要地位，内蒙古大学校园内应该有一座张清常先生的铜像，与他西南联大的同事李继侗先生并立，借此改进校风、激励今天的学子。校史也是一个学校的学术史、师德史，反映的是一个学校在学术上的贡献和为师者为万人景仰的高尚人格，靠头脸和权力挤入校史并不光彩。在这方面，内蒙古大学不妨向同处边疆的广西大学学习。广西大学在建校 90 年之际的 2018 年，专门在校园的中心地带辟出一大片地方，凡是在广西大学工作过的、做出重要贡献的教授、专家，都有一尊由中央美术学院设计雕塑的全身铜像，如马君武、杨东莼、李达、陈望道、竺可桢、陈寅恪、梁漱溟、王力、焦菊隐、李四光等等，他们将被一代又一代学子铭记，直到永远。2027年内蒙古大学将迎来建校七十周年，如果能在此前完成此项工作，肯定会受到广大师生的拥护，因为它远比举办一台有名人要人出席的歌舞晚会来得更有意义。

三

国难当头，经费拮据，西南联大办学不仅非常困难，教师们的日常生活也非常艰辛。最困难的时候，闻一多先生以兼课、治印获取的微薄收入补贴生活，妻子高真还去摆摊卖破烂儿，因为他们要养活全家八口人，闻一多先生风趣地说："我是一个手工业劳动者。"朱自清先生连御寒的棉衣也添置不起，他不得不让夫人陈竹隐带着孩子去物价较低的成都居住，自己则在集市上买一件赶马人用的披风去上课。吴宓先生上课时常穿着一件土布长衫。西南联大校务委员会常委兼主席梅贻琦先生一家经常是白饭拌辣椒，有时候加一个菠菜豆腐汤就算不错的伙食了。不得已，夫人韩咏华自己制作糕点售卖以补贴家用，糕点起名"定胜糕"，意指抗战一定会胜利。物质生活虽然极端贫困，但西南联大师生们的精神却是昂扬奋发的，信念更加坚定，朱自清先生在"七七"抗战二周年的纪念会上说：

> 东亚病夫居然奋起了，睡狮果然醒了。从前只是一大块沃土，一大盘散沙的死中国，现在是有血有肉的活中国了。从前中国在若有无之间，现在确乎是有了。从两年后

的这一天看，我们不但有光荣的古代，而且有光荣的现代；不但有光荣的现代，而且有光荣的将来无穷的世代。新中国在血火中成长了。(《这一天》，见《中国现代作家选集·朱自清》，人民文学出版社1985年版，第199页)

1945年11月25日晚，昆明几所大学的学生自治会在西南联合大学举办反内战、反独裁、要求和平民主的时事晚会，到会者达6000多人，群情激奋。吴晗、周新民、闻一多参加了讨论会，钱端升、伍启元、费孝通、潘大逵四位教授就和平民主、联合政府等问题作了讲演。西南联大的教师们不顾个人安危，与学生一起举行集会，国民党派军队包围了会场，放枪恫吓，并在学校附近戒严，禁止师生通行。11月26日起，各学校联合起来罢课，表示抗议。12月1日，国民党特务、军警到各校殴打罢课学生，并投掷手榴弹，杀害了南菁中学教师于再，联大师院学生潘琰、李鲁连，昆华工校张华昌，伤十数人，酿成震惊中外的"一二·一惨案"，于、潘、李、张被称"四烈士"。惨案发生后，全国各大城市的学生掀起了反内战、争民主的高潮，揭开了抗战胜利后学生运动的序幕。经过不屈不挠的抗争，包括400多名昆明市大中学教师公开声明"无限期罢教"，当局才不得不惩治凶手，撤了国民党云南省党部主任委员、代理省主席李宗黄的职。

1946年3月17日，"四烈士"治丧委员会为"四烈士"举行了隆重的殡葬仪式，送葬的队伍就有三万余人。专制独裁的国民党政府是不会善罢甘休的，李公朴、闻一多先生接连被国民党特务卑鄙地暗杀。1946年7月15日下午，在李公朴先

生的追悼会上,闻一多先生站起身来慷慨陈词,怒斥国民党当局的卑鄙无耻:

> 反动派暗杀李先生的消息传出以后,大家听了都悲愤痛恨。我心里想,这些无耻的东西,不知他们是怎么想法,他们的心理是什么状态,他们的心怎样长的!(捶击桌子)其实很简单,(低沉渐高)他们这样疯狂的来制造恐怖,正是他们自己在慌啊!在害怕啊!所以他们制造恐怖,其实是他们自己在恐怖啊!特务们,你们想想,你们还有几天?你们完了,快完了!你们以为打伤几个,杀死几个,就可以了事,就可以把人民吓倒了吗?其实广大的人民是打不尽的,杀不完的!要是这样可以的话,世界上早没有人了。
>
> 李先生的血不会白流的!李先生赔上了这条性命,我们要换来一个代价。
>
> 正义是杀不完的,因为真理永远存在!(鼓掌)历史赋予昆明的任务是争取民主和平,我们昆明的青年必须完成这任务!我们不怕死,我们有牺牲的精神!我们随时像李先生一样,前脚跨出大门,后脚就不准备再跨进大门!(长时间热烈的鼓掌)(见《闻一多诗文选》,人民文学出版社1955年版,第239-240页)

这就是闻一多先生,义正词严,铁骨铮铮。大会结束几个小时,闻一多先生不顾情势危急,到《民主》周刊社去主持一个记者招待会。下午5点,记者招待会结束,闻一多的长子闻立鹤接他回家。闻一多父子快走到家门的时候,早就埋伏的国民党特务向闻一多先生开枪,地点就在今天青云路一条南向的小巷——府甬道上,距离先生的住所只有20多米。先生的夫人高真听到枪声后赶紧跑出去,抱起了满身鲜血的先生。先生遇难的时间是在他的战友李公朴先生被同样卑鄙地暗杀在昆明大街上还未下葬的第四天。

李公朴先生的墓地、闻一多先生的衣冠冢及"一二·一"四烈士墓就在"一二·一"校区内,每天都有来自校内、校外的人们凭吊。四烈士墓前方矗立着两根石柱,顶端是鲜红的火炬,石柱基座上刻着闻一多先生撰写的《一二·一运动始末记》,墓后石屏是自由女神浮雕:无数青年跟随自由女神呼唤光明,奔向自由。浮雕下刻着的是冯至先生写的《招魂——呈于"一二·一"死难者的灵前》(《冯至选集》第二卷,四川文艺出版社1985年版,第159页)诗:

"死者,你们什么时候回来?"
我们从来没有离开这里。
"死者,你们怎么走不出来?"
我们在这里,你们不要悲哀。
我们在这里,你们抬起头来——

哪一个爱正义者的心上没有我们?
哪一个爱自由者的脑里忘却我们?
哪一个爱光明者的眼前看不见我们?

你们不要呼唤我们回来
我们从来没有离开你们

咱们合在一起呼唤吧——

"正义,快快地回来!
自由,快快地回来!
光明,快快地回来!"

日月经天、江河纬地,为和平、民主牺牲的烈士们将永远为人们敬仰、为人们怀念!闻一多先生的全身雕像在"一二·一"校区中央干道东侧的一方草坪上,有青葱的米兰和粉艳的春海棠护围着。花岗岩雕成的闻一多先生像围着围巾,戴着眼镜,双唇紧咬,凝视着前方,刚毅中自有一种凝重。站在先生的雕像前,我的心情是沉重的,在"四烈士"遇难的震惊中外的"一二·一惨案"发生后,闻一多先生庄严地说:"愿'四烈士'的血是给中国历史上写下了最新的一页,愿它已经给民主的中国奠定了永久的基石!如果愿望不能立即实现的话,那么,就让未死的战士们踏着'四烈士'的血迹,再继续前进,并且不惜汇成更巨大的血流,直至在它面前,每一个糊涂的人都清醒起来,每一个怯懦的人都勇敢起来,每

闻一多先生雕像 高建新拍摄

一个疲乏的人都振作起来,而每一个反动者战慄的倒下去!"(《"一二·一"运动始末记》,见《闻一多诗文选》,第225页)先生以鲜血与生命实践了自己的诺言。

闻一多先生的骨灰一部分撒在了浩瀚的滇池中,一部分保留到新中国成立后葬在了北京的八宝山。闻一多先生的墓地在北京的八宝山,我在1984年夏天曾凭吊过。墓地朴素至极,差不多有一人高的青灰石墓碑上镶嵌着闻一多先生的侧面铜质浮雕头像,叼着烟斗,表情凝重如史诗。头像下方是先生的生卒年(1899—1946),墓碑的前面是一本展开的书的造型,上面刻着闻一多的生平简介,夫人高真(1903—1983)去世后与闻一多先生合葬。闻一多先生的衣冠冢在"一二·一"校区内,正是西南联大民主广场的东边,当年西南联大师生反对内战、独裁,要求和平与民主的几次重大活动都是在这个广场上举行的。我默立在闻一多先生的雕像前,先生《红烛》中那让人震撼的诗句又一次涌上了心头:

> 红烛啊!
> 既制了,便烧着!
> 烧罢!烧罢!
> 烧破世人底梦,
> 烧沸世人底血——
> 也救出他们的灵魂,
> 也捣破他们的监狱。

闻一多先生是冷静的学者,是热血沸腾的诗人,是有思想、有情怀的教育家,是敢于杀身成仁的志士。近代中国因他们的存在，才能够从危亡中一次次走出，最终抵达希望和胜利的彼岸。天下兴亡、匹夫有责的根本所在，就是在一个社会出现大动荡之时，知识分子有自己的选择与担当，有自己的操守和坚持。

四

西南联大是在抗战胜利后于1945年5月4日分别迁回北京和天津的，为了报答云南人民在抗战最艰苦的岁月中对西南联大的无私援助，三校一致同意把西南联大师范学院留给当地人民，这就是今天的云南师范大学。

校友们没有忘记在艰难岁月中生活过的母校，在云南师范大学"一二·一"校区中央干道西侧的芳草绿树中竖立着一座高四米许的三角碑，三角碑的三面分别写着："西南联大纪念亭""校训：刚毅坚卓""一九八八年建校五十周年校友集资"。紧挨三角碑的是当年组成联大的三所大学各建的亭子，每个亭子的正面都镌刻着一副楹联，北京大学是"滇海筮吹心系中兴业，燕园弦咏胸怀四化图"，清华大学是"西山苍苍清芬挺秀，南国煦煦华夏增辉"，南开大学是：

> 误国恨愚顽，茅舍玉阶，看寇骑纵横，南渡岂甘循覆辙；
> 育才集贤俊，藜羹布褐，讲天下兴亡，北归终已奠神京。

我以为，南开的楹联最能体现联大的精神。即使在民族危亡之际，西南联大也始终坚持教书育人，学术创新，将人才培养和科学研究视为立校之根本，视为国家文化命脉之所系。顾炎武说:"保国者,其君其臣肉食者谋之;保天下者,匹夫之贱与有责焉耳矣。"(《日知录·正始》)同仇敌忾,抵抗日寇侵略,守护传承中华文化血脉,就是"保天下"。2018年12月18日,再访西南联大旧址,有小诗抒发感怀:

> 狼烟遍地已无家,草舍茅庵育翠芽。
> 坚毅刚强成伟业,学人代代记风华。

北宋哲学家张载引《论语·泰伯》"士不可以不弘毅,任重而道远"之后说:"重担子须是硬脊梁汉方担得。"(《程氏遗书》卷三)西南联大师生正是这样一群名副其实的"硬脊梁汉",坚毅刚强,信念如山,敢于在国难当头之时挺身而出,承担责任。

人称西南联大"办学九年,育才八千",在近代中国教育史上堪称奇迹。"联大名师云集,讲课质量高,考试要求严。教师从不照本宣科,学生也不死记硬背,学习要在理解的基础上有发挥、有创见"(孙民生《歌声中的回忆》,见《难忘的联大岁月——国立西南联合大学在昆建校六十年纪念文集》)。当年听过闻一多先生课的老学生回忆说:"他学过戏剧,很懂表演艺术,常用好听的男低音抑扬顿挫地朗诵《楚辞》,手抚胸前飘逸的美髯,带着微笑,真是一派名士风流!这时,他着重欣赏《楚辞》的文采和艺术美。"闻一多先生推崇《楚辞》,曾建议张清常先生以《九歌》为中心内容,吸取《楚辞》的全部精华,以"组曲"的形式创作音乐,再与舞蹈艺术家合作,写出一部雄浑瑰丽、能够传世的作品(张清常《记闻一多先生的三段话》)。再到后来,闻一多先生看到了更多现实的丑恶,"他反复吟诵的是'长太息以掩涕兮,哀民生之多艰!'同样是很好听的男低音,但已没有过去那种悠扬的调子,而且深沉到令人想哭,课堂上不少同学受到感染,听着听着已不觉潸然泪下了"(李凌《虽九死其犹未悔——纪念闻一多师》)。面对凋敝的社会、苦难的百姓生活,闻一多先生愤怒异常:"'朱门酒肉臭,路有冻死骨',这难道不是今天活生生的现实吗?这黑暗的社会不捣毁怎么得了!""他的声音越来越激昂,呼吸越来越急促,有时甚至把桌子敲得'砰''砰'直响。"(朱鸿运《路见不平义愤填膺——回忆闻一多先生的一堂〈庄子〉课》)"救国不忘读书,读书不忘救国",是西南联大师生的共同志愿。虽处离乱,弦歌不绝,他们化笔为缨,激扬文字,鼓励民心,号召投笔从戎,参与全民抗战;他们注重学术报国,强调报国要有一技之长,不能空喊。在为国家培养的八千学子中,后来获得诺贝尔奖的有 2 位,成为院士的有 175 位,获得国家最高科学技术奖的有 5 位。张清常先生说:"联大能在中国教育史、文化史上占有地位,是靠学术与人才。"(《1986 年 3 月 22 日致黄延复》)此之谓也。

正值抗战期间,西南联大的物质条件十分有限。1941 年毕业的校友余树声先生在《回忆联大同学在校时的衣食住行》一文中说,当时学生一屋住几十个人,多数人衣着破旧,伙食低劣,没有公共食堂,通常是数十个学生凑份子请一位大师傅做饭,半饥半饱是平常之事,行路主要靠双腿,上下课时间以校工敲一截钢轨为准。物质生活虽然清苦异常,西南联大师生的精神生活却是饱满的。1939 年夏天,汪曾祺(1920—1997)先生从上海经香港、越南到昆明,以第一志愿考入西南联大中国文学系,1944 年毕业后又在昆明当了两年中学教师,在西南联大和昆明生活了七年。四十年后,汪曾祺先生围绕着西南联大及其

周边生活展开回忆,写下了多篇散文,篇篇情味隽永,耐人咀嚼,如《泡茶馆》,写西南联大学生简单却充实的读书生活:

> 有一个姓陆的同学,是一怪人,曾经骑自行车旅行半个中国。这人真是一个泡茶馆的冠军。他有一个时期,整天在一家熟识的茶馆里泡着。他的盥洗用具就放在这家茶馆里。一起来就到茶馆里去洗脸刷牙,然后坐下来,泡一碗茶,吃两个烧饼,看书。直到中午,起身出去吃午饭。吃了饭,又是一碗茶,直到吃晚饭。晚饭后,又是一碗,直到街上灯火阑珊,才夹着一本很厚的书回宿舍睡觉。

回忆文字像素描一样,线条简洁却又情景宛然,活灵活现,一读就让人难忘。又如《昆明的雨》:

> 雨,有时是会引起人一点淡淡的乡愁的。李商隐的《夜雨寄北》是为许多久客的游子而写的。我有一天在积雨少住的早晨和德熙从联大新校舍到莲花池去。看了池里的满池清水,看了着比丘尼装的陈圆圆的石像(传说陈圆圆随吴三桂到云南后出家,暮年投莲花池而死),雨又下起来了。莲花池边有一条小街,有一个小酒店,我们走进去,要了一碟猪头肉,半市斤酒(装在上了绿釉的土磁杯里),坐了下来,雨下大了。酒店有几只鸡,都把脑袋反插在翅膀下面,一只脚着地,一动也不动地在檐下站着。酒店院子里有一架大木香花。昆明木香花很多。有的小河沿岸都是木香,但是这样大的木香却不多见。一棵木香,爬在架上,把院子遮得严严的。密匝匝的细碎的绿叶,数不清的半开

的白花和饱涨的花骨朵,都被雨水淋得湿透了。我们走不了,就这样一直坐到午后。四十年后,我还忘不了那天的情味,写了一首诗:"莲花池外少行人,野店苔痕一寸深。浊酒一杯天过午,木香花湿雨沉沉。"我想念昆明的雨。

莲花池,是昆明的风景胜地,在市区北部、圆通山西北面,现已辟为公园。德熙,即朱德熙(1920—1992)先生,北京大学中文系教授,著名的语言学家,是汪曾祺先生西南联大中国文学系的同班同学。汪曾祺先生《怀念德熙》一文中说:"德熙不蓄字画。他家里挂着的只有一条齐白石的水印木刻梨花,和我给他画的墨菊横幅。"由此知道朱德熙先生是一位淡泊的学者。1984年我在北京大学进修时,有幸听过一次朱德熙先生关于语法修辞的学术讲座,先生风度翩翩,质朴又儒雅。汪曾祺先生笔下的昆明的雨和雨中景象如水墨画一样,浑然天成,有诗一样的境界,淡而深,深而有韵味。冯至先生曾在《昆明往事》一文中这样说:"如果有人问我:'你一生中最怀念的是什么地方?'我会毫不迟疑地回答:'是昆明。'如果他继续问下去:'在什么地方你的生活最苦,回想起来又最甜?在什么地方你常常生病,病后反而觉得更健康?什么地方书很缺乏,反而促使你读书更认真?什么地方你又教书,又写作,又忙于油盐柴米,而不感到矛盾?'我可以一连串地回答:'都是在抗日战争时期的昆明。'"(《白发生黑丝——冯至散文随笔选集》,中央编译出版社2005年版,第249页)冯至先生说的昆明,就是抗战时期的西南联大。

读过亭子上的楹联,夕阳已冉冉而下,晚霞灿烂,灼灼燃烧,映得整个校园淡紫轻红，高大的春海棠满树粉艳，齐整的罗汉树郁郁葱葱。吃过晚饭的年轻学子背着书包、夹着课本北往南来，正向着灯火通明的教学大楼疾步走去，比起前辈——当年西南联大的学生们，他们应该说是幸福的。我想，当年在那样艰难的环境中，西南联大能高格独标、卓识独具，为苦难中煎熬的民族培育了大批英才。今天，面对转型的社会和急剧变化的世界，我们又该怎样兴办我们的教育，培养我们的后代呢？

原载《草原》2021 年 2 期

山高水长　无限风光
——四十年问学之路漫述

改变我们这一代人命运的是 1977 年国家恢复了已经中断十年的高考。1977 年 9 月下旬，教育部在北京召开全国高等学校招生工作会议，招生对象是工人、农民、上山下乡和回乡知识青年（包括按政策留城而尚未分配工作的）、复员军人、干部和应届高中毕业生。1977 年 10 月 21 日，新华社、《人民日报》、中央人民广播电台等全国各大新闻媒体，以《全面地正确地贯彻执行毛主席的教育方针——高等学校招生进行重大改革》为题，发布了恢复高考的消息，透露本年度的高考将于一个月之后在全国范围内举行，"今年高等学校招生工作推迟到第四季度进行，新生将于明年二月底以前入学"，同时配发《搞好大学招生是全国人民的希望》（《人民日报》1977 年 10 月 21 日）社论：

> 在我国，现阶段还不能普及高等教育，高等学校招生只能选拔少数青年上大学。被录取的青年，要决心为革命学好专业知识；未被录取的青年，在实践中同样可以学政治、学文化，攀登科学技术高峰。因此，要一颗红心，两种准备，不论是上大学，还是下农村、进工厂，都应该钻研业务，精益求精，向四个现代化进军。

消息传来之时，我正在内蒙古锡林郭勒盟苏尼特右旗朱日和公社（后来这一带成了赫赫有名的解放军北部战区的战术训练基地）红格尔大队插队，那年草原上9月初就下了一场大雪，北风呼啸，望处皆白，岑参"北风卷地白草折，胡天八月即飞雪"诗句瞬间化成了眼前景象。因为气温急速下降，遍地是冻死的牛羊。根据指示，知青们必须留在当地与牧民们一起抗灾。踩着没膝盖的积雪，知青们三三两两被送到了各个放牧点上，与牧民们同吃同住同劳动。

灾情缓解之后，已经临近高考，心急火燎的知青们匆忙参加了当年12月中旬举行的高考（内蒙古高考的具体时间是13日、14日、15日三天），这是新中国历史上唯一的一次冬季高考。高考成绩公布之后，我们大队29个知青，包括我一共考上2个人。1977年内蒙古高考录取线理科总分170分，文科总分210分。我报考的是文科，4门课总分考了212分：政治69分，汉语文67分，数学19分，史地57分。填报的第一志愿是内蒙古大学汉语言文学专业。内蒙古大学的录取线是216分，我的分数差了4分，没有考上。这样，在插队9个月后，1978年3月初，怀着喜忧参半的心情，进入了我没有填报志愿的集宁师范高等专科学校（现集宁师范学院）汉语言文学专业学习，1980年4月毕业，成为1977年国家恢复高考后的第一届专科毕业生。

后来才知道，1977年全国有570多万考生，最后录取了27万人，录取率是4.7%。2017年12月8日中央电视台4套播出的专题片《国家记忆·高考1977年》说，当时一共有13届学生（包括1977年尚未毕业的一届高中生）同时参加高考，因为竞争激烈，每29个考生中录取1人。到了40年后的2017年，全国考生940万，录取了700万，录取率是74.46%。阴差阳错的是，当年没能成为内蒙古大学恢复高考后的第一届学生，却在专科毕业的15年后成为内蒙古大学汉语言文学系的教师。我想这也许就是生活的法则：有得有失，不可能全得，亦不可能全失。

两年的专科学习，极大地激发了我的读书兴趣，简直可以用求知若渴、宵衣旰食、废寝忘食来形容，"把失去的时间补回来"，是那个时代的读书人的共同特点。从此以后，我便不断寻找读书学习的机会。1980年4月，考入内蒙古师范学院函授大学语文后期本科专业学习，1982年5月毕业，至此算是勉强凑足了一个所谓的"大学学历"。1984年8月至1985年7月在北京大学做访问学者，1987年9月至1988年7月在辽宁大学读"中国古代文学助教进修班"结业。按照当时政策，有了助教班的结业证书就有资质评职称，所以我周围几乎没有人考研。这两次难得的进修扩大了我的学术视野，近距离接触了国内的学术名家、大家，如王力、吴组缃、邓广铭、周振甫、林庚、吴小如、张震泽、朱眉叔、王瑶、唐弢、朱德熙、袁可嘉、乐黛云、柳鸣九、蒋绍愚、何九盈、袁行霈、张少康、谢冕、叶朗、葛晓音、钱理群诸先生。这些先生主要来自北京大学，也有中国社会科学院文学研究所和辽宁大学的，此外还有客座北大哲学系的海外学者杜维明、陈鼓应等先生。印象深刻的是当时已是84岁高龄的王力（1900—1986）先生在蒋绍愚、何九盈两位老师的搀扶下走进教室，大概花了两个多小时的时间谈如何治学等问题，听讲者是研究生和我们这些进修教师。王瑶先生的学术讲座则始终口衔着烟斗，说当代文学研究可以评论，不宜写史，因为没有沉淀下来，轻易褒扬怕闹出笑话来。

中华书局周振甫（1911—2000）先生的讲座亦印象深刻，讲的是关于《文心雕龙》研究的几个问题，记得是袁行霈先生介绍周先生的。周先生的学问尝为钱锺书先生所敬重，《管锥编·序》说："命笔之时，数请益于周君振甫，小扣辄发大鸣"；《谈艺录·引言》说："审定全稿者，为周君振甫。"周先生是浙江平湖人，口音重，需用心听才能听懂一些。讲座结束后，我请周先生为我新购的《文心雕龙选译》（中华书局1980年版）、《文心雕龙注释》（人民文学出版社1983年版）题字，周先生借用我的钢笔写下了一行字："建新同志指正，振甫，1985.5.18"。周先生的这两本书一直放在我的案头，已伴随我35年。依稀记得袁行霈先生当时是副教授职称，钱理群先生是讲师职称。我听了袁行霈先生半年的"隋唐五代词研究"，袁先生自己刻钢板印的行楷讲义我现在还保存着，字迹遒劲有力，一见难忘。钱理群先生穿着一身黑布衣服，挽着裤腿，每周六下午（当时还没有双休日）2点准时来到教室，笑呵呵地主持中文系的学术讲座。因为对朦胧诗兴趣浓厚，我还听了谢冕先生一个学期的新诗研究课。谢冕先生讲课激情洋溢，极具感染力，每次上完课都大汗淋漓。朦胧诗的著名诗人北岛、顾城、芒克、多多等，也都是在北大的"未名湖诗歌节"上第一次见到的。两次进修的最大收获，就是懂得了做学问如做人一样，既要有气象又要脚踏实地、持之以恒。只要用心，所读之书早晚会化作你自己的血肉，或以思想的方式呈现，或以风骨灵性的方式呈现。还有一点要说的是，我岳父是大学教师，一生刚直清正，推重张载"学贵心悟，守旧无功"（《经学理窟·义理》）的观点，"重德重才，求实求新"是其不变的教育主张。由我草拟的内蒙古大学中文系系训"学贵心悟,大道至简",即从中受到启发。老人生活朴素,家里却有异常丰富的藏书,四个子女两个是北京大学毕业的,20世纪80年代我能读到较多的学术名著与文学名著,基本上来自于这个家庭的藏书,对于我学业的帮助莫大。家父则留给我几种鲁迅先生的书,《鲁迅小说集》(人民文学出版社1952年版)、《坟》(人民文学出版社1952年重印第一版)、《野草》(人民文学出版社1952年重印第一版),还有一本《朱自清选集》(开明书店1952年二版),对我心智的成长影响深远。这几本书虽然纸张已经泛黄、发脆,但四十年来一直伴随着我。

漫长的问学之路开始之后,慢慢有了一点儿学术成果问世,1994年5月破格(即不占用上级分配的职称指标)晋升副教授。承蒙内蒙古大学林方直先生举荐,旭日干校长同意,1995年7月由集宁师范高等专科学校调入内蒙古大学中文系。林方直先生当时担任内蒙古高校职称评定委员会评委,可能是在评审职称中看到了我的材料,后来就设法调我来内蒙古大学工作,我自己没有"门路"也不懂得"找门路"。同时我也不认为"低学历"是追求学问的障碍,尤其是人文科学。后来因为"低学历"吃亏倒是真的,但我并不在意,依旧独往独来、我行我素。时代造成的个人际遇逃避不了,只能坦然面对。陈尚君教授说他初中一年级就因"文革"辍学,1969年3月—1977年2月在江苏海门县江心沙农场务农八年,1977年2月进入复旦大学,当时无论是在生活条件、研究条件、研究经费、出版条件上都举步维艰,用他自己的话说是"先天不足,后天失调"。幸运的是他跟着朱东润先生读了三年研究生,依靠着自己艰苦卓绝的努力，最终成为当今最负盛名的真正学者。读尚君先生赐赠的《壕上漫与——陈尚君读书随笔》（中华书局2019年版），你能强烈感受到一位学人的超迈襟怀与异乎寻常的坚贞不屈。

我来到内蒙古大学工作八年之后，于2003年7月晋升教授，数十年来一直从事魏晋南北朝隋唐五代文学、山水田园文学、陶渊明、"丝绸之路"与唐文化的教学与研究，先后在内蒙古大学出版社、中华书局、人民出版社出版了学术专著9部，在《文学遗产》《文史知识》《古典文学知识》《内蒙古社会科学》等刊物发表学术论文150余篇，另在《光明日报》《文汇报》《人民日报》《草原》等报刊发表散文、美学随笔200余篇、新旧体诗40余首，《内蒙古大学学报》（2018年6期）"学者风采"专栏曾有专文介绍。1997年开始担任中国古文学硕士研究生导师，二十多年来挂在我名下毕业的研究生大概有六七十名。我属于打着赤脚看风景者，踉跄前行，却又不屈不挠。四十年的问学之路曲折坎坷，一言难尽，虽然说不上典型，但也有一点儿个人体会，愿意与青年学人分享，并希望听到同行的批评意见：

一、有强烈的精神需求，有为学术献身的充分准备，有抱巨石入海的牺牲精神，矢志不渝，坚持到底。通过学术研究丰富自己的精神生活和生命内涵，告慰有限的人生，为传承中华文化血脉做出应有的贡献。

张载说："'匹夫不可夺志也'，惟患学者不能坚勇"（《张子语录》中）；"人若志趣不远，心不在焉，虽学无成。"（《经学理窟·义理》）没有坚定的意志与高远的趣味，怎么会有高深的学问？对于读书治学，我个人并不同意钱锺书先生所谓"托无能之词，遣有涯之日"（《谈艺录·序》）的观点。一则，学问不是被动、无奈的消遣，学问中含蕴着巨大的力量，有摧枯拉朽的作用。从辛亥革命到五四新文化运动，推动中国近代社会发生巨变的，都是教师和研究学问的人，如蔡元培、陈独秀、李大钊、鲁迅、胡适、钱玄同等等。著书立说，宣扬真理，一直是中国知识分子的使命，也是他们改造社会、为文化做贡献的基本方式，亦即"道济天下"："为天地立志，为生民立道，为去圣继绝学，为万世开太平"（《张子语录》中）。再则，学问中体现的是生命的倔强与人性的高贵，自始至终都要以庄严的态度对待。《且介亭杂文末编》收录了鲁迅在1936年所写的杂文35篇，第一篇《〈凯绥珂勒惠支版画选集〉序目》写在1936年1月28日，最后一篇《因太炎先生而想起的二三事》（未完稿）写在1936年10月17日，两天后的10月19日凌晨5点25分，鲁迅先生去世。9月5日，大病初愈的鲁迅先生还写下一篇题为《死》的文章，带有遗嘱性质，如"赶快收敛，埋掉，拉倒"，"别人应许给你的事物，不可当真"，"损着别人的牙眼，却反对报复，主张宽容的人，万勿和他接近"，等等，八十多年后的今天读来依然惊异于鲁迅先生的冷峻及对生命的透悟。

近代学术大师黄侃先生认为："中国学问如仰山铸铜，煮海为盐，终无止境。"（许嘉璐《黄侃先生的小学成就及治学精神》）因为"终无止境"，所以要用毕生的精力去追求。朱东润先生也说："用最艰苦的方法追求学识，从最坚决的方向认识人生。"（《壕上漫与——陈尚君读书随笔》引）从1988年夏天开始，到2008年3月15日凌晨，费时二十年的《诗心妙悟自然——中国山水文学研究》（内蒙古大学出版社2008年版）一书终于完稿，我在后记中这样写道：

> 这是一个多雪的冬天，夜夜有风从窗户缝隙暗暗透入，但窗户上的冰花冷峻而美丽，幻化成令人遐思的各种图案。除了偶尔和朋友们饮酒、聚会之外，我一直在修改着这本见证我青春时光悄然流逝的小书。对于一生躁动不安的我而言，只有读书、写作抑或人在旅途，心灵才是安宁的。我期望自己能够体味南宋学者李侗（1093—1163）所推重的"默坐澄心，体认天理"（朱熹《延平答问》）的学问与人生境界，何况中国山水文学从萌芽时期就已经开始了对"天理"的探寻。
>
> 我一向认为，我们对大自然的感悟，实则也是对生命的感悟；有灵性、有深情者，对大自然、对生命方有感悟。我们须用文字记录我们曾经有过的生命遭遇，包括与永恒大自然的遭遇，否则我们就不能坚实地证明自己和自己有过关系的人的存在，包括我们眼中的、心中的风景。我相信，那些视山水为生命的先哲如郦道元、柳宗元、徐霞客，是怀着如我一样的情感看山看水、写山写水的，这从中国山水文学的发展历程、从丰富的山水文学诗文创作中也可以获得明证。无论喜悦还是悲慨，历经20年，我终于为自己的这部小书划上了句号，但对山水文学与山水风景的关注却不会由此终结，因为即使孤独，倔强的生命仍在继续！眼中的风景希望它不要消失，心中的风景必须培育滋养。
>
> 我想，学术事业就是我们一生守护的圣地，就是我们"心

中的风景"。此书中的材料也是一条一条读出来的，光是摘录的卡片就有好几大盒子，有关的研究著作收集了上百种。此书出版之后，获得了师友们的鼓励。崔丽《〈诗心妙悟自然——中国山水文学研究〉面世》（《内蒙古日报》2009年3月3日）一文认为："本书结构完整，行文灵活，只就深有感触之点入手开掘，征引和分析融合无迹，往往独有感发，达到一片新天地"；"本书是作者历经20年的心血凝结而成，由喜欢山水到探究山水，由登山临水到研读典籍，现实的风景和书中的风景给作者寂寞心灵带来了莫大的安慰，赋予人生以丰富的意义。文字记录了作者生命中与永恒自然的遭遇，现实体验与古今中外的文献征引相互映发，使本书材料丰赡、意蕴丰厚。"刘伟《诗心妙悟 厚积薄发：〈诗心妙悟自然——中国山水文学研究〉》（《前沿》2009年11期）一文认为："本书对于山水文学发展史中的重大理论问题，著者都进行重新审视，详加辨析、周密论述。通过系统、深入地探讨了中国山水文学的发生、发展及其演变规律的基础，全面清理总结了前代有关中国山水文学发展的研究成果。在充分搜集、占有材料的基础上，博采众芳，广鉴前贤，实事求是地评价中国山水文学发展，重新发掘中国山水文学发展的独特价值。本书集合神话、诸子散文、笔记、山水游记、山水画论、诗赋等为研究材料，全面细致地考察了中国山水文学，是一部多视角观照中国山水文学的专史，弥补了山水文学研究单从诗歌出发的不足。"武彬《〈诗心妙悟自然：中国山水文学研究〉评介》（《内蒙古大学学报》2010年3期）一文认为：在充分占有材料的基础上，作者深入分析，对中国山水文学的评价实事求是而公允，重新深入发掘了中国山水文学的价值,理论探讨务必牢固建立在科学实证的基础上。全书采取了时间先后顺序,逐一解决山水文学研究中所必须面对的重大理论问题,最终清晰地勾勒出中国山水文学发生、发展的线索。在这个过程中,由于自身积累的丰厚,加之感悟、思考极其深刻,往往新见迭出,发前人所未发。对于山水文学发展史中的重大理论问题的阐释,同样是建立在深入研判梳理各种史料基础之上,这是作者一个着力点。作者对于以往未引起注意却在山水发展史上不容忽视的理论问题都进行重新审视,详加辨析、周密论述,从而得出了科学的结论。

我始终认为,人生短暂,能全心全意、认认真真做成一件事情就算是成功。所做的这一件事情,有使命因素在内。不敢取舍、首鼠两端、左顾右盼、摇摆不定是做不成事情的,研究古代文学尤其是这样。能把孤独和艰辛谱成欢乐乐章的人,才配做学问。学问时常会唤起一种久违的惊奇感与庄严感,特别是当你解决了一个困扰许久的问题。如关于山水文学的起源问题一直困扰着我,我不知道是在哪一点上,又是什么契机催生了山水文学。当我再次研究袁山松《宜都纪》中"既自欣得此奇观,山水有灵,亦当惊知己于千古矣"(《水经注》卷三十四《江水》引)一段话的含义,并结合我自己游观天下山水的经历和感受,再次读钱锺书先生的有关论述,"'山水有灵'二句嗣响。人于山水,如'好美色',山水于人,如'惊知己';此种境界,晋、宋以前文字中所未有也"(《管锥编》第三册,中华书局1979年版,第1038页),终于弄明白了这个问题。美既不是主观的,也不是客观的,而是主客观的结合。欣赏者把自己的感情移入山水并认为山水也有如自己一样的感情,欣赏者认为山水是"知己",山水也一样认为欣赏者是"知己",主客体的界限消弭了,心物融通,天人合一。到了这样的时候,山水才是美的,有生命的,把这样的感受写入诗文,山水文学就诞生了,为此我写下了《"山水惊知己"命题的美学意义》(《内蒙古社会科学》2005年2期)一文,阐述自己的看法。

学问最终是要超越功利的,否则会被唾弃。超越功利之后,你才能神闲气静,安下心来踏实地读书、研究。台湾"中央"大学(简称"中大")的校训就两个字——"诚朴",是当时中大校长罗家伦(1897—1969)先生拟定的。中大的解释是:"'诚'即对学问要有诚意,不以其为升官发财的途径,不以其为取得文凭资格的工具";"'朴'就是质朴和朴实的意思。现在有些人,以学问做门面,做装饰,尚纤巧,重浮华;很难看到埋头用功、不计功利而在实际学问上作远大而艰苦的努力者","崇实而用笨功,才能树立起朴厚的学术气象"。"用笨功",才是做学问的正途;"聪明人要下笨功夫",才可能有所成。罗家伦曾任国立清华大学第一任校长(1928—1930)、国立中央大学校长(1932—1941),是"五四"运动的命名者和领袖之一、中国近代著名的教育家,与胡适、傅斯年、梅贻琦诸先生齐名。

二、最好的研究是学术目标与人生目标结合,学术兴趣与个人爱好统一,这样的研究是快乐的研究,是你自己愿意全身心投入的研究。

确立选题的同时,也确立了你在一个时期内的科研领域和科研方向,这是一个艰难痛苦的过程。你必须辨析你的才性,选择适合你的研究课题。研究对象一旦确定,就全力以赴,绝不半途而废。基于此,对于来自学问之外的聒噪,我从不理会。兴趣是最好的老师,孔子说:"知之者不如好之者,好之者不如乐之者。"(《论语·雍也》)我自己一直喜欢陶诗、敬重陶渊明,从未有过改变,陶渊明自然真朴的性情与我契合,心有灵犀,只需要忘情地投入,后来就有了《自然之子——陶渊明》《〈陶诗汇评〉笺释》(台湾花木兰文化事业有限公司2018年版)两本著作的出版以及30余篇论文的发表。

《自然之子——陶渊明》一书出版后,我对陶渊明的关注没有丝毫减弱,依旧有陶渊明研究论文的发表:《陶渊明的现代意义刍议》(《内蒙古大学学报》2008年2期)、《"返回到本源近旁"——陶渊明〈归去来兮辞〉解读》(《名作欣赏》2008年4期,后收入《魏晋南北朝文学名作欣赏》,北京大学出版社2012年版)、《海德格尔与陶渊明》(《九江学院学报》2010年4期)、《"乐天委分,以至百年"——陶渊明〈自祭文〉解析》(《名作欣赏》2011年8期)、《温汝能及其〈陶诗汇评〉》(《九江学院学报》2011年3期)、《陶渊明彭泽辞官及其文化史意义——以"归去来兮"为研究对象》(《天中学刊》2013年2期)、《庐山风光与陶诗景物描写》(《栗里论陶——中国星子县陶渊明国际学术研讨会论文集》,江西美术出版社2013年版)、《陶渊明创作的思想史意义》(《铜仁学院学报》2014年1期)、《多元共融 归于自然——陶渊明与儒道玄之关系》(《名作欣赏》2014年7期)、《"由笃实达空灵,其笃实亦空灵"——王叔岷先生的陶渊明研究》(《铜仁学院学报》2016年2期)、《一心塑造自我心目中的陶渊明形象——评清人邱嘉穗〈东山草堂陶诗笺〉》(《铜仁学院学报》2018年1期)、《一主二客论死生——陶渊明〈形影神并序〉意涵再探析》(《内蒙古大学学报》2019年5期)等。学术研究征途漫漫，永远没有止境，而且是开放的，常研究常新，因此我不同意这个领域、这个作家（当然是名家、大家）已经研究尽了、没有什么可以发掘的了的说法。如果真是这样，学术研究早就中断了。

  我的山水文学研究也是如此，我是一边看山水风景，一边思索、写作。在我看来，了解中国各地的山水形态对于研究山水文学是非常必要的。2018年7月《中国社会科学报》的记者张清俐书面采访我，要我谈谈对中国山水文学的看法："在内蒙古大学文学与新闻传播学院教授高建新看来，先秦是中国山水文学的萌芽时期。'人类与大自然在精神、情感等诸多方面的联系在这个时期获得了本质意义上的确立，由此建立的难以分割的联系，不仅加深了人类对宇宙万物的感知、认识，也映射出人类在追寻探索中所展示的真实心灵。'山水文学的诞生在中国文学史上具有划时代的意义，标志着中国文人山水审美意识觉醒，山水在生活中成为人们审美观照的独立对象。中国山水文学从魏晋时期走上独立的发展阶段，南朝谢灵运等文人的山水创作极具代表性，郦道元的《水经注》更是堪称高峰。至于唐代，文学注重表现山水整体气象、注重自然景物和生活感受的结合、注重创造诗境和多样风格，柳宗元的系列游记将山水文学推向又一高峰。第三座高峰则是明代徐霞客的《徐霞客游记》。"（张清俐《解读中国古代山水文学》，见《中国社会科学报》2018年8月6日）去年和今年，我仍有相关论文发表：《中国山水文学的历史演进》（《中国社会科学报》2018年11月5日"文学"版）、《江山若有灵，千载伸知己——中国山水文学的美学价值》

(《光明日报》2019年3月11日13版"文学遗产"专刊)。

因为兴趣,我也整理出版过宋人朱肱的《酒经》(中华书局2011年版),写过《酒入诗肠句不寒:古代文人生活与酒》(内蒙古大学出版社2007年初版,2016年修订版)一书,探讨酒文化与中国文学、中国文人之间的密切关系。崔丽《〈酒入诗肠句不寒:古代文人生活与酒〉读后》(《内蒙古日报》2008年1月21日)一文说:"本书最见功力的是著者对文人心态、性格与酒关系的独异之处的剖析,鞭辟入里,直指关键";"本书与其他酒书最根本的不同之处在于,著者就在酒中、在自己写作的酒书中,他能入乎其中,出乎其外,其感悟是自身体验与学术研究的结合,而不是酒外的旁观者和研究者。他切实体会了酒所带来的妙处和痛楚,酒中沉醉,酒中清醒,酒中发兴,酒中心伤,所以他深知陶渊明、阮籍、李白、李贺、徐渭……深知他们和酒相亲的快意与苦衷。在艰难的人世间,是美酒陪伴着他们度过了令后人钦慕的诗意生活,催生了千古不能磨灭的瑰丽篇章,在文学史上留下了属于自己的独特地位。"喜好酒和酒文化的朋友们时常向我索要此书,我也常以"为文化喝酒"调侃自己。

在我看来,学术研究包括选题是可以与自己的教学实践(所开课程,特别是选修课)紧密结合起来的,好处是教学相长,事半功倍,一举两得。《自然之子——陶渊明》最初就是为研究生开的选修课,我是在讲授了五年"陶渊明研究"之后,开始整理教案成书的。《诗心妙悟自然——中国山水文学研究》一书的初稿,一部分来自于为研究生开选修课的教案。还有《中国古典诗词精华类编·山水田园卷》(内蒙古大学出版社1996年版),曾是本科生选修课"山水文学研究"的教材。

三、通过各种途径广泛地搜集研究资料，书面文献之外，实地考察（或曰田野调查）意义重大，不可轻视。

一个学术选题的提出和判断其有没有研究价值，源自你对这个学科全面、深刻的了解及投入的程度、思考的深度。只要充分占有资料，你自己就会做出判断，知道这个选题有没有研究价值。司马迁当年写作《史记》，其材料主要来自于三个方面：一是先秦及当代（西汉）人的著作，包括历史散文、诸子散文及各国史书；二是历代及当代的政府档案；三是实地调查获得的活材料。司马迁从20岁开始登山涉水，凭吊古迹，走遍大江南北，实地感受《史记》中人物的生活场景及所在之地的风土人情，所以他笔下的人物才如此生动鲜活。

我一直在全力践行"读万卷书，行万里路"的古训，注重山水自然对人心的感发，注重各地博物馆的出土文物与书面文献的相互印证，40年来走遍包括西藏、台湾在内的中国所有省份。台湾21个市县，我用2个月的时间走了20个。我在《路上的风景与书中的风景——我的山水文学研究》(《名作欣赏》2012年10期)、《"行万里路"的文化意蕴》(《中华读书报》2015年12月16日)等文章中曾有专门阐述。在英国作家阿兰·德波顿看来，旅行是一种标识，旅行代表着高贵灵魂对未知世界的不倦探求，旅行帮助人们理解希腊人所谓的"由理性支配的积极生活所带来的幸福"(《旅行的艺术》，南治国等译，上海译文出版社2009年版，第7页)。旅行是一种心怀解放感的漂泊，旅行不仅唤起了我对山水风景充满深情的关注，也成就了我的两本山水文学著作、百余篇山水游记与300余首旧体诗。苏轼说的"游遍钱塘湖上山，归来文字带芳鲜"(《送郑户曹》)、陆游说的"挥毫当得江山助,不到潇湘岂有诗"(《予使江西时以诗投政府,丐湖湘一麾,会召还,不果,偶读旧稿有感》),都是我曾多次体验过的,为此我有《论文艺创作与大自然的关系》(《内蒙古社会科学》2004 年第 4 期)一文做专门讨论。黄侃先生说:"林峦多态,任才士之品题;川岳无私,呈宝藏于文苑。所谓取不尽而用不竭者,其此之谓乎。"(《文心雕龙札记》,上海古籍出版社 2000 年版,第 235 页)只有以大自然为境,获得大自然的陶冶,诗人的创作才可能在真正意义上具有灵性和诗意。

我个人是因喜好旅行进而研究山水文学的,凡到一处,注意探寻风景胜地与古代诗人创作及其风格之间的关系,2002 年 8 月 20 日至 22 日寻访柳宗元被贬十年的湖南永州,拜谒湘水畔的柳子庙、考察当地的自然环境之后,有了丰富的收获:一是发现柳宗元短短一生创作的 600 余篇诗文,在永州就有 331 篇,占其全部创作的 50% 以上,明白了韩愈《柳子厚墓志铭》说他这一时期的生活"闲居,益自刻苦,务记览,为词章,泛滥停蓄,为深博无涯涘,而自肆于山水间"的特殊意义,山水风景抑或就是被贬中的柳宗元的生命;二是了解了永州地处长江中游平原以南,是低山、丘陵和盆地交错的地形,喀斯特地貌较发达,气候湿热,灌木丛生,蛇虺、狸鼠遍地,对于这样恶劣的自然环境,柳宗元甚至以"秽墟"称之,厌恶之情不时显露。但在笔下,柳宗元又把它们写得姿态横生、美不胜收,造景、造境的因素十分明显,目的就是要以此来映衬朝政的恶浊,显示自己高洁的人格和不甘沉沦的灵魂。从永州归来,再读柳宗元,可以说读懂了,于是先后写下《论柳宗元山水诗中的悲情》(《内蒙古社会科学》2002年第3期)、《柳宗元山水游记略论》(《柳宗元研究》总第10期,2007年12月)、《"无限居人送独醒"——略说柳宗元饮酒》(《古典文学知识》2016年第3期)3篇论文,此前还写过《柳宗元钟情山水间》(《文汇报》1993年9月27日)一文。

为了山水文学研究,我探访了中国山水文学的胜地浙江上虞。上虞,秦汉属会稽郡,现在是绍兴市市辖区,境内有曹娥江、曹娥庙、东山(又称谢安山),"梁祝"爱情故事的主角祝英台则是上虞区丰惠镇祝家庄人。美学家宗白华先生在《我和诗》一文中说他中学时有两次寒假就是在浙东万山包围中的上虞度过的:

> 那四围的山色秾丽清奇,似梦如烟;初春的地气,在佳山水里蒸发得较早,举目都是浅蓝深黛;湖光峦影笼罩得人自己也觉得成了一个透明体。而青春的心初次沐浴到爱的情绪,仿佛一朵白莲在晓露里缓缓地展开,迎着初升的太阳,无声地战栗地开放着,一声惊喜的微呼,心上已抹上胭脂的颜色。纯真的刻骨的爱和自然的深静的美在我的生命情绪中结成一个长期的微渺的音奏,伴着月下的凝思,黄昏的远想。

山水文学就应该诞生在这样的灵秀之地。谢灵运是中国文学史上第一个自觉将山水写入诗中的诗人,他在此地写下了著名的《山居赋》,规划了中国第一个风景名胜区,集游赏、娱乐、休闲于一体,游览者可以完全投入大自然的怀抱之中,尽情享受人与自然相处相融的快乐。探访归来,写成《谢灵运——中

国风景区的开创者》(《绿化与生活》1997年第1期)一文,并有小诗咏赞谢灵运:

> 碧草鸣禽细柳枝,年年春上谢家池。
> 幽姿一媚诗成派,山水直与边塞齐。

后来我又先后寻访谢朓、李白诗中的安徽宣城的敬亭山,王维笔下的陕西蓝田县的辋川,还有浙东"唐诗之路"的新昌及太姥山,众多唐代诗人描写过的天台山与国清寺,李白的故里四川江油青莲乡,杜甫笔下的羌村、芦子关,苏轼的笔下的赤壁及被贬的海南儋州,等等。许多时候,只有亲临实地,才能激发我的写作欲望。2008年10月28日,在萧瑟的暮秋中独游苏州寒山寺,追思因安史乱起逃难于此的张继,长夜不眠,心情郁结,写下了《枫桥夜泊》一诗,不经意中创造了一个深邃的审美世界、数处风景名胜,我当时有小诗《游寒山寺》:

> 一杵清钟万古鸣,枫桥有树晚秋红。
> 姑苏孤旅成绝唱,霜浸阊门夜夜浓。

江南归来,我写成《一首诗创造世界——张继〈枫桥夜泊〉的接受与传播》(《苏州大学学报》2010年4期,《中国社会科学文摘》2011年1期摘要)一文。2016年1月,我专程去了徐霞客的故乡江苏江阴市的徐霞客故居,写下了《咏徐霞客四首》,表达我对先贤的景仰之情,从中汲取继续行走的力量:

其一

濛濛烟雨卷蓑行,竹杖芒鞋似苦僧。
野寺荒村常卧守,独闻月下老猿鸣。

其二

跋山涉水喜长征,踽踽观游自有情。
瑶界冰壶濯雪魄,翠微深处赏红枫。

其三

由来渴慕远方游,探胜搜奇乐不休。
秋对大荒冬对雪,春归细雨洗乡愁。

其四

朝发碧海暮苍梧,回看人寰水里浮。
藻绘华章谁记取,襟怀天下我身孤。

多年来我一直受惠于旅行,遍看全国的博物馆,如北京国家博物馆、陕西历史博物馆、西安博物院、四川博物院、河南博物院、洛阳博物馆、南京博物院、浙江博物馆,还包括台北故宫博物院、台南奇美博物馆,有的我去了不止一次。仅是2018年,我就去了陕西、新疆、西藏、青海、甘肃、云南、四川、江西、浙江、广东、辽宁等省份,行程达6万余公里,时间长达4个月。在全国各大博物馆看了大量文物,拍摄了大量照片,对我的研究大有裨益。《酒入诗肠句不寒:古代文人生活与酒》(增订本)一书中的200余幅照片,都是我自己拍摄的。近年来主持完成了国家社会科学基金项目"北方游牧文化与唐诗关系研究"(批准号10XZW011),目前主持教育部哲学社会科学研究重大课题攻关项目"唐代丝绸之路文学文献整理与研究"（批准号20JZD047），大量的材料来自于出土文物，如丝绸、汗血马、舞马、丝路骆驼、昆仑儿、着男装骑马女俑、胡服、西域胡商、胡姬、胡僧以及胡腾舞、胡旋舞、各种乐器等，可以印证唐代诗文中的相关记载，至少取得了王国维先生主张的"取地下之实物与纸上之遗文互相释证"的二重证据，如《唐诗中的骏马及"昭陵六骏"》（《内蒙古大学学报》2015年第1期）、《李白笔下的胡姬》（《光明日报》2017年2月6日13版"文学遗产"专刊）、《舞马：马中的舞蹈家》（《文史知识》2018年第4期）、《骆驼——古丝绸之路的不朽象征》（《学习时报》2018年5月7日）、《雪耳红毛浅碧蹄，追风曾到日东西——酷爱骏马的唐人》（《光明日报》2018年7月23日13版"文学遗产"专刊）、《大唐琵琶上的丝路骆驼解读》（《民族文学研究》2019年第4期）以及《唐代来自"海上丝绸之路"的昆仑儿——以张籍诗作为考察对象》（《民族文学研究》2021年第2期），均得益于参观博物馆所见文物。另有一部专著《丝绸之路上的汗血马与骆驼》前年已交出版社，等待出版，中有大量的文物照片，都是我在国内各大博物馆拍摄的。

四、学术研究要有格局，要高屋建瓴，忌零敲碎打、形不成合力；学术论文的写作最好是从一开始就能纳入到自己系统的学术研究中，既有点又有面，既见树又见林。

学术研究的格局首先体现在你研究的领域或研究对象是具有挑战性的，是挖掘不尽的富矿，值得你钟情一生，长久投入，而不是边边角角，拾人牙慧。我个人以为，不要轻易选择被读者和时间淘汰的作家、作品为研究对象，程门立雪的北宋哲学家杨时说："人之于学，避其所难而姑为其易者，斯自弃也已。"

（《河南程氏粹言·论学》）在这方面，最有学术勇气的选择，就是研究经典作家、经典作品。你研究《诗经》《楚辞》，我也研究《诗经》《楚辞》；你研究《庄子》，我也研究《庄子》；你研究陶渊明，我也研究陶渊明；你研究李杜，我也研究李杜；你研究山水文学，我也研究山水文学。在同一个研究领域，面对同样的研究对象，我要有新的发现、新的贡献，只有这样才能推动学术研究向前发展，奉献经得起检验的有价值的学术成果。在研究经典作家、经典作品的过程中，你不仅着眼于作家、作品本身，而且可以从中得到具有诗学意义的启示，如《诗经》比兴手法的纯熟运用，如红线一样贯穿了中国诗歌史，是解读古典诗歌的一把钥匙，特别是解读阮籍的《咏怀八十二首》、李商隐的《无题诗》；以屈原作品为核心的《楚辞》，从一开始就为中华文化注入一股深沉刚烈之气；关于中国文学的规律性问题、中国美学的基本范畴，都可以上溯到《庄子》；陶渊明平淡自然的诗风意义非凡，在于确立了中国古典艺术的审美标准；李杜在中国诗歌史上的典范价值，是因为以他们为代表的唐诗，即使放在人类艺术史上的黄金时期也绝无愧色，堪与古希腊悲剧、意大利雕塑、达·芬奇绘画、莎士比亚戏剧媲美；山水文学的诞生是心物交融的结果，中国古典诗学的基本概念、范畴，如"观物取象""立象以尽意""得意忘象""澄怀味象""兴象""意象""意境""境界"以及情景关系等等，无一不与山水文学有关。研究的高起点、高水平，鉴赏的文学史眼光、艺术史眼光，都是建立在这样的研究基础之上的。

我的《山水风景审美》一书，起初都是单篇论文及山水美学随笔，部分内容在成书前就在各地报刊上发表过，如《芭蕉得雨便欣然》(《草原》1991年第2期)、《绿影扶疏意味长——谈叶子的观赏》(《园林》1992年第3期)、《袁中道壮游天下》(《文汇报》1993年12月19日)、《有云更觉千山秀》(《北京旅游报》1993年5月30日)、《登高壮观天地间》(《北京旅游报》1993年8月30日)、《细说青城"幽"》(《人民日报·海外版》2004年5月12日)。这样做的好处不仅可以由点及面、由树到林,还可以通过论文的不断发表,检验自己的科研能力,增加自信,同时校正自己的科研方向,体会创造的乐趣。令人欣慰的是,当年发表文章是不需要找关系的,何况我也没有什么关系可找。

《山水风景审美》是我花气力最多的一本书,写作始于20世纪80年代中期,当时没有电脑,更谈不上电子检索,何况真学问不是检索出来的。此书中的材料都是自己一条一条读出来的,《先秦汉魏晋南北朝诗》《全唐诗》《全宋词》《全元散曲》及重要的别集是必读的,而且不止一遍,其间并无捷径可走,而后进行归纳整理,一叠一叠的卡片是用挂历纸裁成的。因为下了苦功夫、真功夫,所以书出版以后受到了同行的好评,2016年出到了第三版。石亚川《〈山水风景审美〉美学研究的新收获》(《内蒙古社会科学》1999年第1期)一文说:"本书既是作者对山水风景的审美'发现',同时也是山水风景的审美'显现'。作者多年从事高校的中国古代文学教学,尤其偏爱中国古代山水诗、文、画构成的宏博的山水风景画卷。作者在这漫漫长廊中探幽访胜无疑是一种艰苦的跋涉,但在作者看来,却充满了'妙趣'。他以一颗敏感的审美之心,去轻轻碰响古人山水风景审美之弦,于是心之共鸣一次次奏响了。加上作者的理论素养,就形成了个人独有的文化

'积淀'，但仅有这些还不够，还有重要的要素，那就是生气贯注、活泼跃动的生命体验。其实学术研究冥冥之中有一个选择研究方向的主宰——人的原初生命本真。这几乎是任何人都无法违逆的生命本真。高建新对自然山水顽强的审美实践就是明证。他视自然为生命的'家'，每置身于自然，就觉得是回到了真正意义上的'家'。他以'家'为乐，以寻访名山大川、登临揽胜为人生首要快事，以山水风景审美之'得妙'为首要财富。东到沧海碣石，南及苏杭湖广，都有他探寻的足迹。在西双版纳一游就去了近20天。以生命本真、生命挚爱去接近大自然，即使一株小花，一片野云，一汪清水，也会使作者怦然心动，霎时沉醉于物我同一的审美境界。作者这种对大自然审美必'躬亲'的实践精神对我们寻访美体验美，丰富我们的生活是极好的启示。"赵娜《物色相召人谁获安——评高建新先生〈山水风景审美〉（增订本）》（《呼和浩特晚报》2005年6月3日）一文说："'物色相召，人谁获安'，《文心雕龙·物色》中这个看似平淡无奇的句子其实充满灵性，在这里，'物色'变成了一个明眸善睐、灵机通透的心灵主体，人倒成了自然的过客。过客总是脚步匆匆，然而在这个清水芙蓉、摇曳生姿的主体面前，人的内心早已起了或大或小的波澜，既已起了波澜，就再也挪不动脚步，以至于流连忘返了！中国贪恋山水的文人骚客，恐怕无不是以此为端的吧。先生的书，也是因'物之感人，摇荡性情'而起，历二十几年的旅游登临，览古今中外的山水诗文，融四十多个春秋的生命感悟，成丘壑于胸中，驱文字于笔端，如春雨潇潇，秋风飒飒，渐积为山水审美书墨一卷。"此外还有刘则鸣《用灵心与自然对话——评高建新〈山水风景审美〉》(《零陵师范高等专科学校》1999年第4期)、吴栓虎《山水风景新体验》(《内蒙古日报·新闻周刊》1999年7月16日)、张宇《山水有灵——高建新先生〈山水风景审美〉(增订本)读后》(《呼和浩特晚报》2006年11月22日)、王国元《书话三则·〈山水风景审美〉》(《内蒙古日报》2011年2月18日第9版)等相关评论。

五、持续关注一个领域，经过十至二十年甚至更长时间的努力，你在这个领域才可能有话语权，才可能成为这个领域的专家。要知道，并不是每一条鱼都能游向大海。

钱锺书先生说："由于人类生命和智力的严峻局限，我们为方便起见，只能把研究领域圈得愈来愈窄，把专门学科分得愈来愈细。此外没有办法。所以，成为某一门学问的专家，虽在主观上是得意的事，而在客观上是不得已的事。"(《诗可以怨》，见《七缀集》，上海古籍出版社1985年版，第133页)"得意"也罢，"不得已"也罢，持续关注一个领域、集中研究一个课题，是让学术向纵深方向发展的需要，是刘勰说的"博而能一"的"一"："博见为馈贫之粮，贯一为拯乱之药；博而能一，亦有助乎心力矣。"(《文心雕龙·神思》)黄侃先生说："'博而能一'四字最要。不博，则苦其空疏；不一，则忧其凌杂。于此致意，庶思学不致偏废，而罔殆之患可以免。"(《文心雕龙札记》)"博而能一"始终是治学的门径与法宝，"博"就是广采博取、开阔视野、深厚基础，"凡操千曲而后晓声，观千剑而后识器"(《文心雕龙·知音》)；"一"就是凝神专注、一以贯之、心无旁骛，老子所谓"营魄抱一"(《道德经》第十章)，精神执守一窍，以一念代万念。"一"是建立在"博"的基础之上的，没有"博"，很难做到"一"。即使勉强做到,怕也不能保证质量,闹出"黑芝麻是从白心儿火龙果里抠出来的"笑话。

我的陶渊明研究进行了十多年之后,才有为数不多的成果受到学术界的关注:《关于陶诗"自然""平淡"的美学评价》(《内蒙古大学学报》2002年第1期)一文,《全国高等学校文科学报摘要》2002年2期摘要;《"以诗为文"始于陶渊明》发表于《内蒙古大学学报》2002年第4期,中国人民大学报刊复印资料《中国古代、近代文学研究》2002年11期全文复印。尚永亮、刘磊《20世纪"以文为诗"研究述论》(《中州学刊》2004年第5期)一文认为,在陶渊明研究史上,"以文为诗"始于陶渊明的观点,是由高建新教授首先提出来的。龚斌、张影洁《近十年陶渊明研究中几个争论问题略述》(《九江学院学报》2010年第4期)一文,将"以文为诗"始于陶渊明这一观点列入近十年陶渊明研究中的几个争论问题之一,虽然"论断还没有得到研究者广泛的响应,但不失为一个可以深入讨论的问题"。刘绍瑾、汪全刚《陶渊明接受研究的历史回顾与学理反思》(《湘潭大学学报》2006年第3期)一文认为:"梳理和研究陶渊明接受用力最勤、成果最著的几位学者是钟优民、李剑锋、刘中文和高建新等";"高建新探讨了陶渊明在唐代、元明清及近代地位和影响的变迁史,将史的考察与历史上的重要接受家王维、孟浩然、王国维、梁启超等联系起来";"高建新从两方面总结了陶渊明对中国古典诗歌美学做出的独特贡献:一是在诗歌审美视野上的开拓,二是'开千古平淡之宗'。"林方直《陶渊明研究的新进展——评高建新〈自然之子——陶渊明〉》(《前沿》2008年第2期)一文说:本书"是著者多年来潜心于此领域研究成果的集中展示。全书系统、深入地探讨了陶渊明的家世、生平、思想、创作、人格价值及其对后代的影响等重大理论问题,全面清理总结了前代有关陶渊明的研究成果,在充分搜集、占有材料的基础上,博采众芳,广鉴前贤,实事求是地评价陶渊明,重新发掘陶渊明的独特价值,最终还陶渊明一个本来的面目"。夏正亮《近十年(1999—2009)陶渊明接受研究综述》(《九江学院学报》2010年第3期)一文引述了拙著《陶渊明在元明清及近代的地位影响》(《零陵学院学报》2003年第3期)一文的主要观点:"由于元代是北方少数民族建立的政权,废止科举考试七十余年,故文人仕进无路。他们对自然美景的品赏,对艺术化生活的体味,最终达到了对自己人格、精神追求的完全肯定。这一切是与陶渊明不谋而合的。正因为此,元人文人大力推举称颂陶诗。元人反对陶韦柳并称,也反对陶谢并称,正是因为元人发现了陶诗独特的价值。"台湾成功大学中国文学研究所林昭毅硕士论文《陶渊明与隐逸之风研究》(2008年,指导教师:陈怡良教授),引拙著《自然之子——陶渊明》数十次。我一直关注着国内的陶渊明研究,持续有陶渊明研究论文发表。近日,杜碧媛女士约我为《名作欣赏》"语文讲堂"栏目撰写一篇关于陶渊明的文章,结合这几年的思考,写成了《陶渊明:让人景仰的伟大诗哲》(《名作欣赏》2019年第9期)一文,其中包含了我对陶渊明的最新思考。

张载说:"学未至知化,非真得也。"(《正蒙·乾称篇第十七》)章学诚说:"才、学、识,三者得一不易,而兼三尤难。"(《文史通义·内篇五·史德》)知化,谓通晓事物变化之理。无须讳言,问学对主体是有要求的,而且是严格的。问学之路是一个不断地辨识自我、确证自我的过程，自证、他证，最后才能确证。高投入低产出，是古代文学的学科特点，但也要相信持续的努力终会获得回报，所谓"为者常成，行者常至"（《晏子春秋·内篇杂下》）。我个人的体会是，出版了专著，甚至获了奖，也还要关注此领域的研究，研判此领域的研究成果及其学术水准，不断搜集材料，吸收新观点，修订、补充、完善已经出版的专著。只要持续关注与全心投入，就会有新的思考，新的研究成果问世。《山水风景审美》一书，内蒙古大学出版社 1998 年初版、2005 年增订版、2011 年第三版，字数也由初版的 25 万字增加到再版的 35 万字、三版的 37 万字。

　　林方直先生是国内著名的学者，一生钟情于学问，孜孜不倦，成果丰硕，影响广泛，我曾有专文《陶钧文理 杼轴中西——记林方直教授的学术研究》（《古典文学知识》1999 年第 2 期），系统介绍林方直先生的治学方法。林方直先生的《红楼梦》研究持续半个多世纪，其成果受到了红学家吴恩裕、吴世昌、周汝昌诸先生的高度赞扬，我自己也写过《烛隐探幽 察微知著：读林方直先生〈红楼梦符号解读〉》（《内蒙古大学学报》1996 年第 5 期）、《"红学"研究新成果：〈红楼梦符号解读〉》（《内蒙古社会科学》1998 年第 5 期），二文均署笔名"介心"，谈研读大作后的个人心得。林方直先生近年出版的《文史奇笔红楼梦》（商务印书馆 2017 年版），写作的时间长达 40 年，全书新见迭出，胜解纷呈，道人所不能道，我又有小诗《喜读林方直先生〈文史奇笔红楼梦〉感赋》，表达由衷的景仰钦佩之情：

　　　　钩沉烛隐铸鸿篇，花落花开不计年。
　　　　剥茧抽丝寻胜义，机玄一解海天宽。

"花落花开不计年",既是学问境界,也是人生境界。2019年12月21日,我去北京国家博物馆参观"隻立千古——《红楼梦》文化展",展中赫然摆放着林方直先生的《红楼梦符号解读》一书,是作为20世纪中国《红楼梦》研究的代表性成果展出的。

陶学研究专家、华东师范大学龚斌教授所著《陶渊明集校笺》是目前国内整理得最好、水平最高的陶集之一,上海古籍出版社1996年初版,2011年修订第二版,2018年再出典藏版,前后经历了十二年的时间,且不说前期准备工作花费的时间,单是字数已由初版的41万字增加到了典藏版的51万字。今天治陶学者,没有谁能离开龚斌教授整理的陶集。龚斌教授还有《陶渊明传论》(华东师范大学出版社2001年版)、《陶渊明年谱考辨》(江西人民出版社2018年版)以及点校整理的陶澍注《陶渊明全集》(上海古籍出版社2015年版)的出版以及多篇高水平陶渊明研究论文的发表,由此可知,龚斌教授对陶渊明的研究是持久的、系统深入的、成规模的,由此形成了自己的学术气象。龚斌教授的另一部力作《世说新语校释》(上海古籍出版社2011年初版),也用了十几年的时间才最后完成,夜以继日,席不暇暖,出版八年之后,作者对全书做了全面的修订,改写或增补了大部分条目,2019年10月上海古籍出版社又出版了增订本,比初版多了50万字,可见增订幅度之大。相信不久的将来,《世说新语》的研究者也会离不开龚斌教授的《世说新语校释》。

学问如铁杵磨针、滴水穿石,是苦功慢工,一蹴而就的学问我从未见过。黄侃先生说:"我只要一打开书,就觉得自己好像是一个毫无知识的人。"(许嘉璐《黄侃先生的小学成就及治学精神》)黄侃先生尚且如此,我们有什么资格沾沾自喜呢?夏承焘先生《天风阁学词日记》(1939年11月10日):"午后过贞晦翁,谈某君'才'太高,'能'太多,而不能守穷耐淡泊,恐不能成家。又谓:三十以前说聪明说天分,三十以恃功力。"在夏承焘先生看来,"'才'太高,'能'太多"不是一件好事,一旦凭恃"才"高"能"多,就不会也不愿意下笨功夫、苦功夫了,投机取巧就在所难免。我自己书桌上的台灯,四十年来没有在子夜前关掉过。我知道自己平庸,不勤将一无所成。才读了几年书、申请到一两个项目还未完成就自诩为专家学者,在我看来,基本上是笑话。一纸打天下的历史已经过去,终身读书尚不能保证有像样的研究成果问世,何况三四年!张载说:"人不知学,其任智自以为人莫及,以理观之,其用智乃痴耳。"(《经学理窟·义理》)任智,矜己任智,夸耀自己、显耀才智,陆机《丞相箴》:"矜己任智,是蔽是欺";用智,运用智谋,犹言耍小聪明;痴,愚,无知。我也有幸见过几位本专业的俊杰,自我感觉好得让人忍俊不禁,口口声声"英才长英才短""大长江小长江",见名就要,有利就上,跑官要官,全无顾忌,胃口好得出奇,其时恰逢夜读《儒林外史》,草拟长联,也算应景:

声带久自钳,喑哑无时,游走官商皆得意,最善弄权,察观四下,眼闪青光,幸尝臭味胜甘饴,功名利禄满囊收,金子银子皆迷,孔圣摇头,李斯暗喜;
喉咙常失语,钻营有术,混迹士林不知羞,还会嘘吹,趋媚八方,口吐莲花,坐令鼻息化虿虿,学者清流一身集,海味山珍通吃，曹商愧疚，庄老称奇。

虽说人各有志，难以强求，而真理是无情的，无论你是何方神仙，书总是要一页一页读的，文章总是要一字一句写的，不能也不可能速成，何况学问之外还要"帅之以德性"（王国维《文学小言》），有高尚的人格、丰富的人生阅历，有敢于放弃的勇气，有为学术献身的品质。再说利用关系和手中权力占尽公共资源，也未见得是一件好事。张伯伟教授在《读古典文学的人》一文中说："其实，在古典文学的研究队伍里，本是不乏聪明人的。但聪明而不正直，就往往会为了达到追求个人名利的目的，不择手段。小者投机取巧，攘善掠美，大者背叛诬陷，落井下石。""学者首先要做一个正直的人。聪明固然需要，但读古典文学尤须以愚自守，以勤补拙。并且，聪明只有以浩然之气来运作，才能发挥为至大至刚的气象。"（《读南大中文系的人》，南京大学出版社 2014 年版，第 264 页）

最后，还想说一点儿的是，即使是做科学研究，撰写学术论文，也需要较高的审美水平与良好的文学修养，特别是过硬的语文表达能力。与此同时，学会使用各种地图对治学也很重要。

教师是以培养人才为己任的，培养人才的一个重要内容就是培养高尚的审美观。为此我写了《大学精神与人才培养》（《中国社会科学报》2012 年 3 月 7 日）一文，当时"中国共产党新闻网""人民网""中国社会科学网""国家社科规划办公室网""中国日报网"等几十个网站，以"大学不培养'精致的利己主义者'"为题，转载了此文。2017 年 12 月 28 日，在《光明日报》、光明文学遗产研究院专家座谈会上我说：

"我们要传播中华优秀传统文化,通过《文学遗产》来培养读者高尚的、美好的审美观,让初高中生、大学生、研究生都能获得正确的价值观。"(《构建有中国底蕴的学术体系和话语体系——光明文学遗产研究院专家座谈会综述》,《光明日报》2018年4月23日)我以为,具有"高尚的、美好的审美观",是学术研究的前提与基本素养。台湾的大学对学生(包括硕士、博士研究生)的基本要求也就那么几条:文献解读能力,逻辑思辨能力,语文表达能力,文学鉴赏能力,再加上一条终身学习能力,根本没有空洞漂亮的说辞。我以为,就语文表达能力而言,散文写作是最好的基础训练,通过散文写作培养自己敏锐的文字感受力,提高语言表达水平。论文讲究篇章结构、起承转合,语言要求准确、洗练、生动、优美,散文写作也一样,而且要求更高。近代的学问大家,无不是文学大家,如鲁迅、宗白华、朱光潜、钱锺书、陈从周诸先生,无不是散文高手,《野草》《朝花夕拾》《美学散步》《美学书简》《写在人生边上》《说园》,集哲理思索与散文之美于一体,一翻开就不忍释卷。前贤们的古代文化与文学修养,让我们这些多年从事所谓专业研究的教授自惭形秽,自愧弗如。

我自己在学术研究之余,坚持文学写作,40年来发表了200余篇散文、随笔。我试图通过不间断的散文写作,强化自己对世界的新鲜感受,避免文字表达的苍白、枯索、单调。我的散文多写山水风景,以此培养自己对大自然的深厚感情,保持与功利的适当疏离,自觉地让自己边缘化,为理性的学术研究融入一些灵性的、感悟的、脱俗的东西。

我个人体会,学会使用各种地图对治学也很重要,尤其是在做田野调查的时候。地图中有一整套严密的数学模式与符号系统,指示着地球上诸多事象的空间分布。地图也是国家版图最主要的表现形式,无论是历史还是今天。《新唐书·杨绾传》:杨绾"性沉靖,独处一室,左右图史,凝尘满席,澹如也"。"图""史"是研究学问的基本资料,"图"建立空间观,"史"建立时间观,二者相辅相成,缺一不可。如果建立不起来时空观,你就无法了解和解释这个世界,包括学问世界。清人宋至《瀛奎律髓序》:石门吴孟举"今年逾七十,犹左图右史,日夕披阅不倦"。无论是外出旅行,还是居家读书,都离不开"图"与"史"的辅佐。中国文学的发展、变化,紧随着中国历史的发展、变化,特别是在历史发生转折之时,如山水文学的诞生、发展就与"永嘉之乱"分不开。永嘉南渡,士大夫从荒寒的北方来到山清水秀的江南,接触了动人的美景,激发了他们的美感,是山水文学产生的重要动因。考察士大夫的南迁线路,寻觅六朝遗踪,就需要"图"来做向导。我自己研究"丝绸之路"有年,唐人李吉甫的《元和郡县图志》、清人顾祖禹的《读史方舆纪要》、近人谭其骧先生的《中国历史地图册》是案头必备之书,此外还收藏了大量的现当代地图、地图册,可以通过地图探求名胜古迹、文化遗址、文学景观。研究"丝绸之路"的走向、距离、变迁以及沿途丰富的自然景观、文学景观,没有地图导引是不行的。我每到一地,第一件事情就是购买当地地图,按图索骥,开始考察。目前我已搜集到全国各省份地图册二百余种、各市县的纸质地图一千余张,如甘肃省的威武市地图、张掖市地图、敦煌市地图,新疆的吐鲁番市地图、库车市地图、喀什市地图,等等。《史记·乐书》说汉武帝"尝得神马渥洼水中"，唐无名氏《敦煌廿咏·渥洼池天马咏》说"渥洼为小海，伊昔献龙媒"，但渥洼究竟在何地？谭其骧先生主编的《中国历史大辞典·历史地理》说："渥洼水，在今甘肃敦煌市西南汉龙勒县故址南"；"唐改龙勒县为寿昌县，泽更名为寿昌泽，解放后在此兴修水库。"当时正好我人在敦煌，立刻查敦煌市地图，知道渥洼在敦煌南湖乡，于是租车前往考察。渥洼原来是一个常水期面积为164公顷的内陆湖，由众多泉水汇成，碧波荡漾，当地称"渥洼池"，并立有石碑。我自己是尽量搜集大比例的地图，因为比例越大地图越清晰细致。不能远行时看着地图神游山水，也是一件快乐有趣的事情。

我属于典型的布衣，安贫守贱，自甘寂寞，经常是"破帽遮颜过闹市"，没有一点儿炫耀的资本，工作四十年得到的最高也是唯一的政治荣誉是"教书育人先进个人"，奖状是这样写的：

高建新同志：

在近年来我校教书育人工作中，成绩显著，被评为教书育人先进个人。

特发此证，以资鼓励。

中共内蒙古大学委员会（公章）
2011年9月9日

所谓"资"，是一床被单和一张装在纸壳子里的"荣誉证书"，此时我已经在内蒙古大学工作了16年。隆重的表彰会一散，我手捧着证书（领奖凭证）郑重地到校工会办公室门前排队（因为人多），领回了一床被单（大概是双人床的）。天还没有黑，我已兴奋地把被单拿回了家，老妻说："好质量！你还能评上先进？组织待你真是不薄！"我也顿觉荣光无上，喜不自胜。作为有三十年教龄（2011年）的普通教师，能够"成绩显著，被评为教书育人先进个人"，想想多不容易！还有比这更高的荣誉吗？我心满意足，不觉得此奖比"宝钢奖""曾宪梓奖"含金量低。我的教书生活因此过得更加坦荡，谁也别想对我颐指气使、指手画脚。

所谓奖，本质上是别人赐予的，问学求学就不是这样了。问学求学不仅需要德行、能力、毅力，也需要敬畏的态度与感恩的心。1930年，爱因斯坦在《我的世界观》一文中说：

> 我每天上百次地提醒自己：我的精神生活和物质生活都依靠着别人（包括生者和死者）的劳动，我必须尽力以同样的分量来报偿我所领受了的和至今还在领受着的东西。我强烈地向往着俭朴的生活，并且时常为发觉自己占用了同胞的过多劳动而难以忍受。
>
> 每个人都有一定的理想，这种理想决定着他的努力和判断的方向。就在这个意义上，我从来不把安逸和享乐看作是生活目的本身——这种伦理基础，我叫它猪栏的理想。照亮我的道路，并且不断地给我新的勇气去愉快地正视生活的理想，是善、美和真。要是没有志同道合者之间的亲切感情，要不是全神贯注于客观世界——那个在艺术和科学工作领域里永远达不到的对象，那么在我看来，生活就会是空虚的。人们所努力追求的庸俗的目标——财产、虚

荣、奢侈的生活——我总觉得都是可鄙的。(《爱因斯坦文集》第三卷,商务印书馆1979年版,第42、43页)

四十年的问学之路走到今天,我愈加感到了爱因斯坦此话的分量,我要求自己是怀抱着这样的态度问学、治学的,多一份执着和责任,多一份庄重和神圣,我也愿意以此与青年学人共勉,共尽学术事业薪火相传的责任。人生最重要的不仅是选择,还有选择之后的承担。2019年11月17日,是我六十周岁生日,斟一杯老酒为自己庆生,回首平生,"欣慨交心"(陶渊明《时运并序》),微醺之际有《己亥年六十初度二首》,表达问学四十年的感怀:

其一
欣喜新逢耳顺年,青春不改旧容颜。
追风老马关河越,碧水丹崖梦里牵。

其二
江山壮阔从容看,似水流年不复还。
已惯命途常蹭蹬,抽丝老茧续缠绵。

11月22日,是星期五,一大早我即到学校人事处办理了退休手续,一种从未有过的轻松悠然而至。桑榆未晚,为霞满天。对我而言,退休的意义在于可以自己支配自己的生活,做自己愿意做的事情!退休之后,头等重要的事情是整理平生著述,包括文学创作、摄影作品,编《耕读堂文存》五卷。第一卷是学术专著(六种),第二卷是学术论文集(五种),第三卷是古籍整理(五种),第四卷是文学创作(二种),收散文随笔及旧体诗,第五卷是文学图志与摄影作品(二种),收有关唐代"丝绸之路"文物照片以及多年游走全国各地拍摄的山水风景照片,并详加图注。《耕读堂文存》五卷,共收拙著20种。此前已有9种出版,计250万字;待出版的有11种,计400余万字。初步估算,《文存》总字数在600万字以上,而这并不是我著述的全部。"耕读堂"是我的书斋名,"日出而作,日入而息。凿井而饮,耕田而食。帝力于我何有哉!"(《击壤歌》)"耕""读"二字取自陶诗:"既耕亦已种,时还读我书。"(《读山海经十三首》其一)"耕"在前,"读"在后;"耕"得衣食,"读"养诗心;"耕"关乎现实生存,"读"关乎人生境界。"耕"不忘"读","读"不忘"耕",二者相辅相成、不可偏废。"耕"与"读"代表的是自力更生与充满生机的创造:既坚忍不拔、脚踏实地,又志存高远、敢于舍弃;既有对历史的深刻反思,又有对现实的深情关注及对未来的不倦追寻。以"耕""读"为《文存》之名,颇得余心。

人生有限,问学之路漫漫。《礼记·学记》说:"人之学也,或失则多,或失则寡,或失则易,或失则止。"问学难矣,故有所失:或失之贪多,或失之偏狭,或失之见异思迁,或失之浅尝辄止。惟夙兴夜寐,继晷焚膏,一生努力,庶几有小成,愿与青年学人共勉。

原载《天中学刊》2019年6期,收入本书时略有增补。

书中与路上的风景

第四辑

面对风景

面对风景，心总有些激动。风景是一根拨动易感心灵的弦，这弦可以奏出美妙动人的音乐。

风景可以是高山流水，是朝霞落日、芳草枯树，也可以是一块顽石、数瓣落花、几缕炊烟，甚至是红泥小火、板桥波影、夏夜流萤、寒塘一叶……风景无数，心事无数。"一片自然的风景，就是一个心灵的境界"，瑞士诗人亚美尔说出了风景与心灵的联系。比如落日，那苍凉悲壮的浓艳，是又一个浩阔生命的终结；比如星辰，那深邃无比的幽蓝，该是展现永不屈服灵魂的眼睛；又比如那诞生在红枫树下的秋景，仅仅是季节更移的结果么？不经历冬、不经历夏，生命果实能成熟么？风景就是这样激发我们想象，导引我们思索。

我们为风景而感动，风景不只是让我们愉悦，还让我们想起了从前，想起了已经逝去的悠悠岁月，感受生命的倔强不屈、蓬勃旺盛。看荒野上一棵老树，历经百年却枝干遒劲、绿荫如盖，傲然独立于苍穹之下，任凭风来雨往，守护着脚下的土地和土地上的萋萋芳草。每日里最先迎来晨光，最后送落晚霞。在与老树孤独的晤对中，我们的心有些疼，是一种尖锐的疼。我想，读懂了老树，是否也就悟得了生命？

我相信，对于善于想象的感情来说，每一篇风景，都是一幅潜在的绘画。早在 20 世纪 20 年代，宗白华先生就在《怎样使我们生活丰富？》一文中描绘过这样一幅绝美的图画：

我有一次黄昏的时候，走到街头一家铁匠门首站着。看见那黑漆漆的茅店中，一堆火光耀耀，映着一个工作的铁匠，红光射在他半边的臂上、身上、面上，映衬着那后面一片的黑暗，非常鲜明。那铁匠举着他极健全丰满的腕臂，取了一个极适当协和的姿势，击着那透红的铁块，火光四射，我看着心里就想道：这不是一幅极好的荷兰画家的画稿么？

由此我们可以这样说，凡为风景者皆是画材。然而，风景无数却不是谁都能欣赏的。欣赏风景要有眼、有心，而且眼要别具、心要灵动。别具的眼能发现风景、组合风景，灵动的心能体察风景、深化风景。风景因地因时而变，蕴含丰富又气象万千，属于时间也属于空间。在时间中展开，也在空间中展开。如看山看水，春山淡冶，夏山苍郁，秋山明净，冬山惨淡；春水悠然，夏水浩茫，秋水辽阔，冬水肃然；东南之山多奇秀，西北之山多浑厚……

风景之于我们的意义还在于，风景能涤荡俗肠，豁人眼目，涵养一种清阔朗静之气，一种与天地万物相往来的浩然之气，正如明人高攀龙所言："内养不足，正藉风景淘汰耳。"

如今城里没有好风景，城里到处膨胀着欲望。好风景在城外，在郊野田园，在城里人的视线之外。园林学家陈从周教授说："风景呢我是人弃我取，在人们遗弃中，不出名的风景却如村姑一样真有美的东西。"着实体现了一种"灯火阑珊处"的高情远致。

风景的魅力无穷无尽，怪不得英国作家吉辛在《四季随笔·夏天》中要说:"我灵魂所渴望的风景,我若是没有见到,我想我一定会郁郁而死的。"

依恋风景,死死生生。

原载《内蒙古日报》1996 年 7 月 13 日

季节四章

夏天，诉说春；冬天，我又追忆秋；携带着不息的生命，季节转换如轮。季节让我前瞻又后顾。我在季节转换中成长、壮大直至衰老。怀念季节，也是怀念众多顽强又不甘寂寞的生命……

冬

我是在冬天的怀抱中降临人间的。听母亲说，我出生的那天阴历和阳历重叠，都是十七，且大雪纷飞，北风劲吹。后来我猜想，我之所以多难多灾，大约与出生在那个寒冷的冬天有关系吧！

一夜北风之后，又一场大雪落满了苍茫的大地，山如玉簇，林如银装，这是一个凄寒无比的世界，也是一个玉洁冰清的世界。置身其间，自然会想起鲁迅先生《野草》中关于雪的描述："在无边的旷野上，在凛冽的天宇下，闪闪地旋转升腾着的是雨的精魂……是的，那是孤独的雪，是死掉的雨，是雨的精魂。"在鲁迅先生看来，"死掉"并不是消灭，而是转换、是新生。如今，雨的精魂已化作漫天飞舞的大雪，其中蕴含了鲁迅先生孤绝又不屈的抗争精神。

冬天是寒冷的。冬天毁灭生命也锤锻生命，能从容地穿越冬天布就的凄寒清冽，生命才可能纯粹，才可能完整。

春

梭罗《瓦尔登湖》(徐迟译)说:"每一个季节,在我看来,对于我们都是各极其妙的;因此春天的来临,很像混沌初开,宇宙创始,黄金时代的再现"(《春天》);"那是愉快的春日,人们感到不满的冬日正跟冻土一样地消融,而蛰伏的生命开始舒展了"(《经济篇》)。

塞北的春意,是从沟边崖畔那些不起眼的小草身上最初透露出的。

北风依旧凄冷,然而小草却最先探得南风的消息,争先恐后地从冻土中抽芽拔节,展现出令人心醉的鹅黄嫩绿。这是真正的生命之颜色,没有什么能比这鹅黄嫩绿更让人心动,我已沉浸在一种难言的喜悦中了,甚至能闻到青草的幽香,听出青草拔节的幽响。经历了一个漫长寒冷的冬天,感官已变得格外纤敏、灵动。

一叶知秋而一草报春。春天是随着草的返青而回归人间的,热爱小草,热爱如小草一样平凡普通的人们吧!

夏

夏天,是塞北一年中最宜人的季节。山苍水秀,风气清爽,无热浪席卷,无蚊虫叮咬,就是秦皇岛、北戴河这些避暑胜地也难望其项背。

特别是雨,那是大自然真正无私的馈赠。无论绵细如丝、悄然飘落,还是密集如箭、骤然而至,都可观可赏,可资浮想。

可以观雨，雨如帘幕，透过雨的帘幕，看草青树翠、生机无限，看苍天远山如水墨风景长卷。那是因为雨的帘幕造成了距离，有距离才会有美感，才会产生别情别致。

可以探雨，雨如流瀑，让流瀑在旷野中冲刷自己，冲去积垢满身，冲去心中埃尘。探雨之后，身心俱爽，一派浩荡。

可以听雨，雨如弦音，高低错落，激珠溅玉。此时可静坐，可读书。稍有倦怠，则拥书而眠。睡起雨过天晴，推窗西望，夕阳如火燃烧，艳丽无比，心神不禁为之陡然一动：生命终将有一天会坠落如夕阳，但坠落得要灿烂嘹亮，浩气如霜。

秋

我知道香山的红叶、岳麓山的秋枫不仅灿烂夺目、娇艳异常，而且驰名中外、观者如云；我不知道塞北的秋叶经了霜也会变红，而且一点也不逊色于我曾见过的香山黄栌树叶子与岳麓山枫叶。

那天，又去南郊漫步，放眼四望，一面向阳的山坡上一片艳丽，映衬在蓝天白云下尤为壮观。心中诧异，近前细看，方知是一片山桃林，虽高不过人，但叶叶皆红，树树如火。再往前走，还意外地看到了被霜打红的杏叶、柳叶，甚至还有一些杨树叶子。我恍然明白了：不只是香山、岳麓山这些名胜之地的秋叶经霜要红，塞北荒凉之地的这些桃叶呀，杏叶呀，柳叶呀，经霜也要红。积聚了一春一夏，它们要以此展示自己的生命热力，虽然这种展示不为世人注意。

红叶凋零之后，秋风又起。秋风吹响了大地上的每一片叶子，温柔如琴弦袅袅，激越如千军万马突进，这是造物主谱就的响彻天地的大交响乐。人生就是百年，也着实听不了几回。

秋天是生命成熟也是生命凋零的日子。成熟了就要凋零，这是自然的法则，谁也抗拒不了。明白了这简单又无情的道理之后，便能不怨不悔，全力发展自己，成就自己，最终如秋日的红枫灿烂地展示自己，然后凋落，完美地凋落。

秉承着大地的恩惠与天空的馈赠，在季节的推移中，我们明白了生命的奥义。执着于自己，听任命运的裁决，我们别无选择，只能向前走了。

原载《内蒙古日报》1996年11月30日，收入本书时略有修改。

看 云

一

寂寞时我喜欢看云。

看云的舒卷自如,变化难测。

看云的聚散无定,漂泊流浪。春云轻盈明净,夏云苍茫沉郁,秋云朗净高远,冬云惨淡寂寥。朝云灿烂明丽由浓而淡,暮云浓艳凝重由淡而浓;黑云似墨泼天,白云轻灵如絮……

不同的季节,不同的时间,不同的气候条件,云自有不同的形状、不同的色彩。

二

寂寞时我喜欢看云。

云是造化写在蓝天上的文字。要想探知大自然的秘密,读这天成的文字是第一步。云是雪的家园、雨的故乡,没有云便没有雪也没有雨。没有雪的播洒、雨的润泽,大地便会干枯,便没有生命,更谈不上生机与活力。

在浩阔的天空中,唯有云敢与至高无上的太阳抗衡。太阳虽能穿透云层,但云也能将太阳炽烈的光焰阻挡且毫无惧色,让太阳在无奈中叹息,在叹息中收敛锋芒。

云是艺术家。

云是造福者。

云是无畏的战士。

三

寂寞时我喜欢看云。

喜欢在澄澈如洗、一碧万顷的蓝天映衬下看云。看流云，看孤云，那是一种风景，也是一种心境。当一片洁白轻灵的云悠悠而来又悠悠而去时，我的心总会有些激动，总会想起高更那句"我是谁，我从哪里来，又到哪里去"的终极询问；

想起司马迁；

想起郦道元；

想起徐霞客；

想起那些终生与大自然为伍的许许多多先哲。

我知道，在寻幽探胜、走南访北的漫漫旅途中，云是先哲们寂寞时最忠厚的伴侣。也许，我眼前这片悠悠而过的云，司马迁看见过，郦道元看见过，徐霞客也看见过。

就是这片云，荡荡悠悠，来去无踪，从汉代飘过唐代，飘过宋代，飘过明代，一直飘到今天，并且还将飘下去。这片云是在寻找它的故乡吗？它的故乡究竟在何方呢？

四

寂寞时我喜欢看云。

看云能衡量一个人的感悟力。少年时的宗白华便对云有异乎寻常的兴味。他说："我喜欢一个人坐在水边石上看天上白云的变幻，心里浮着幼稚的幻想。云的许多不同的形象动态，早晚风色中各式各样的风格，是我孩提心里独自把玩的对象。"

他说："我有一天私自就云的各样境界，分别汉代的云、唐代的云、抒情的云、戏剧的云等等，很想做一个'云谱'。"（《我和诗》）

长大后的宗白华成了当代最负盛名的真正的美学家与诗人。

五

我总觉得，云的美是一种灵动的美，是一种自由的美。每当奔波劳顿至极进入难得的梦乡，在那无边的梦土之上有一缕晨曦的微茫闪现之时，便会有一片洁白的云悠悠而降，又悠悠而逝。

梦醒时分，低回良久，低回之后又在心里告诉自己：

当欲望之狂浪击碎过分古老的陆地，你就不得不独驾一叶扁舟，去寻找新的大陆。如果新大陆还未生成，那你只好让心追逐云，像云一样流浪，像云一样漂泊……

原载《内蒙古日报》1994年2月5日

"行万里路"的文化意蕴

古人云"读万卷书,行万里路",意在说明理论学习与社会实践具有同等重要的地位。明代画家董其昌说:"气韵不可学,此生而知之,自有天授。然亦有学得处,读万卷书,行万里路,胸中脱去尘浊,自然丘壑内营,立成鄞鄂,随手写出,皆为山水传神矣。"(《画禅室随笔·画诀》)清人梁绍壬说:"读万卷书,行万里路,有耀自他,我得其助。"(《两般秋雨庵随笔·铭》)前者说,谁能读万卷书、行万里路,谁就可以建立属于自己的艺术与审美世界;后者说,"读书""行路"是要从中获取教益而非炫耀。每年的5月19日是"中国旅游日"(China Tourism Day),源自《徐霞客游记》首篇《游天台山日记》:"癸丑之三月晦(1613年5月19日),自宁海出西门,云散日朗,人意山光,俱有喜态。"这年,徐霞客26岁。2011年3月30日,国务院常务会议通过决议,自本年起,每年5月19日为"中国旅游日",首个"中国旅游日"的主题就是"读万卷书,行万里路"。

事实上,"读""行"相辅相成,相得益彰,缺一不可。"读"可以指导"行","行"可以验证"读";"读"充实精神世界,"行"又加深了主体对现实世界的了解和体认,让精神世界牢固地建筑在生活体验的基础之上。有了"行万里路"的经历,"万卷书"中的情景就会鲜活地呈现于眼前。2015年7月19日我来到司马迁的故乡陕西韩城,韩城文庙"尊经阁"楹联这样说:

读五车书博古通今真学问
行万里路经天纬地大文章

楹联以精练的语言，指出了读书与行路的意义及其非同寻常的关系：要求得"真学问"，需学富五车；想写成"大文章"，行万里路是必不可少的。司马迁的一生就是"行万里路""读万卷书"、写万卷书的一生。

"读万卷书"的好处，前人论述详尽。"行万里路"的深层文化意蕴，却有待于进一步发掘。"行万里路"面对的是无数在时间和空间中展现活动的画面，无论是不同地区、不同族群的文化风俗，还是大自然的奇伟壮丽，甚至一棵老树、一泓流水、一片芳草、一句带着浓浓口音的方言、一顿特色鲜明的地方餐饮，都会引发我们不同的感受和思考，给我们带来无尽的美感享受。

"行万里路"正可以最大限度满足人类追求新鲜、永不满足的天性。在新的时空中重新确定自我、还原自我，并获得新的人生体验，甚至是再生的感觉。早在春秋战国时代，"行万里路"就是学者、思想家追求真知、成就自我的基本途径。《列子·仲尼》说：

> 初，子列子好游。壶丘子曰："御寇好游，游何所好？"列子曰："游之乐，所玩无故。人之游也，观其所见；我之游也，观其所变。游乎游乎！"

列子喜欢游览。壶丘子问："你喜欢游览，游览究竟有什么好处？"列子回答说："游览的快乐，是因为所欣赏的东西是常新的、没有陈旧的。别人游览,是乐其所见;我游览,则是关注和欣赏事物的变化。""所玩无故",张湛注:"言所适常新也。""无故""常新"是"行万里路"的魅力之所在。

"行万里路"强调了人与大自然的审美关系,可以唤醒人类的家园意识,恢复某种受压抑的人类习性。这里说的家园,是指人类生存的自然环境,如土壤、山脉、河流以及动植物资源等等。它们为人类提供了生存所需的一切,所以必须保护。在"行万里路"的过程中,我们会更加强烈地体会到大自然的壮阔恒久,人与大自然和谐相处的异常重要。

"行万里路"丰富人生阅历,更丰富人们的心灵感受。冰心先生认为:"人生有三大乐事:一朋友,二读书,三旅行。"(《蜀道难序》)冰心希望通过"行万里路"遍看天下美景,开阔胸襟、陶冶心灵,为文学创作累积丰富的材料。影响了一代人的《寄小读者》,就是冰心先生"行万里路"的结果,记录作家远赴美国的经历与见闻。苏轼说:"游遍钱塘湖上山,归来文字带芳鲜"(《送郑户曹》);黄庭坚说:"诗到随州更老成,江山为助笔纵横"(《忆邢惇夫》);陆游说:"挥毫当得江山助,不到潇湘岂有诗。"(《予使江西时以诗投政府,丐湖湘一麾,会召还,不果,偶读旧稿有感》)三位诗人以精练的语言,深刻地指出了文学创作与"行万里路"的密切联系。不观赏风光绮丽的钱塘江、不游览河湖纵横的随州、不到烟水苍茫的潇湘——即不"行万里路",不去体验感受奇异壮丽的自然风光,不从中汲取灵感,开阔胸襟,陶冶文思,是不可能写出深刻动人的诗篇的。

"行万里路"是动态的,"读万卷书"是静态的。"行万里路"

往往是跨地域、跨族群、跨文化的，这样便于我们在比较中了解对象、知晓得失，并从异质文化中汲取养分，壮大自己。"行万里路"，就是要远距离、大跨度地从一地赶往另一地，不停地行走，不停地观看，不停地思索，不停地记录。

"行万里路"成就了一批伟大的学者和旅行家。如中国的司马迁、郦道元、玄奘、徐霞客，西方的马可·波罗、达尔文、斯文·赫定。没有"行万里路"，就不会有《史记》《水经注》《大唐西域记》《徐霞客游记》《马可·波罗游记》《亚洲腹地旅行记》等一大批影响人类生活的文学、地理学、考古学、生物学等方面的巨著。

以达尔文为例，达尔文曾乘"贝格尔"（the Beagle）号舰做了历时五年（1831—1836）的环球航行，先在南美洲东海岸的巴西、阿根廷等地和西海岸及相邻的岛屿上考察，然后跨太平洋至大洋洲，继而越过印度洋到达南非，再绕好望角经大西洋回到巴西，最后于1836年10月2日返抵英国。五年里，他对所到之处的动植物和地质结构等进行了大量的考察和采集。23年后的1859年，达尔文出版了《物种起源》这一具有划时代意义的巨著，提出生物进化论学说，从而摧毁了各种唯心的神造论和物种不变论。除了生物学外，他的理论对人类学、心理学、哲学的发展都产生了不容忽视的巨大影响。恩格斯将"进化论"列为19世纪自然科学的三大发现之一。毫无疑问，长达五年的环球航行，为达尔文写作《物种起源》奠定了坚实的科学基础。在《航海日记》中，达尔文曾充满欣慰地表达了"行万里路"的感受：

我常常怀着极其愉悦的心情，回忆起海上的旅行，陆地上的跋涉。这些在人迹不到的地方所享受到的快乐，是文明地区无法产生的。

在长途旅行中，还有其他几种快乐的源泉。世界地图从此不再是一张白纸，它已经变成了一幅包罗万象、充满生机的图画了。

从道德的角度看，旅行让旅行者学习一种善良的耐心，帮助他脱离自私自利，养成自己照料自己的习惯，并且训练自己善于利用每一个机会。旅行还可以交给人不要轻信别人，但是同时他也会发现有如此多的真正心地善良的人们，给他提供最无私的援助，虽然他们过去彼此并不相识，今后也不会再有机会相逢。

人类的知识、人类对于世界的认识，一半源于书本，一半源于"行万里"的路上。这样，"行万里路"就成了有效的求知途径和修身方法。清人钱泳说："语有云'读万卷书，行万里路'，二者不可偏废"，"每见老书生矻矻纸堆中数十年，而一出书房门，便不知东西南北者比比皆是。"（《履园丛话》卷二十三）比起多在书斋完成的"读万卷书"，"行万里路"栉风沐雨，辛劳异常，伴随着危险却也更加感性鲜活、生气勃勃，以至于有"读万卷书，不如行万里路"的说法。说到底，"行万里路"，就是要亲证世界，成就自我，在移动中保持主体的生机和活力，保持对外部世界敏锐的感受力和不衰竭的判断力。

鲁迅先生 1919 年 11 月 1 日发表在《新青年》第六卷第六号上的《"与幼者"》（收在杂文集《热风》中）一文中引述了

日本小说家有岛武郎（1878—1923）的一段话，读后令人难忘：

> 幼者呵！将又不幸又幸福的你们的父母的祝福，浸在胸中，上人生的旅路罢。前途很远，也很暗，然而不要怕。不怕的人的前面才有路。
>
> 走罢！勇猛着，幼者呵！

刚毅决绝，仿佛宿命，绝无退路可言。鲁迅先生说，有岛武郎"是一个觉醒的，所以有这等话；但里面也免不了带些眷恋凄怆的气息"。虽然，我仍把它看作是对"行万里路"者最好的、最有力的鼓励。

原载《中华读书报》2015年12月16日，收入本书时略有增补。

"丝路"悠悠 迤逦天边

"丝绸之路"是一条由商贸推动文化交流的五彩路，为汉唐的开放和强盛做出了巨大贡献。只要走上"丝绸之路"，就会激发一种久违的英雄情怀，产生无数的联想和想象，关于战争的、边塞的、商贸的、奇异物产的、未知世界的。沿途民族风情浓郁，有无数壮丽的自然景观、形态丰富的文化景观以及大快朵颐、一尝难忘的美食美酒。

一

我是从2004年暑期开始"丝绸之路"之旅的，这一走就是十几年。为了旅行与研究的方便，我们通常将汉唐陆路"丝绸之路"分为东、中、西三段：长安向西北经金城（今甘肃兰州）至河西走廊的玉门关、阳关以东为东段，全程大约2000公里；出玉门关、阳关向西至帕米尔高原（古代称"葱岭"）以东为中段，汉唐称为西域，亦即今天的新疆维吾尔自治区全境，东西大约2000公里；翻过帕米尔高原经中亚、西亚一直到大秦（古罗马）为西段，全程大约5500公里。汉唐陆路"丝绸之路"三段中有两段在今天的中国境内，已经成为重要的文化景观带。2014年6月，在第38届世界遗产大会上，中国与吉尔吉斯斯坦、哈萨克斯坦联合提交的"丝绸之路：长安—天山廊道路网"文化遗产申请项目入选《世界遗产名录》，它经过的路线长约8700公里，各类遗迹多达33处。其中，中国境内包括河南省

4处、陕西省7处、甘肃省5处、新疆维吾尔自治区6处,共有22处考古、古建筑遗迹。虽说走了十几年,我也只走了"丝绸之路"的东段与中段的一部分地方。

历史烟云中的河西走廊充满了传奇,无论是自然还是文化。河西走廊东起武威市天祝藏族自治县中部的乌鞘岭,西至玉门关,是"丝绸之路"东段的核心区域。一路向西北,纬度渐走渐高,如爬坡一样,到了瓜州再到敦煌,才开始下坡。2017年的整个暑期,我都穿行在河西走廊上,北向三见龙首山、合黎山,南向三见祁连山。其间两次去西宁,从西宁乘火车向西北直到张掖,一路与祁连山相随。祁连山平均海拔4000米以上,东西绵延1000公里,终年积雪,晶莹皎洁,在高原阳光照耀下银光闪烁,令人心动。探访中国西部,探访"丝绸之路",绕不开祁连山,绕不开河西走廊。2018年8月,我从敦煌飞赴西宁而后改乘火车去拉萨,在空中俯瞰白雪皑皑的祁连山,依然激动不已。

河西走廊上的四郡,地处"丝绸之路"东段,山河险固,战略地位重要。汉武帝收复河西地区,"初置酒泉郡,后稍发徙民充实之,分置武威、张掖、敦煌,列四郡,据两关焉"(《汉书·西域传序》)。两关,指玉门关、阳关,地处"丝绸之路"东段的最西端,是通往西域的门户。河西四郡每一郡相距大约是240—300公里,从东到西,排列有序,如宝鼎一样扛起了整个河西走廊,成为汉唐西北的军事边防要地,曾为抗击外族入侵、守护"丝绸之路"畅通做出了巨大贡献。当时有《游河西走廊二首》,抒发感怀:

其一

丝绸有路到大秦，匹匹生绢价万金。

四郡河西排宝鼎，兴唐盛汉首铭勋。

其二

沙打凉州落日红，焉支羯鼓响无穷。

胡姬劝酒狂歌醉，撩乱边情月夜浓。

河西走廊同时也是汉唐贸易与文化交流通道，中原的物质文化如丝绸、瓷器与精神文化如印刷术、纺织技术的输出主要是通过河西走廊完成的，西域的物产如琉璃、香料、石榴、葡萄、葡萄酒、汗血马与文化如舞乐、佛教文化等，也主要是通过河西走廊进入中原的。除酒泉外，河西三郡是国务院公布的国家历史文化名城。酒泉，因"城下有泉""其水若酒"而得名，李白所谓"天若不爱酒，酒星不在天。地若不爱酒，地应无酒泉"（《月下独酌四首》其二）。酒泉向西几十公里是明代长城的最西端——嘉峪关。嘉峪关关城背倚高山，险峻天成，凸起在茫茫大漠中，巍峨宏伟，壮阔无比，自古有"天下第一雄关"之称，东西绵延的万里长城在这里画上了完美的句号。

河西走廊上的第一重镇是武威，古称凉州，汉唐以来一直是繁华地，北朝温子升《凉州乐歌二首》其一说："远游武威郡，遥望姑臧城。车马相交错，歌吹日纵横。"姑臧城，今武威市凉州区；《大慈恩寺三藏法师传》卷一说："凉州为河西都会，襟带西蕃、葱右诸国，商侣往来，无有停绝。"当时的凉州是与长安、洛阳、金陵、扬州一样著名的大都会："高槛连天望武威，穷阴拂地戍金微。九城弦管声遥发，一夜关山雪满飞"（柳中庸《凉州曲二首》其二）;"吾闻昔日西凉州，人烟扑地桑柘稠。蒲萄酒熟恣行乐，红艳青旗朱粉楼。楼下当垆称卓女，楼头伴客名莫愁"（元稹《和李校书新题乐府十二首·西凉伎》）。

凉州历史悠久，文化昌明，地势险要，有山川屏障环绕，如襟似带，是通往西域的要地，东西往来者熙熙攘攘，争相进入。唐人写中国西部，凉州入诗最多，内容厚重，感情深沉苍凉："高楼酒夜谁家笛，一曲《凉州》梦里残"（张祜《登杭州龙兴寺三门楼》），"今愁古恨入丝竹，一曲《凉州》无限情。直自当时到今日，中间歌吹更无声"（白居易《题灵岩寺》）。今天的武威盛产冰葡萄酒，有文庙、海藏寺、鸠摩罗什寺、西夏碑等众多名胜，我第一次访问鸠摩罗什寺是在15年前的2004年，当时曾有小诗以纪:

龟兹有幸降宗师，妙采莲花弃臭泥。
普渡众生归大乘，修成舌塔望云齐。

鸠摩罗什尝言："臭泥中生莲花，你们但采莲花，勿取臭泥。"（《高僧传》卷二）后秦弘始十五年（413），鸠摩罗什在长安大寺圆寂，临终说："今于众前，发诚实誓：若所传无谬者，当使焚身之后，舌不燋烂。"果然火化之后，"薪灭形碎，唯舌不灰"（同上）。鸠摩罗什是佛教由小乘转向大乘的关键人物，影响广泛的色空观——"色不异空，空不异色，色即是空，空即是色"，就是由鸠摩罗什译自《心经》的。舌塔，鸠摩罗什圆寂火化后有舌舍利，弟子们建塔供奉，直至今日。

武威有"天马之乡"之称，雷台汉墓出土了著名的"铜奔马"（亦称"马踏飞燕"）铜塑，是罕见的艺术珍品，现藏于甘肃博物馆，以来自大宛国的汗血马为原型，又结合西北游牧地区骏马的特点塑成，凌空奔驰，劲健有力，由此可知汉王朝强盛时的审美风尚是阳刚大气的，是追求力量和速度的，20世纪80年代被国家旅游局选定为中国优秀旅游城市标志。2018年秋天访甘肃博物馆，再见"铜奔马"，亲切依然，草成小诗以咏赞：

追风宛马敢翻空，汗血滴来一路红。
葱岭霜蹄才踏燕，飞云已罩陇头东。

张掖，古称甘州，因"张国臂掖"（应劭《地理风俗记》）以通西域而得名。因为地处张掖绿洲，海拔高，即使夏日炎炎，这里也雨水充沛，清凉如秋。在张掖，我租车到了北郊的合黎山下，一睹其雄姿。合黎山东西纵横上百公里，山北是内蒙古的腾格里沙漠、巴丹吉林沙漠，再向北，越过居延绿洲，就进入了蒙古国。合黎山与东面的龙首山、西面的马鬃山，共同构成了河西走廊的北部屏障。为了抵御突厥南侵、布防军事工事，当年陈子昂就曾来过合黎山山口查看地形。合黎山山口上蓝天如洗、白云悠悠，南望便是绵绵无尽的祁连山。张掖市内有大佛寺，始建于西夏永安元年（1098），寺内有木制释迦牟尼涅槃像，长34.5米，为中国现存最大的室内卧佛像。张掖市西北的临泽县有中国丹霞地貌发育最好、地貌造型最丰富的国家地质公园，公园内的丹霞地貌五色斑斓又以红色、橙色为主，如彩缎一样铺展在西北大地之上，雨后的色彩尤其鲜艳。"每至旦暮，彩霞赫炽，起自山谷，色若渥丹，灿如明霞"（《南阳府志》），明人对丹霞地貌的描述，可以用来形容张掖丹霞地貌令人惊艳的颜色之美。

张掖临泽县中国丹霞地貌　高建新拍摄

从武威一路向西，经过张掖、酒泉、嘉峪关，而后是瓜州。《元和郡县图志·陇右道下》说：瓜州"地出美瓜，故取名焉。狐食其瓜，不见首尾。大历十一年（776）陷于吐蕃"。还真的在瓜州服务区吃到了本地的蜜瓜，瓜皮淡绿，瓜肉橙黄脆甜，有点儿像哈密瓜。过了瓜州，就到了河西走廊的锁钥之地——敦煌。敦煌古称沙洲，是"丝绸之路"上最耀眼的明珠，也是中西文化交流的桥梁。莫高窟美轮美奂的壁画、雕塑，更是艺术家的朝圣之地。历史上，无论是取经的、经商的还是探险的，都要集结在敦煌，学习外语、熟悉地理、储存体力、调适心理、准备驼队和给养、聘请向导，而后过玉门、出阳关、走西域，几个月穿行在茫茫无际的沙海。从敦煌向西，是库木塔格沙漠和有"死亡之海"之称的罗布泊；再向西北，是绵延数百里的有"干旱之山"之称的库鲁克塔格山脉，再向西便是塔克拉玛干沙漠。塔克拉玛干沙漠东西长约 1000 公里，南北宽约 400 公里，总面积 337600 平方公里，是中国境内最大的沙漠，是世界第二大沙漠（第一大沙漠是撒哈拉沙漠）和最大的流动沙漠，流沙面积世界第一。只有穿过塔克拉玛干沙漠，抵达葱岭，才算走完今天中国境内的"丝绸之路"。除去朝廷的命令，只有两种原因可以催人走上这九死一生的旅程，那就是金钱和信仰。前者是贩运丝绸，后者是西天取经。

敦煌市西南 70 公里处，是古阳关遗址，有新建的阳关关城和博物馆。游人在此可以花 10 元钱领一个关牒（相当于护照）、租借骆驼在沙海中骑行一段，以感受当年走上西域、穿越茫茫戈壁的情景。阳关是汉唐西境的国门，唐中期后废弃，今天仅剩汉代烽燧遗址。旅人西出阳关，需穿越库木塔格沙漠和罗布泊，找到孔雀河并沿河一路西行，经过尉犁县（唐在此置焉耆都督府）到达今天的库尔勒市，但这也只是走了"丝绸之路"中段的东面半程路。新建的阳关关城城门上有引自《西厢记·长亭送别》"悲欢聚散一杯酒，南北东西万里程"的楹联，读后让人心生无限感慨：万里之外一别，何时才能再见？只有来到此地，才能真切体会王维"劝君更尽一杯酒，西出阳关无故人"诗句中饱含着的生离死别的巨大悲伤——能活着出去，却不一定能活着回来；活着回来，却不一定能见到当年送别你的人。路途虽然艰难危险，前人却把经过阳关通往西域的大道称为"阳关道"或"阳关大道"，后泛指康庄大道。不仅如此，前人由王维的送别诗又进入音乐、绘画，有《阳关三叠》《阳关图》等，不断演绎着人生不能却除的悲欢离合。就此我写成了《诗与音乐绘画的会通——从王维〈送元二使安西〉到〈阳关三叠〉

〈阳关图〉》一文,刊载在《文史知识》2018年第2、3期上。重访阳关,我有小诗《访敦煌阳关烽燧遗址》:

关楼孤耸带斜阳,四望苍茫锁大荒。
劝尽一杯心已醉,三叠声里更哀伤。

汉代阳关烽燧遗址 高建新拍摄

因为沙漠四围,敦煌的夏天酷热,最热是午后,气温时常在40℃上下,不落的太阳晒得人头顶冒烟、后背着火。2017年7月26日我从张掖夜乘火车时细雨蒙蒙,清爽潮润。晨至敦煌,已觉酷热难当,午时气温竟达38℃,再成小诗以咏:

甘州一夜雨淋淋,分至沙洲立见春。
大漠雄关开朔野,汉唐丝路此为尊。

甘州,古张掖;沙洲,古敦煌。奇妙的是,大约到了夜里的11点,一股凉风从敦煌市的北面吹来,气温一下变得清爽起来,游人涌上街市,开始了一天最有味道的生活。敦煌的沙洲夜市是当地最著名的夜市,灯火通明,人声鼎沸,游人们聚集于此品尝着各种美食,如红柳烤羊肉、西域胡羊焖饼、红烧羊蹄子等等,直到凌晨才渐渐散去。因为好奇,食客问店主什么是"胡羊",回答说:"敦煌的绵羊嘛,好吃得很!"店主一句话吊起了食客的胃口,非要吃个饱才肯作罢。

敦煌名胜古迹众多,历来为人向往。敦煌市东南25公里有举世皆知的佛教艺术长廊——莫高窟,开凿于十六国的前秦建元二年(366),一直持续到元朝,前后长达一千余年,是红学家周汝昌先生所称许的中华文明的三大高峰之一(之前是甲骨文,之后是《红楼梦》)。莫高窟中有各个朝代的彩塑2400多身、壁画4.5万平方米,恢宏壮丽,夺人心魄,宗白华先生说:"敦煌艺术在中国整个艺术史上的特点与价值,是它的对象以人物为中心,在这方面与希腊相似";"敦煌人像,全是在飞腾的舞姿中(连立像、坐像的躯体也是在扭曲的舞姿中);人像的着重点不在体积而在那克服了地心吸力的飞动旋律"(《略谈敦煌艺术的意义与价值》)。1988年2月,敦煌莫高窟就被联合国教科文组织列入"世界文化遗产名录",包括西千佛洞,我前后四次观赏。特别是2018年8月18日至8月21日在敦煌参加"2018敦煌论坛:敦煌与东西方文化的交融国际学术研讨会",住在敦煌宾馆,开会和吃饭都在敦煌研究院,每日经过都要与莫高窟的牌楼对望。会上又组织参观莫高窟,结结实实地了解了莫高窟的过去、现在,无论是在文化史上还是在艺术史上,莫高窟、西千佛洞、榆林窟都是奇迹,空前绝后,无法复制。因研究莫高窟藏经洞出土的写本文献而诞生的"敦煌学",是真正意义上的世界性学问,此领域的学者被学术界广泛承认和推崇。常书鸿、段文杰、樊锦诗等学者,因守护莫高窟、研究"敦煌学"而蜚声海内外,为士林敬重。

二

2018年暑期,我再次走上"丝绸之路"。这次是去中国境内"丝绸之路"的西端——古代的西域、今天的新疆境内。新疆地处汉唐"丝绸之路"中段,自然形态丰富,文化多样,民族众多,是东西方文明最大的交汇处,也是英国史学家汤因比教授心目中的多种文化汇聚的福地。从呼和浩特飞往乌鲁木齐,再飞往伊宁,向西飞越天山北支的婆罗克努山,在8000米的高空俯瞰雪山及伊犁河谷,景色壮丽。1小时后到达"中国薰衣草之乡"——伊犁哈萨克自治州的首府伊宁。伊宁机场内满溢着馥郁的薰衣草芬芳,清心醒脑,伊宁街头随处可见茂盛的薰衣草以及出售各种薰衣草制品的店铺。

我是乘汽车游览新疆西部边境地区的,第一站是霍尔果斯口岸。从伊宁向西北100公里就到了对面是哈萨克斯坦的霍尔果斯口岸,途中经过可克达拉市,耳边响起了传唱久远的《草原之夜》:

> 美丽的夜色多么沉静
> 草原上只留下
> 我的琴声
> 想给远方的姑娘

>写封信耶
>
>可惜没有邮递员来传情
>
>等到千里雪消融
>
>等到草原上
>
>送来春风
>
>可克达拉
>
>改变了模样耶
>
>姑娘就会来伴我的琴声

可克达拉市是新疆直辖县级市，与新疆生产建设兵团第四师实行师市合一管理，那时在遥远西部工作着的人们是多么的深情，深情中又充满了诗意的期待。霍尔果斯是蒙古语，意为"驼队经过的地方"，是陆路"丝绸之路"上的重镇。1881年清政府与俄国签订《中俄伊犁条约》，割让7万多平方公里的土地给俄国。口岸有当时立的中俄界碑，现已成为文物，人称"耻辱碑"，据说由清政府出资、沙俄政府制作。在埋设界碑时，清政府没有官员到现场监督，俄方乘机将界碑向中国境内推移了20公里，对此清政府虽然一直未予承认，但也由此形成了40多平方公里的争议地区。界碑上刻着沙俄国徽双头鹰像，显示了沙皇通吃东西方的勃勃野心。直到今天，俄罗斯的国徽上依然是伸着两只爪子的双头鹰，莫斯科大学的旅游纪念章上也有双头鹰的标志。

离开了霍尔果斯口岸东北上，就到了素有"高原明珠"之称的赛里木湖。赛里木湖在博尔塔拉蒙古自治州境内，海拔2080米，是淡水湖，蓄水量相当于10个喀纳斯湖、100个天池。赛里木湖颜色碧蓝,平静如镜,天在水中,水在天上,天水一色,美不胜收。从赛里木湖沿着218国道西南行,便进入伊犁河谷。伊犁河谷北、东、南三面环山,北面有西北—东南走向的科古尔琴山、婆罗科努山,南面有西南—东北走向的哈尔克他乌山和那拉提山,中部还有乌孙山、阿吾拉勒山等横亘,构成"三山夹两谷"的特殊地貌。伊犁河谷属于乌孙国故地,汉代的解忧公主就是远嫁到了此地,对此唐人颇有不平:"条条去附枝,薤草绝本根。可惜汉公主,哀哀嫁乌孙。"(鲍溶《述德上太原严尚书绶》)巩乃斯草原、巩乃斯河谷就在其境内,巩乃斯河穿行其间,历史上盛产骏马,即著名的"乌孙马",汉武帝初名之"天马",今称伊犁马。当我为一匹神骏的枣红色伊犁马拍照时,它躁动不安,喷着鼻息,昂首嘶鸣,前蹄一个劲儿地跑着草地(跑,音 páo,走兽用脚刨地,如杭州的虎跑泉)。牵马的哈萨克少年说,它就想奔跑。见此情景,草成小诗《伊犁行》:

天马骏逸谷地成,嘶风跑雪纵横行。

乌孙旧地归西域,公主琵琶起汉声。

前路遥遥,凌晨5点即起身,在蒙蒙细雨中由伊犁哈萨克自治州的新源县沿着218国道前行,山势渐高渐陡,道路蜿蜒曲折,翻越海拔3050米的巩乃斯山脉,眼底群山苍茫,云气缭绕,山下便是中国第二大草原——巴音布鲁克,海拔2700米,面积达23835平方公里,平阔无垠,一派浩荡。一路东行再南下,中午时分到了天山深处和静县的巴仑台镇,吃了一碗羊肉面片,又购买了矿泉水和刚出炉的烤馕。馕,古称"胡饼",是汉唐丝路上的必备干粮。有了骆驼、馕和饮用水,就可以穿越茫茫的沙漠戈壁。过了和静县就进入了南疆,再向南向西便走上唐代"丝绸之路"中线,沿路炎风如火,四望荒凉,已属于"绿洲文明"地带,不能想象玄奘独自一人是如何由此西行,穿越浩瀚大漠,翻过葱岭,历经千难万险,九死一生,到达他心中的圣地天竺那烂陀的。

从巴仑台向南经过和静县向南,就到了盛产香梨的库尔勒市。库尔勒是巴音郭楞蒙古自治州(汉代的焉耆国)行政区首府,北倚天山支脉,有孔雀河的源头博斯腾湖,南邻世界第二大沙漠塔克拉玛干沙漠。塔克拉玛干沙漠的北缘是汉代"丝绸之路"的北线、唐代"丝绸之路"的中线(唐代又开辟了一条新北线)。塔克拉玛干沙漠的南缘是汉唐"丝绸之路"的南线,均是古代中西交通的咽喉之地。玄奘西天取经,回来时走的就是南线,先后经过今天的喀什、疏勒、莎车、叶城、皮山、和田、于田、民丰、且末、楼兰,先进入敦煌,最后回到长安,玄奘曾在《大唐大慈恩寺三藏法师传》卷五中备述归国旅途的艰难和危险:

> 从媲摩城东入沙碛,行二百余里,至泥壤城。又从此东入流沙,风动沙流,地无水草,多热毒鬼魅之患。无径路,行人往返,望人畜遗骸以为标帜。碛确难涉,委如前序。

媲摩城,在今新疆策勒县北,属安西都护府管辖;泥壤城,尼雅故城,在新疆民丰县(西距于田 150 公里)100 余公里的塔克拉玛干沙漠中,汉之精绝国所在;碛确,多石而坚硬的路。因为是移动的沙漠,没有确定的道路,只能以人畜的骸骨为标志,才能避免迷路,玄奘的取经之路可谓去国也难回来也难。《大唐西域记·大流沙以东行程》（卷十二）中也记载了玄奘走"丝绸之路"南线经泥壤城东行回到敦煌的情形：

> 从此东行，入大流沙。沙则流漫，聚散随风，人行无迹，遂多迷路。四远茫茫，莫知所指，是以往来者聚遗骸以记之。乏水草，多热风。风起则人畜昏惛迷，因以成病。时闻歌啸，或闻号哭，视听之间，恍然不知所至，由此屡有丧亡，盖鬼魅之所致也。

库尔勒向西是铁门关，是"丝绸之路"的必经之路，岑参诗曾描写过铁门关恶劣的自然环境与险要的地理位置："铁关天西涯，极目少行客""桥跨千仞危，路盘两崖窄"（《题铁门关楼》），"银山碛口风似箭，铁门关西月如练。双双愁泪沾马毛，飒飒胡沙迸人面"（《银山碛西馆》）。向西是轮台县，再向西100公里是库车。库车古称龟兹，是连接今天新疆

库尔勒铁门关丝绸古道　刘尊明拍摄　　库车天山大峡谷　高建新拍摄

南北的要冲、汉唐中西文化交流的重镇。公路两边尽是戈壁，午后气温已达36℃，地表温度可能有42℃，一下车热风席卷，晒得头顶冒烟、后背灼烫。荒凉的西域，火炉里的西域。出库车县沿库尔车河向北70公里，便到了著名的天山大峡谷。峡谷属于雅丹地貌，呈褐红色，远看如火。谷内溪水漫流，气温在20℃上下，清凉如秋。上次游大峡谷还是在2012年8月，一晃就是整整五年。从库车向西偏北50公里，就到了归龟兹研究院管理的克孜尔千佛洞，上次来时是2012年8月，参观了千佛洞，但是不许拍照，晚上还在龟兹研究院的职工食堂吃了一顿饭，在研究院的招待所住了一个晚上。这次规定有了变化，可以用手机拍摄千佛洞里的壁画了。大喜过望，于是用手机拍了几张，效果也还说得过去。

　　游过克孜尔千佛洞之后，又从库车出发，沿着唐代"丝绸之路"中线向西南，经过阿克苏就抵达了喀什。喀什是中国最西端的城市，是喀什噶尔的简称，意为"玉石般的地方"，东望塔里木盆地，西倚帕米尔高原，与塔吉克斯坦、阿富汗交界，是汉唐"丝绸之路"绕不过的重镇，也是"丝绸

克孜尔千佛洞壁画　　高建新拍摄

之路"中国段南、北两道在西端的总会点。玄奘西天取经,去回均经过喀什,《大慈恩寺三藏法师传》一书有详细的记载。人们都说:"不到喀什,就不算到新疆;不到古城,就不算到喀什。"我在喀什老城穿街走巷一整天,四处寻觅"丝绸之路"的踪迹,一直到天完全黑下来才回去。功夫不负有心人,在老城居民区的蔬菜摊上看到了由"丝绸之路"传入的多种蔬菜、水果、干果及调味品,如胡荽、胡芹、胡瓜、胡萝卜、西瓜、葡萄、黑胡椒、孜然、鹰嘴豆、蚕豆、开心果、无花果等等,今天我们的日常生活已经离不开这些物产了。"丝绸之路"的开通,极大地丰富了中原的物质生活与精神生活,泽惠一直延续至今。

喀什地区盛产美玉,基本分为籽料(河床中采的玉)与山料(山上采的玉)。籽料受河水冲刷,多圆润;山料由人工开采,如矿石,有棱角。在喀什玉雕厂参观,一块重4公斤的羊脂玉开价15万元人民币,一小块儿籽料挂件开价8万元。同等品质,籽料比山料要贵。汉唐"丝绸之路"又称"玉石之路",贩运玉石与丝绸一样利润巨大,元人马祖常说:"波斯老贾度流沙,夜听驼铃识路赊。采玉河边青石子,收来东国易桑麻。"(《河湟书事二首》其二)西域胡商以玉易丝,利润巨大。玉门关的设立就与方便和田玉输入中原关系密切,不同处在于:玉石由西向东入关,丝绸由东向西出关;"玉石之路"稍短,"丝绸之路"漫长;贩运玉石,西域赚中原的钱;转运丝绸,中原赚西域的钱。

博物馆是了解一地历史文化的最佳之处。喀什博物馆收藏的汉唐文物丰富多彩,文化价值独特,如南北朝的"三耳压花陶罐"、唐代的"浮雕人像陶片"、宋代的"饰缂丝边缘绢绵袍"

等,都是"丝绸之路"上的遗珍,放到其他博物馆早就特藏了。从当地出土的丝麻残片、陶纺轮、石纺轮看,历史上的喀什地区不仅转运丝绸也出产丝绸,地位十分重要。今天的和田一带出产一种名为"艾得拉斯"的丝绸,轻薄柔软,色彩绚丽,式样以条纹为主,中亚风格十分明显,实际上就是汉唐以来传承下来的。我在喀什艾提尕尔广场边上的一家专营"艾得拉斯"的丝绸店,看到的丝绸颜色纹样有数百种之多。唐诗中描写的"胡腾舞""胡旋舞"男女舞者穿的舞衣,主要是用这种丝绸制成的。

从喀什出发沿着有"中巴友谊公路"之称的314国道,出疏附县的乌帕尔镇一路南行,就进入了帕米尔高原。帕米尔高原,《山海经·大荒西经》称"不周山",古人认为不周山是人界唯一能够到达天界的路径,因山中多野葱,汉唐称"葱岭"。《汉书·西域传》说:"西域以孝武时始通,本三十六国,其后稍分至五十余,皆在匈奴之西,乌孙之南。南北有大山,中央有河,东西六千余里,南北千余里。东则接汉,厄以玉门、阳关,西则限以葱岭。"唐诗中的葱岭为"西极"之代称,指西部、北部的万里边疆:"葱岭秋尘起,全军取月支"(于鹄《出塞》),"密雪曙连葱岭道,青松夜起柳营风"(方干《王将军》),"前年葱岭北,独战云中胡"(韦庄《平陵老将》)。我们乘坐的"喀什丝路旅游"专车一路前行,与昆仑山、盖孜河相随。这一带是汉代疏勒国旧地,历史悠远,文化深厚,自然风光壮美。游人需在"盖孜边防检查站"下车,核验身份证、边境通行证。穿过一条悠长的隧洞,就见公路两侧云雾缭绕,雪山苍莽。沿着314国道经过沙山环抱的高原湖泊——白沙湖继续向前,便进入阿克陶县南境,到达海拔 3700 米的喀拉库勒湖,柯尔克孜语意为"黑湖"。湖边空气清冽,西风吹来,湖水荡漾,水色青碧如翡翠。因为是高山湖,湖上云气飘浮,时聚时散,乍晴乍雨,风光独绝。湖对面是有"冰山之父"之称的慕士塔格峰,海拔 7509 米,山顶终年积雪,映衬在蔚蓝色的天宇下分外晶莹皎洁,是真正意义上的湖光山色,奇崛壮美,无以复加。由此再南,就到了塔什库尔干塔吉克自治县境内的红其拉甫口岸,海拔 4733 米,是世界上海拔最高的口岸,口岸对面是巴基斯坦,口岸距喀什市 420 公里。

喀拉库勒湖　高建新拍摄

由于现代化进程的加快,地域差别日渐缩小,能代表一地文化特色的首推饮食。说北京,肯定要提到油条、豆腐脑;说山东,肯定要提到煎饼、大葱;说河北,肯定要提到驴肉火烧;说山西,肯定要提到刀削面;说陕西,肯定要提到肉夹馍;说重庆,肯定要提到红油火锅;说湖南,肯定要提到红烧肉,等等。喀什以羊肉闻名，天下独绝：一是新鲜，当地人说，新鲜的羊肉上落的是马蜂，不新鲜的羊肉上爬的是苍蝇。二是现宰现吃，不过夜，喀什没有冻羊肉一说。三是吃法多样，可煮可蒸可涮可烤，可以馕包肉，可以手抓饭，可以过油肉拌面，也可以羊肉汤煮馕、羊肉汆面片（当地称"那仁"）。各种羊肉美食以馕坑烤肉为最，把羊肉剁成拳头大小的带骨肉块，用鸡蛋清、姜黄、胡椒粉、孜然粉、精盐、面粉，还有我不知名称的西域特有的香料，拌匀成糊，均匀地涂抹在肉块上，再穿挂在铁架子上放入馕坑，四面受火，约烤半小时即成，外焦里嫩，鲜美异常。再佐以浓烈的"伊力特"老酒，听邻座说着你压根儿就听不懂的语言，更是妙不可言。7月的喀什晚上10:40天才刚黑，烤羊肉的炭火在大街小巷闪烁，空气里弥漫着羊肉的香气，央视《舌尖上的中国》形容美食常用"弹牙"一词，指食材上好、烹制讲究，耐咀嚼品尝。如以此论，喀什的羊肉"弹牙"，面食亦"弹牙"。我在喀什遍吃各种做法的羊肉和面食，实在是天下美味。从呼和浩特经乌鲁木齐飞喀什，单程航程3537公里，来回7074公里，不贪吃、不吃好能对得起遥远的旅程吗？但喀什的美食实在太多了，你就是放开肚皮吃也着实吃不了几样。

在喀什游览了5天之后，带着不舍，7月26日由喀什机场飞赴乌鲁木齐，草成小诗二首，抒发喀什观感：

其一

丝路西行极此边，巍巍葱岭尽冰川。

云翻雾锁盘盘路，玄奘东归苦雪山。

其二

东渐胡风物产丰，石榴如火籽瓤红。
馕坑烤肉孜然粉，辣味椒香洒半空。

三

"丝绸之路"开放互通，壮阔悠远，如画幅一样缓缓铺展在苍茫的亚欧大陆上。我以为，"丝绸之路"上移动的风景与永恒的象征非骆驼莫属。

骆驼是仁兽也是神兽，素有"沙漠之舟"的美誉，是耐力的代表，在极端的气候条件下可以长途跋涉，能在沙漠中找到水源，是"丝绸之路"上最重要的运载牲畜，可以远距离驮运丝绸、陶瓷、茶叶，直到中亚、西亚乃至大秦。清人童华《骆驼经》说："驼日行六七十里，急行可三四百里，马不能及。虽冰雪在地，寻啮草根木枝，即可度日，不费草料。遇郭壁（戈壁）数百里，则灌盐一斤，缚其口，数日不饥渴，故塞外往来挽运，盘打阪，过郭壁，莫善于驼"；"驼知泉脉所在，辄止不行，往往掘地得泉。"一说丝路风情，人们首先想到的就是骆驼。敦煌城里到处可见骆驼图案，鸣沙山有成群的骆驼供游人有偿骑乘，以体验古老的"丝绸之路"驼铃叮咚、沙海茫茫的情形。喀什的艾提尕尔广场有一组名为"丝路风情"的骆驼铜塑，表达了人们对骆驼为"丝绸之路"所作贡献的敬重。广场上还有一对漂亮的白驼悠然漫步，神情自若，令人叹赏，遂作《咏古丝路骆驼二首》，以咏眼前之景：

其一

南北天山魅影浮,驼蹄印路自成图。

遥遥碛道连西域,雪岭嚼冰渡热湖。

其二

曲颈如鹅趾掌宽,茫茫沙海自成船。

盐浆解渴风中宿,运驮绢丝满宇寰。

热湖,今称伊塞克湖,高山不冻湖,在今吉尔吉斯斯坦境内,唐代称"热海""咸海"或"大清池",是"丝绸之路"上的必经之地,岑参有《热海行送崔侍御还京》一诗:"侧闻阴山胡儿语,西头热海水如煮。海上众鸟不敢飞,中有鲤鱼长且肥。"这是唐人第一次将热海写入诗中。骆驼脾性温顺,在你骑乘的时候,它会先弯曲蹄子、跪下前腿,再跪后腿平卧下,让你很容易地抬腿跨上去,等起身时则是先起后腿、再起前腿,慢慢

唐代彩绘釉陶载物骆驼　西安博物院藏　高建新拍摄

立起全身，缓步向前。骆驼的步履，可以用不紧不慢、四平八稳来形容，骑乘在有驼峰前倚后靠的驼背上，有绝对的安全感。骆驼奔跑也很有意思，马跑是直着向前，骆驼跑是左右向前。记得我17岁在内蒙古苏尼特草原插队，在一个初冬的黄昏，我要去山那边的牧民家。在四望苍茫的草原上，凭着骆驼的沉稳，数着渐明渐亮的满天寒星，走过了一片又一片沙地，最后安全到达。

可以这样说，没有骆驼，就没有"丝绸之路"的运输；没有骆驼，"丝绸之路"就不会延伸得如此之远。敦煌莫高窟壁画中有多幅有关骆驼与"丝绸之路"的壁画，如第61窟、第296窟、第302窟、第420窟，或为骆驼饮水、灌药，或牵引骆驼及驼车在山间草原行走，这些壁画创作的时间大致在公元5至10世纪之间，说明隋唐时期以骆驼为主的驮运仍旧是"丝绸之路"商旅贸易最主要的交通运输方式。"丝绸之路"上的骆驼稳健持久，魅力独具，让人心动。不管怎么评价，骆驼都是那种能给人带来无限美感的古老生灵，是勇气和力量的化身。时至今日，骆驼依旧不断地引发人们关于汉唐历史、边塞、西域、贸易以及"丝绸之路"的丰富想象力。

"诗圣"杜甫说"崆峒西极过昆仑，驼马由来拥国门"（《喜闻盗贼蕃寇总退口号五首》其三），是唐代"丝绸之路"繁盛的文学写照。崆峒，山名，在今甘肃平凉市城西12公里处，峰林耸峙，怪石嶙峋，主峰海拔2123.3米，唐属陇右道肃州福禄县，是古"丝绸之路"西出关中之要塞，有"西来第一山"之称。西极，极西，西方极远之地，汉唐中国人所知的极西之地就是大秦，即罗马帝国。杜诗说，走过崆峒山、翻过昆仑山一直向西，经过里海、黑海、地中海就到了大秦；"丝绸之路"开通以来，骑着骆驼、牵着马前来的人争相涌进国门，其势如堵，盛况空前。不说葱岭以西的"丝绸之路"西段，亦即今天中亚、西亚以及北非、欧洲的高原、山川、河流、大海，仅是中国境内的以河西四郡、阳关、玉门关、吐鲁番、霍城、伊宁、焉耆、库尔勒、铁门关、轮台、库车、阿克苏、喀什、疏附等为代表的丝路沿线，风光就美不胜收，让人流连忘返。

"丝路"壮游，一看地域，二看距离，三看海拔。一出行就是几千公里，穿越河西走廊，进入天山南北，浩阔的天宇、巍峨绵延的雪山、荒凉无边的戈壁、广袤的草原、悠远的河流、清澈的湖泊，由此连带起的长城、古堡、烽燧、大漠、胡杨、驼队、骏马、胡笳、羌笛、弯弓、鸣镝，构成了全幅的"丝绸之路"图景，既雄浑壮阔又古劲苍凉，有咀嚼不尽的文化蕴含与美学意味。"丝绸之路"连接的不仅是东方与西方、内地与边疆，还连接着历史与现实、今天与未来。"丝绸之路"宛若彩云游动，迤逦在遥远的天边。走上"丝绸之路"，自豪感与英雄主义情怀油然而生；走上"丝绸之路"，视野和心胸才会大开；走上"丝绸之路"，你才敢像诗人海子一样硬气地说："远方就是这样的，就是我站立的地方。"（《遥远的路程》）

2018年12月12日初稿，2019年6月26日修改

天上西藏

西藏，是我心中的天国。独闯西藏，是我一生的梦想。从2013年到2018年的5年间，我三次进藏，实现了人生的最大梦想。第一次进藏我选择的是火车进、飞机出的交通方式，第二次来去都是飞机，第三次全程是火车。相比飞机，我更愿意乘坐火车进藏，一则可以从容饱览青藏高原的壮美风光，再则也是想通过火车在海拔逐渐升高的行进过程中，自然解决高原反应。

一

2013年7月第一次进藏。本来打算乘坐北京到拉萨的T27次列车，当时网上是可以提前20天购票，早6点30分我就坐在电脑前等着7:00一开网就购票，结果连续三天，一开网就只有硬座，一张卧铺票都没有，由此可知进藏的人之多。急中生智，在西宁转车，票就好买多了。我是24日在北京乘坐T175次列车到西宁（软卧下铺582元）的，11点56分开车，第二天上午9点10分到达西宁，全程21小时14分。西宁当天气温13—19℃，清凉无比，比起出发前的北京的34℃，有"夏都"之美誉的西宁才是真正的避暑胜地。

一下火车便先去了青海省博物馆，馆藏的铜鎏金观音像、舞蹈纹彩陶盆、敦煌经卷《摩羯经》（唐人抄本）都是国宝。中午在西宁著名的特色餐馆"沙力海"犒劳自己：一盘手抓羊肉 86 元,一盘有"素肉"之称的炒黄蘑 118 元,很悲壮地喝下了半斤高度青稞酒,自己为自己饯行。作家张爱玲是哭给自己看,我则是喝给自己看。这是入藏前的最后一顿酒,再喝就要等到出藏了。午后,西宁下起了蒙蒙细雨,愈发显得清凉,我的心里却是热热的。晚上早早就来到了西宁火车站候车,心中涌动着莫名的期待,既兴奋又不安。10 点终于乘坐上了直达拉萨的 K9811 次列车,软卧下铺 794 元。列车员登记了每位旅客的身份证,并给每人发了一张"旅客健康登记表",要求如实填写,背面是"高原旅行提示":

根据卫生部门和医生意见,旅客进入高原前建议进行体检,由医生确认可以进入高原旅行时,方可前往高原旅行。凡有下列疾患之一者,不宜进入海拔 3000 米以上高海拔地区旅行:

1. 各种器质性心脏病,显著心律失常或静息心率＞100 次/分,高血压 II 期以上,各种血液病,脑血管疾病。

2. 慢性呼吸系统疾病,中度以上阻塞性肺疾病,如支气管哮喘、支气管扩张、肺气肿、活动性肺结核、尘肺病。

3. 糖尿病未获控制;癔病、癫痫、精神分裂症。

4. 现患重症感冒、上呼吸道感染,体温在 38℃以上或体温在 38℃以下,但全身及呼吸道症状明显,在病愈以前,应暂缓进入高原。

5. 曾确诊患过高原肺水肿、高原脑水肿、血压增高明显的高原高血压症、高原心脏病及高原红细胞增多症者。

6. 高危孕妇。

青藏铁路公司西宁客运段

填过表之后，心里反倒踏实了。包厢里的旅友来自五湖四海，主动自我介绍，一见如故，毫无芥蒂，都是敢闯天涯的勇者。一觉醒来，便已到海拔2819米的格尔木。早在2004年8月，我就来过格尔木，看了正在修建的青藏铁路，了解有关进藏的事情。从那时起，我用了10年的时间，把西藏之外的大陆省份都走了。火车继续向前，已经进入了面积达250万平方公里的青藏高原，海拔也随之升到了4500米以上，因为火车是加氧车，我自己并无高原反应。让人称奇的是，7点32分火车从格尔木一开就是10多个小时，直到17点55分抵达海拔4513米的那曲车站，中间820公里不停也没有站可停。

中国最壮丽的关于自然的史诗，是在被称作"万川之母""万河之源"的青藏高原展开的。车窗外是连绵壮阔的山脉——昆仑山、唐古拉山、念青唐古拉山，有长江的源头、海拔6621米的格拉丹东雪山以及怒江的源头、海拔6070米的吉热格帕雪山，两座山分别在铁路的一右一左；还有世界海拔最高的淡水湖——海拔4800米、面积约300平方公里的措那湖，与铁路最近处只有十几米；与铁路线相随的还有格尔木河、楚玛尔河、沱沱河、那曲河，中国目前建成的面积最大、海拔最高、野生动物资源最丰富的可可西里（蒙古语"美丽少女"义）自然保护区。孕育了生命也孕育了东方古老文明的几条大河都发源于青藏高原：长江、黄河、印度河、雅鲁藏布江、金沙江、澜沧江、怒江、独龙江。

青藏铁路沿途风光绝美，难以言喻。当年瑞典探险家斯文·赫定走向西藏时曾兴奋地说："当你抛开生活的拖累和烦恼，第一次置身于1.6万—1.7万英尺高的地方，第一次看到西藏的壮阔雄大的山群,而且知道以前从来未被人类所目睹的千年积雪仅仅面对的是太阳的光芒和夜晚星辰的默默注视时,此时你心中奇特的快乐与自豪是无法言传的。"(《西极探险》,王鸣野译,新疆人民出版社2003年版,第1—2页)其间,火车上的海拔表显示的最高海拔是5100米,在唐古拉山口;我自己带的海拔表只能显示5000米,再高就没有刻度了。过了那曲,再向前就是念青唐古拉山脉,主峰7162米。全长700公里、平均宽150公里的唐古拉山脉是青海西藏的分界,全长1400公里、平均宽80公里的念青唐古拉山脉是藏南藏北的分界。唐古拉站是世界上海拔最高的火车站,海拔高度达5068米,由于特殊的原因,这里并没有人值守。火车下一站是当雄(19点44分到),海拔4293米,而后就是拉萨。全程历时23小时45分,晚上9点45分到达海拔3650米的达拉萨,也未觉得有什么不适。从呼和浩特出发到北京526公里,北京到西宁1801公里,西宁到拉萨1960公里,共计4287公里,三段乘车时间合起来是53个小时。这是我平生坐得时间最长、路途最远的火车,只为去一个地方。

西藏是地球上离天最近的地方,也被多数人视为畏途,所谓"出国容易进藏难"。我想,去西藏,首先战胜的是自我的心理恐惧,其实就是对遭遇不测的恐惧。什么高血压、心脏病、脑水肿、肺水肿,不一而足。西藏地处高原,平均海拔4000米以上,海拔每上升100米,气温就相应降低0.6℃。西藏的含氧量比海平面少35%—40%,气压仅是海平面的一半,水的沸点也随之降为84—87℃左右。缘于此,初到高原的人常有头痛、胸闷、心跳加快、呼吸困难等高原反应,甚者可能会丢掉性命。但只有到了西藏，你才知道它是如此生机勃发、充满活力，知道原来有那么多的人不怕遭遇不测，为了远方未知的世界，为了一生期待的风景，为了在极地体认自我、确证自我。他们热情坦荡，勇敢坚韧，眼界辽阔，对人生有独特的体验和认识。即使是像我这样走南闯北、履历丰富的老者，对他们也钦佩不已，毕恭毕敬，时时请教。来前，我因重感冒连着打了6天吊针。稍好，问大夫可以进藏否。大夫说：你这个年龄，又是独自一人，建议不进。我又问："能否活着回来？"大夫一笑置之。基于年龄和健康原因，我也想到过万一，进藏与不进，有过抉择的彷徨，但一转念，万一它不万一呢。走！

可以告慰自己的是，到过了西藏，中国的省、自治区、直辖市除了台湾，我就都去过了。这一过程，对我而言，竟用了30年的时间。人生苦短，等待太过漫长，一晃便垂垂老矣！感慨归感慨，火车站就在眼前。拉萨站是一幢藏式建筑风格的二层楼，位于拉萨市西南的堆龙德庆县柳梧乡境内，海拔3600多米，距离市区近20公里。这里出站不查验火车票，查验的是身份证。在拉萨清凉的夜色里，我大口呼吸着缺氧的空气，当然欣慰不已。终于来了，来了就好，来了就不算晚。我不断地安慰着自己，尽量让自己激荡的心平静下来。西藏确实是一个检验勇气和生命力的地方。说实在的，把走西藏放到最后一站，也有总结人生的况味在内，两次到拉萨，我都是独自一人。最后的，也往往是最好的、最美的、最重要的。背着重重的行囊，行囊里有我为第一次进藏积攒了多年的较为充裕的旅费和御寒的衣服，还有佳能E0S7D单反相机，专为此行新配的70—300mm佳能二代长焦镜头。独自进藏，这在我这个年龄也算是稀见,同车厢进藏的,我没见一个是独行的。带着北方奔波的风尘(进藏前我人在旅途已经整整7天)和对映照着金色转经筒的拉萨蓝天白云的无限遥想,住进预订的宾馆,这回是真正意义上的宾馆,不是客栈,不是快捷酒店。呼吸顺畅,一夜平安。

二

人生的滞塞,多是因为没有通达的生命观。想通了关于生命的事情,在拉萨的第一晚上也就睡得非常踏实。第二天一早去参观向往已久的布达拉宫,像一首歌唱的那样:

> 坐上了火车去拉萨
> 去看那神奇的布达拉
> 去看那最美的格桑花呀
> 盛开在雪山下
> 坐上了火车去拉萨
> 跳起那热烈的雪山朗玛
> 喝下那最香浓的青稞酒呀
> 醉在神话天堂

7点30分走出宾馆,天才蒙蒙亮,还下着淅淅沥沥的小雨,7、8月份是西藏的雨季。拉萨的天亮得晚,黑得也晚,与北京的时差大约是2个小时。以8月1日为例,北京日出时间是5点13分,日落时间是19点29分,拉萨日出时间是7点15分,日落时间是20点49分。拉萨当天(2013年7月26日)的气温是11—21℃,清凉潮润,在全国的省会城市中独一无二。

我住的酒店"上海大厦"距离布达拉宫并不远,步行只需15分钟就可以到达。在绵密的雨中,我来到了布达拉宫的西广场,由此沿着布达拉宫的围墙向北转大半圈儿,就到了东广场。布达拉宫的围墙边上是数不清的转经筒,已有许多藏族同胞拨转着经筒开始朝拜了。因为是旅游旺季,布达拉宫200元一张的门票并不好买到,需要预约。布达拉宫每天放票2300张,其中700张是专门留给藏族同胞朝拜的。我在20天前就和西藏中国旅行社约好了一张门票,导游让我到布达拉宫的东广场找他。

在湿漉漉的空气中,过了两道安检门,又经过了两次身份核实,终于随团进入到了布达拉宫围墙里。因为游客众多,参观通常被限制在一个小时以内,且不能拍照。布达拉宫高115米,是一座规模宏大的宫堡式建筑群,依山而建,气势雄伟,具有鲜明的藏式风格。整体建筑主要由东部的白宫、中部的红宫组成,白宫为历代达赖喇嘛居住,红宫则是历代达赖喇嘛灵塔所在,镶金裹银、宝石无数,豪华异常。如五世达赖喇嘛的灵塔,高14.85米,是布达拉宫中最高的灵塔,塔身用黄金包裹,耗费黄金11万两。布达拉宫中珍宝无数,全藏的财富差不多都汇集于此了,仅是唐卡就有近万幅,到处可见壁画和浮雕,金光灿烂,耀人眼目,堪称是一座藏民族艺术的殿堂,1994年被列为世界文化遗产,50元人民币背面的图案就是布达拉宫。慕名而来的游客摩肩接踵,络绎不绝,拥挤得直让人喘不过气来。拉萨市区的建筑都不高,多为四层楼,看不到摩天大楼,除去海拔高的原因,更重要的是不得超过布达拉宫的高度。

夜色下的布达拉宫　高建新拍摄

游览了布达拉宫出来，时间尚早，于是又去了位于拉萨老城中心的大昭寺。大昭寺占地21500平方米，始建于公元7世纪，距今已有1350年的历史，是松赞干布为传播佛教而兴建的，为西藏现存最辉煌的吐蕃时期的建筑。相传主供殿东面中间的殿堂里供奉着文成公主带进藏的释迦牟尼佛12岁等身像。据传，此像是释迦牟尼在世时依照其本人相貌塑造的，塑好后，其弟子有幸请释迦牟尼本人为自己的塑像开光。藏民认为，见到了等身像，就如同见到了释迦牟尼本人一样，因而在藏传佛教中拥有至高无上的地位。在大昭寺前，有许多信众在叩等身长头，他们在手、膝盖上佩着护具，一边双手合十，高举过头，然后行一步；双手继续合十，移至面前，再行一步；双手合十移至胸前，迈第三步时，双手从胸前移开，与地面平行前伸，掌心朝下俯地，膝盖先着地，然后全身匍匐着地，额头轻叩地面，这样的等身长头一生至少要叩十万个。他们用苦行的方式表达对佛的礼敬,以获得内心的安宁,铺就通往天国的道路。其无比坚韧的信仰精神,让人感动不已。藏族是一个用身体丈量自己生活的神圣大地的民族。生活在西藏的藏族人口有252万,约占全国藏族的二分之一。当然,在大昭寺前,他们叩头累了,也会歇一歇,喝点儿水,吃点儿东西,甚至掏出手机打打电话。还有众多的信徒是沿环绕着大昭寺的八廓街叩头,八廓街周长有1000余米,信众一直匍匐着,向前挪一次身子叩一次头,每一次头都要紧贴石头铺成的路面,多数是大汗淋漓,额头沾满了灰尘。

拉萨大昭寺　高建新拍摄

西藏佛寺众多,风格独特鲜明,所藏文物精美绝伦。仅是拉萨,就有哲蚌寺、色拉寺、罗布林卡,都是著名的藏传佛教大寺,值得一游。细雨滋润、万木葱茏、云缠雾绕的哲蚌寺,海拔近4000米,是"雪顿节"礼敬大佛的主寺,宗喀巴的弟子始创于1416年,天国氛围浓郁,香火鼎盛时期僧众超万人。

站在寺高处，可俯瞰拉萨河及两岸的拉萨市区。清晨即起，一步一喘、两步一歇，终于攀上了海拔 4000 米的寺最高处，此时雨也停了。2018 年第三次进藏时，我已年近花甲，自以为不容易！哲蚌寺是藏传佛教规模最大的寺，坐落在拉萨市郊的培乌孜山南坡的山坳里，流水淙淙，鸟鸣婉转，环境如园林般优美。雪山上的圣水缘溪蜿蜒而下，带动在溪上架立的众多转经筒昼夜转动，永不停歇，转经筒又有节奏地敲响连带的梵铃，声声清亮，在格桑花开的寂静的山中久久回响。外地游客不多，我是随着朝圣的藏民走过一处处圣地的，藏族大妈还送我一把奶食当作干粮。哲蚌寺是佛的世界：随处可见长明的酥油灯，染成五色的用来礼佛的青稞、玉米，有时飞鸟也来享用，既好吃又好看。在法相庄严的大山深处，我也虔敬地转动了一次转经筒。雨又来了，我也再次上到了海拔 4000 多米的高度，来到哲蚌寺的措钦大殿，站在大殿的台阶上可观拉萨市全景。密

拉萨哲蚌寺　高建新拍摄

宗院内开满了鲜花，阿嘎土地面（一种混合碎石、泥土和水之后再以人工反复夯打而成的地面，光滑如水磨石）上嵌着琉璃宝石。朝圣者众多，手提装满了酥油的暖壶、塑料卡子，见灯便添油。喇嘛见灯内的酥油满了，小号的灯便倒出来，大号的灯便用瓢舀出来，再放进地上的大桶中，就这样往来熙攘，川流不息。

雨过天晴，沿着山脚下的路从哲蚌寺又来到色拉寺，为的是临观下午三时开始举行的著名的辩经场景。在百年老榆树下，辩经的僧人有盘坐者，有击掌者。因为语言不通，私心揣测：击掌者为发问方，盘坐者为回答方。一问一答，有正方、反方，到后来击掌声愈响、反问者表情严肃，场面愈来愈激烈，三问一、一对二、群起而攻之者亦有之，持续讨论整整两个小时，内容通常为大乘佛教的五部论典，最后所有僧人围成半圆集体诵经。

拉萨色拉寺辩经现场　高建新拍摄

在藏期间，我还去过日喀则的扎什伦布寺，山南地区的桑耶寺、昌珠寺、雍布拉康寺，这些寺庙都名声显赫，在藏传佛教史上占有重要地位。扎什伦布寺在拉萨西200多公里的日喀则尼色山下，是后藏最大的黄教寺庙，寺名意为"吉祥须弥山寺"。历史上，前藏由达赖管辖，后藏由班禅管辖，所以寺中最宏伟的建筑是大弥勒殿和历世班禅灵塔殿。大弥勒殿位于寺院西侧，殿高30米，供奉1914年由九世班禅确吉尼玛主持铸造的弥勒坐像，总高26.2米，是世界上最大的镀金铜佛坐像，共用黄铜231400斤，黄金6700两，仅镶嵌佛像两眉，就用了大小钻石、珍珠等1400多颗。寺中灵塔内藏有历世班禅的舍利肉身，以十世班禅的灵塔最为豪华。为建好灵塔祀殿，国家拨出6424万元，黄金614公斤，白银275公斤，连祀殿的地面上都嵌有大块的红珊瑚、绿松石、白水晶，让人惊叹不已。

从拉萨出来沿着拉萨河向南，再沿着雅鲁藏布江向东行就到了山南地区。山南地区在冈底斯山和念青唐古拉山之间，南与印度、不丹接壤，北与拉萨相连，东邻林芝，西接日喀则，是藏文化的发源地，有西藏目前唯一的国家级重点风景名胜雅砻河（藏语意为"从上游下来的大河"）风景名胜区。从拉萨出来汽车行走近4个小时，就到了山南地区扎囊县的桑耶镇，镇上有被称为西藏第一寺的桑耶寺。"桑耶"，藏语是"出乎意料"之意，据说当年藏王赤松赞德看到进藏传经的密宗大师莲花生变幻出寺院影像，惊呼"桑耶"，故名。桑耶寺建于公元762—779年，内地正是唐代宗李豫执政时期，属于中唐。依照印度寺院的格式修建"坛城"（曼陀罗），寺的中心是主殿乌策大殿，象征世界中心须弥山；殿的四周有红、白、黑、青四座佛塔,代表着四天四王。整个寺院气势宏伟,被称为西藏建筑史上的佳作。乌策大殿集藏、汉、印度三种风格于一身,底层为藏式,供释迦牟尼;二层为汉式,供莲花生大师;三层是印式,供密宗佛像等印度佛像。看着寺院石墙缝隙长出的青草,就知道其历史的悠久。桑耶寺虽地处僻远,但信徒众多,来自各地的朝拜者皆带着酥油壶,逢佛必拜,逢灯必添酥油,虔诚得让人感动。尤其值得一提的是桑耶寺中的壁画,在大殿和甬道回廊中均是壁画。壁画画画相连,环绕寺院四周,我丈量了一下,周长450步。数不清有多少幅,画了多少人物、多少场景,气象非凡,震撼人心。

扎囊县向东是乃东县,乃东县南2公里的雅砻河东岸的昌珠镇上有始建于唐代的昌珠寺,据说文成公主曾在此驻足修行,1961年即成为全国重点文物保护单位。寺内有极其珍贵的珍珠唐卡,长2米,宽1.2米,用29026颗珍珠串起,镶有红宝石2颗、蓝宝石1颗,为罕见的文物珍品。珍珠唐卡挂在一间南向的殿堂里,有一手握念珠的老僧守着,不许拍照。西藏最早的宫殿——雍布拉康也在山南地区的乃东县,著名的雅砻河在乃东县昌珠镇以北的泽当镇注入雅鲁藏布江。雍布拉康坐落在乃东县东南约5公里的扎西次日山上,寺院借山势而高耸。"雍布"意为"母鹿",因扎西次日的山势形似母鹿而得名,"拉康"意为"神殿",据说最初是松赞干布和文成公主的夏宫,后成为黄教寺院。寺院后面有无数的经幡映衬在蓝天白云下,色彩艳丽,动人心魄。值得一提的是,松赞干布迎娶文成公主意义重大,由此拉开了西藏与中原交往的大幕。

游过了西藏的寺庙,你会强烈地感受到这是一个精神高于物质、关心天国和来世远比关心现实和今生多得多的特殊地方。信众一生就是为佛主而活着,为彼岸世界而活着,为来世而活着,无论今生忍受多少苦难,遭受多少折磨。生死相续,地狱天堂,转世轮回,在西藏是日常的话题。

山南乃东县雍布拉康
游客拍摄

三

西藏的自然景观是以雪山圣湖为代表的。一上青藏高原,雪山就随处可见。在公路及两侧,偶一抬头,皎洁的雪山就会飘然入目,让人心神一振,自然会想象有关雪域的、洁白无尘的天国的事情。倒是圣湖需要特意去追寻,西藏的高原湖泊约有 1500 个,超过 100 平方公里的就有 35 个。纳木措、羊卓雍措与玛旁雍措,合称西藏的"三大圣湖"。在"三大圣湖"中,玛旁雍措是中国湖水透明度最大的淡水湖泊,位于冈底斯山主峰——冈仁波齐峰和喜马拉雅山纳木那尼峰之间,在阿里地区的普兰县境内。面积 412 平方公里,湖面海拔 4588 米。平均水深 46 米,最大水深 81.8 米,湖水透明度可达 14 米。玛旁雍措西北 20 公里即海拔 6656 米的神山冈仁波齐峰。地处中国、印度、尼泊尔三国交界处的普兰县距拉萨 1300 余公里,路途遥远，难以亲临。于是我告诉自己，先游拉萨北面的纳木措、拉萨南面的羊卓雍措，玛旁雍措下次再游，西藏只来一次肯定是不够的。"措"，藏语意为"湖"。因为西藏高山湖泊众多，所以人称"一错（措）再错（措）"。

纳木措海拔4718米，在拉萨北面的当雄县境内，是世界上海拔最高的大湖。走109国道，260公里的路程要走4个半小时。国道蜿蜒在山中，一路与水色青白的楚布河相随。其间，经过中国最大的地热湿蒸汽田——羊八井，要翻过海拔5190米的那根拉山口。那根拉山口处于念青唐古拉山脉中，是通往纳木措的必经之地。因为雪霰飘飞，气候寒冷，我们在那根拉山口也只停留了20多分钟。站在这座号称属于生命禁区的海拔5000米的山口远眺，纳木措犹如一面宝镜镶嵌在蓝天之际。纳木措是仅次于青海湖、色林措的中国第三大的咸水湖，藏语意为"天湖"，湖的形状近似长方形，东西长约80多公里，南北宽40多公里，周长318公里，面积1920多平方公里。湖水最大深度超过120米，蓄水量768亿立方米，为世界上海拔最高的大型湖泊。阳光照射下的纳木措，湖水荡漾，颜色从透明到青碧到蔚蓝幽蓝一层一层地变化着，如画图一般明丽而有节奏。对面的近湖岸的山（扎西多半岛）是葱茏翠绿的，再高则是皑皑白雪。皑皑白雪映衬的是一碧如洗的天空，偶尔有白云掠过。湖中的斑头雁、赤麻鸭、白翅翎上下翻飞，自如嬉水，全然不理会游人的赏观。每逢藏历羊年，各地的朝圣者会不远千里前往纳木措，参加盛大的转湖节。

纳木措　高建新拍摄

从拉萨到羊卓雍措虽然路程只有70余公里，却需要翻越海拔5030米的岗巴拉山口。羊卓雍措藏语意为"碧玉草原之湖"，湖面海拔4442米，东西长140公里，南北宽80公里，湖岸线总长250公里，总面积649平方公里，大约是100个杭州西湖（面积约6.5平方公里）的面积。羊卓雍措湖水均深20—40米，最深处有59米，是喜马拉雅山北麓最大的内陆湖。羊卓雍措属于高原堰塞湖，历史上曾为外流湖，后来由于湖水退缩成为内流湖，并分为若干小湖，其湖面高度相差不过6.5米。由于湖中丘陵突起，湖岸曲折蜿蜒，汊口众多，羊卓雍措的山水形态更加丰富，更富有美学意味。延伸到青碧湖水中的坡岸上，有大片的鹅黄色的油菜花和碧绿的青稞苗，油菜花、青稞苗的后面是白墙黑窗的藏式房屋，色彩对比显豁，恰似天成的画图。

沿着羊卓雍措旁的公路向西,跨越海拔4330米的斯米拉山口,在距离古城江孜县城71公里的307国道边上,就看到海拔5560米的卡若拉冰川。这是整个西藏离公路最近的冰川,只有300多米。卡若拉冰川是年楚河东部源头之一,面积达9.4平方公里,在阳光下皎洁耀眼,与白云同色,直扑远天,气象雄伟,圣洁无比。但令人遗憾的是,17年前拍摄《红河谷》(上海电影制片厂摄制于1996年,冯小宁执导)时,为了制造出真实的雪崩景象,利用炸药在卡若拉冰川上炸出了一个三角形的缺口,露出的黑褐色岩石如伤口一样,至今清晰可见。卡若拉冰川作为著名的古冰川之一,这个伤口怕是永远不会愈合了。

卡若拉冰川　高建新拍摄

日喀则火车站 游客拍摄

在西藏旅行时一路相随最多的是雅鲁藏布江。雅鲁藏布江是世界海拔最高的大河，发源于西藏西南部，藏语意为"高山流下的雪水"，流域海拔平均4000米，被藏族视为"摇篮"和"母亲河"。在中国境内全长2057公里，流域面积24万多平方公里。雅鲁藏布江自西向东横贯西藏南部，流经米林后，绕过喜马拉雅山脉最东端的南迦巴瓦峰转向南流，于墨脱以北切穿喜马拉雅山，形成世界第一大峡谷——雅鲁藏布大峡谷。最后流经印度、孟加拉国，在孟加拉国与恒河相汇后注入孟加拉湾。雅鲁藏布江一路奔腾，迂回曲折，气势浩荡，几乎从西到东横贯了藏南。沿河山高谷深，风景幽美。第一次去日喀则乘坐的是汽车，一出拉萨向南沿着拉萨河南下到曲水县，而后再沿着雅鲁藏布江向西行300余公里，饱览了河上壮美的风光。拉萨河是雅鲁藏布江的五大支流之一。第二次去日喀则乘坐的是2014年8月开通的火车，来去506公里，全线山环水绕，气象萧森，平均海拔在3600米至3920米之间。沿着奔腾的雅鲁藏布江在世界上海拔最高的铁路上飞驰，那感觉在内地是绝不会有的。

还有西藏的云也极有特点，那是天国遣往人间的使臣。与高高在上、不肯轻易降临人间的内地的云不同，西藏的云与山亲也与水近，时常在低空久久徘徊，一大片接大一片地漫过你的头顶，把大片的阴影毫无顾忌地留在厚重的大地上，轻盈透明，充满灵性，一尘不染，有质感，空间透视极好，仿佛触手可及。不管是映衬在高远的蓝天下，还是飘浮在连绵的群山上，都能构成赏心悦目的明爽图画，给人以无限的遐想。我在拉萨住的酒店窗外是葱茏的药王山，每日举头可见飘荡在山顶上的片片云朵，因早晚、晴晦、风向而形状不同、颜色不同。游览归来，我几次呆望着窗外的白云，直到幽蓝的天空有明亮的星辰升起。

让人惊异的是，在西藏，你眼见的美景绝不是照相机可以全部反映出来的，尤其是晴日阳光反射下雪山、冰川的皎洁，蓝天白云映照下的高原湖泊的澄澈。我拍摄风景也有几十年的时间了，第一次发现照相机中的照片与亲眼见到的景色居然有如此大的差异。当然，能形诸言语文字的，也不过十分之一二。

西藏的美景是特殊的地理环境和气候造就的。青藏高原是世界最高的高原，也是中国地貌主要构成的三个阶梯的高级阶梯，由极高山、高山和大高原组成，海拔超过 8000 米的山峰就有 11 座，"世界屋脊"此之谓也。《中国大百科全书·中国地理》（1993 年版）写道：青藏高原"植被类型复杂，垂直分布分明，低山郁郁葱葱的森林，可与邻近的冰川、雪山构成在同一幅画面上的瑰丽的图景"。高原上横亘着几条近乎东西走向的山脉，昆仑山山脉、唐古拉山脉、冈底斯山脉—念青唐古拉（藏语"灵应草原神"之意）山脉，海拔为6000—7000米，这是构成青藏高原主体的羌塘（藏语"北方的高平地"之意）高原，是高原湖泊集中分布的地区，也是中国面积最大的自然保护区。沿湖地区是优良的天然牧场，舒展开阔，春夏季牛羊遍野，鲜花盛开。藏南的雅鲁藏布江谷地，海拔为3500—4100米，气候温暖，年温差小而日温差大，最暖月15℃，最冷月也只有-4℃，青稞、小麦、豌豆苗满布田野，一片葱绿，生机勃勃。古老的拉萨、日喀则、江孜、乃东就在其间，占尽地利天时。自然环境决定了前藏以牧业为主、后藏以农业为主。

由于海拔高，西藏的大气稀薄又洁净异常，尘埃和水汽含量少，大气透明度极好。再加上日照百分率高，如有"日光城"之誉的拉萨，年日照数为3005小时，平均每天8—9个小时，比同一纬度宁波的2087小时，高出了近1000小时。阳光穿过大气层时，太阳辐射量损失小，因而造就了内地绝无的美景。加上信仰至上的天国氛围的熏陶，进入雪域高原之后灵魂的洗涤，审美心境愈加纯洁透明—如朗月下静静开放的高山雪莲，天人相合，物我两忘，眼前的美景越发美不胜收，是真正意义上的人间仙境，抑或曰仙境临降人间。如果不亲临其地，无论如何都不可能想象出西藏的风景美到了何种程度。2018年暑期我以花甲之年独自一人再次走上青藏高原，来到圣城拉萨，心中自然是无限感慨，草成小诗二首：

其一

重来雪域兴依然，壮丽河山未改颜。

哲蚌色拉天上寺，辩经会罢雨云闲。

其二

雪铸昆仑气象新，银光直射九霄云。
沱沱水阔来天上，万古冰川万古春。

进藏 30 多年、为传播西藏文化做出了卓越贡献的著名作家马丽华在《走过西藏·自序》中这样说："有一年秋季在错高湖畔，我体验了今生所能领略感受的终极之美。"错高湖又称巴松措，在藏东林芝地区工布江达县的原始森林中，四面环山，气候温和，湖面平均海拔 3538 米，冬天不结冰。关于自然的"终极之美"，只有在西藏才能体验到。想想看，没有西藏的海拔，就没有西藏的美景；没有西藏一尘不染的透明空气，就没有西藏的美景。何况天国的氛围与信仰的力量，何况审美主体多年来对信仰的执守、对天国无限的神往！顺便说一句，在我读到的有关西藏的论著中，藏族女作家唯色的《西藏笔记》（花城出版社 2003 年版）是一本有厚度的著作，闪耀在其中的信仰光芒令人感动："西藏啊，我生生世世的故乡，如果我是一盏酥油供灯，请让我在你的身边常燃不熄；如果你是一只飞翔的鹰鹫，请把我带往光明的净土。"游纳木措归来，草成《西藏行》一首，表达了我的内心感受：

心旌飘飘雪域高，红尘万念望中消。
淘澄五脏天国近，祈愿成佛咫尺遥。

游过了藏南藏北，东藏的昌都亦是一个有挑战的地方。我是从成都飞往昌都，飞机在蒙蒙细雨中起飞，航程 774 公里，从海拔 485 米的成都双流国际机场 65 分钟后降落到海拔 4334

米的昌都邦达机场。邦达机场被称为"世界上离市区最远""世界上气候最恶劣"的民用机场，四川的稻城亚丁机场是中国海拔最高的机场，达 4411 米，邦达机场海拔位居第二。几天后返回成都，第一次看到飞机客舱中空姐背着小型氧气钢瓶、吸着氧为乘客服务。邦达机场位于藏东昌都市邦达草原、玉曲河西岸狭长山谷中，北距昌都卡若镇 136 公里，是国内离中心城市最远的民用机场，跑道全长 5 公里，是世界上跑道最长的民用机场之一。机场所在地气候复杂，冬春气温常在 −20℃，机场上空的空气密度只是海平面的 50%。

昌都邦达机场　陈宁拍摄

从邦达机场下山，海拔依旧很高，途经浪拉山海拔是 4572 米，但空气纯净，视野辽阔，望处皆绿。盘山公路一路与澜沧江宛转相随，路遇一群秃鹰，栖落在公路边的坡地上，我想它们可能是在去参加天葬仪式的途中稍事休息的。从邦达机场到昌都市三个多小时的路程，一路上山高谷深，道路弯曲，云飘雨来，云走雨停。昌都藏语意为"两河汇合处"，昂曲、扎曲在这里汇流成澜沧江。卡若区是昌都政府所在地，四面围山，海拔 3300 米，与北京时差也是两个小时，历史上是茶马古道的重镇、康巴文化的发祥地，由此南向缅甸、尼泊尔、不丹、印度路途最近。昌都藏风味的美食值得一提，尤其是石锅涮新鲜牦牛肉十分鲜美，别处未见。因为海拔高，与游拉萨一样，游昌都也会别生感怀：

  筑城云上意悠悠，相看澜沧浊水流。
  大地生风真浩荡，青稞美酒解忧愁。

在昌都看澜沧江与在西双版纳看绝不一样，西双版纳是大江碧透，昌都是浊水滔滔。一江有清浊，上游浊下游清抑或上游清而下游浊，是江水的常态。

昌都浪拉山　陈宁拍摄

四

无论是地质地貌,还是信仰、风俗,西藏都是一个独特的地方。一进入青藏高原,你就豁然明白,原来入目的一切,都只能是属于西藏的自然景观与文化景观。

藏族牧民日常主食是糌粑。"糌粑"是炒面的藏语译音,将青稞炒熟(这和内蒙古西部先将莜麦炒熟再磨成面粉很相似)磨成面粉和着酥油拌成团,用手捏着吃。我以为,之所以要把青稞炒熟,还是因为海拔高,怕生面粉做不熟。因为气压的缘故,在西藏面条也需要用高压锅煮才能熟。在乃东县的泽当镇,我的午饭就是一碗高压锅煮的面条,但口感一点儿不差。酥油,在西藏用途广泛,既用来做糌粑、熬酥油茶,也用来点灯供佛,制作精美的酥油花。佛寺里随处可见供在佛像前长明的酥油灯。在前藏、后藏的大大小小寺庙的供案上,你总能看见信众奉上的一摞摞袋装的酥油。酥油灯是藏传佛教信徒们的心灯、精神之灯。他们相信,在尘世生命终结之时,如果没有燃烧的酥油灯陪伴,灵魂将在黑暗中徘徊。"醍醐灌顶"的醍醐,指的就是酥油。在西藏昌都的强巴林寺、青海的塔尔寺,酥油还可以制成佛像及精美绝伦的艺术品。

西藏的艺术以唐卡为代表。唐卡系藏文音译,指用彩缎装裱后的卷轴画。按照质地、制作法可分为绘画唐卡、织绣唐卡两类。绘画唐卡是用颜料直接在画布(棉布、绢面和纸面)上绘制,颜料多为天然矿物质研磨而成,甚至用牦牛胆汁调和研碎的红珊瑚、绿松石为颜料,所以唐卡色彩明丽,经久不褪色。织绣唐卡以丝绢绸缎为材料,用刺绣、缂丝、织棉等工艺制作。

按照不同的底色，可分为彩唐、金唐、黑唐、赤唐等。唐卡是藏族文化中一种独具特色的绘画艺术形式，内容以神佛人物为主，也涉及藏族的历史、名人传、医学、天文、历算等方方面面，堪称藏民族的百科全书。从艺术技法看，西藏的唐卡属工笔画法。在古城江孜，询问一位名叫多杰旺久的年轻唐卡艺人，他说画一幅唐卡一般需要 7 天的时间，大一点儿的需要一个月甚至更长的时间。在西藏博物馆，看到了从唐代到明清等各个时期的唐卡，十分精美，大开眼界。我自己从江孜请回来两幅唐卡，日日观赏，兴致盎然。唐卡流行于蒙藏地区，只要有藏传佛教的寺庙，就必定有唐卡。拉萨哲蚌寺每年 8 月 14 日举办的"雪顿节"（也称"酸奶节"）开幕式，展出的巨幅缎制释迦牟尼佛像唐卡，长 40 米，宽 37 米，是世界上最大的唐卡。

还有藏獒。藏獒是一种原产于青藏高原的大型烈性犬，头大额宽，眼呈三角形，脚盘较大，如虎爪紧包。成年藏獒体格高大，威风凛凛，神似雄狮，让人望而生畏，素有"东方神犬"之称。藏獒对主人异常忠诚，是游牧民族的保护犬，据说一只藏獒可以打败七匹狼。进入青藏高原后，在火车窗外不时可以看到藏獒在山地上来回奔跑，牧放着没有牧主人的牦牛群。第一次进藏从日喀则回拉萨的路上，参观了一处藏獒繁育基地。基地里藏獒成群，蔚为壮观，有白色的雪獒、褐色的"铁锈红"等等，最贵重的一只，据说市价两千万元。只可惜，多数藏獒被圈在铁笼子中，多了几分温顺，少了一些威猛。

要了解西藏文化，坐落于拉萨市罗布林卡路上的西藏博物馆（每周一闭馆）也值得一去。馆中展出的藏传佛教像、藏族传统工艺品及历代唐卡均精美绝伦，罕有其比。馆中还有镶嵌着绿松石、红玛瑙的金碗、银壶、铜盆,工艺精湛,堪称极品。藏民喜欢以绿松石、红玛瑙为配饰,也喜欢把绿松石、红玛瑙镶嵌在各类用具尤其是铜器上。无论是何种器物,一有绿松石、红玛瑙的加入就不同凡俗,给人高贵典雅的感觉。

导游说:"西藏游是'身体下地狱,眼睛上天堂,灵魂归故乡'的体验过程。"为了再次体验这个奇妙的过程,当然也为了留下牵挂,第一次西藏之旅雅鲁藏布江大峡谷没有去,林芝(海拔2900米)没有去,普兰没有去,玛旁雍措、冈仁波齐峰(佛教的须弥山)没有去,从拉萨到尼泊尔的行程也没有安排。西藏是不能不第二次、第三次去的地方,我期待着自己不久重来。虽然我已经来了三次,还要来第四次、第五次。

带着无限的留恋,2013年8月1日14点10分,第一次进藏的行程圆满结束,我乘坐东航MU2382航班从拉萨南75公里的贡嘎机场起飞,俯瞰着窗外的雪山、白云、河流,心里有说不出的欣慰。2小时45分之后,飞机就从海拔3700米的拉萨落到了海拔仅有570米的西安。细算起来,第一次游西藏从7月24日踏上进藏的旅程到8月1日离藏,前后一共是9天。从咸阳机场回到西安市区用了一个半小时,晚上,本想独自痛饮,要了一瓶当地产的52度的太白老酒,谁知只喝了二两就有了浓浓的醉意,而且满身是汗,燠热难耐,一看随身带着的气温计是34℃。怀念啊,清凉的拉萨!天上的西藏!

原载《鹿鸣》2020年11期

乌兰巴托行

　　中国与蒙古国的边境线长达 4670 公里，是中国 14 条边境线中最长的一条，其中内蒙古与蒙古国的边境线就长达 3000 余公里。发源于蒙古国肯特山东麓的克鲁伦河，全长 1264 公里，流域面积 7153 平方公里，在中游乌兰恩格尔西端进入中国境内，流经呼伦贝尔市新巴尔虎右旗，东流注入呼伦湖，在中国境内 206 公里。克鲁伦河沿岸牧草丰富，汉唐以来就是重要的农牧业地带。克鲁伦河，《史记·卫将军骠骑列传》称"弓闾水"，《汉书·卫青霍去病传》称"弓卢水"，《元史·张柔列传》称"卢朐河"。克鲁伦河两岸是蒙古民族形成的核心地带，也是成吉思汗早期活动的主要地域。内蒙古与蒙古国的中南部同处于蒙古高原，是真正意义上的山水相依，何况两地历史上就生活着一个共同的民族——蒙古族，不仅有共同的语言，也有大致一样的信仰和风俗。我自己决定前往蒙古国首都乌兰巴托，是在听了《乌兰巴托之夜》歌曲之后：

　　有一个地方很远很远

　　那里有一生最重的思念

　　草原的子民无忧无虑

　　大地的儿女把酒当歌

　　乌兰巴托里木得西

　　那木罕 那木罕

　　你远在天边却近在我眼前

> 乌兰巴托里木得西
>
> 那木罕 那木罕
>
> 听歌的人不许掉眼泪

"里木得西""那木罕"均为蒙古语,前者是"夜""夜色"之意,后者是"宁静""静谧"之意。歌词中最让人心动的是"草原的子民无忧无虑/大地的儿女把酒当歌"两句,游牧民族一生逐水草而居,帷天席地,风餐露宿,一生与孤独的自由相随,在与严酷的自然环境的抗争中,养就了顽强坚韧、知难而进的民族个性,在永不停歇的移动中保持着自己的生机和活力,保持着对外部世界敏锐的感受力。他们对物质生活的要求并不高,所以"无忧无虑""把酒当歌",是最朴素的也是最高的生活理想。

一

我们一行五人是 2014 年 7 月末从呼和浩特白塔国际机场出关,乘坐蒙古国航空公司(Aero Mongolia,简称"蒙航")MO802 次航班飞往乌兰巴托。飞机是螺旋桨小型客机,可乘坐 50 人。在隆隆的发动机声中,飞机于 16:00 起飞,一路向北。蒙航的标志是一只威武的草原雄鹰,正是有"蓝天之国"美誉的蒙古国上空展翅翱翔的飞机的写照。

飞机起飞半个小时之后,就进入了蒙古国的东戈壁省。因为云气稀薄,可视度好,透过舷窗向外望去,入目的都是灰褐色的茫茫戈壁,几乎没有绿色,偶见公路纤细如线,蜿蜒在戈壁中。航线穿越的正是蒙古国的大片戈壁,东戈壁省的西面是南戈壁省，北面是中戈壁省、戈壁孙贝尔省，戈壁一片连着一片。戈壁（Gobi），在蒙古语中有"沙漠""砾石荒漠""干旱之地"等意思，指地面几乎被粗沙、砾石所覆盖，植物稀少的荒漠地带。戈壁是地球上巨大的荒漠与半荒漠地区之一，绵亘在中亚浩瀚的大地，跨越蒙古国和中国广袤的地域。戈壁的范围北抵阿尔泰山和杭爱山，东接大兴安岭西缘，南至阿尔金山、北山和阴山，西可达天山东部，占了蒙古国国土面积的三分之一。

飞行了近两个小时之后，从舷窗向外望，才看到了广阔的草原、片片丛林和闪闪发亮的河流，还有山脊上高高架立的座座白色风力发电机。从渐飞渐低的飞机上俯瞰，整个乌兰巴托被浓郁的绿色和无数洁白的蒙古包所包围，呈现出了无限的生机。半小时后，飞机稳稳地降落在了乌兰巴托成吉思汗（Chinggis Khaan）国际机场。入关手续简便，早有导游等在出机口打着汉语牌子迎接。机场距离乌兰巴托市区大约20公里，40分钟后便入住"HOTEL RICHFIELD"酒店，和我们国内的普通标准间一样，干净整洁，电视、空调（中国产的）、小型冰箱、热水壶、插座（还是中国的"公牛"牌）、拖鞋、毛巾、浴巾、洗漱用具一应俱全，非常方便。

乌兰巴托市位于蒙古高原中部，肯特山南端，鄂尔浑河支流图拉河畔，海拔1351米，地处北纬48°23′32″，东经107°17′58″，呼和浩特地处北纬40°47′45″，东经111°41′15″。乌兰巴托是典型的大陆性温带草原气候，季节变化明显，夏天凉爽，冬天寒冷。乌兰巴托7月末的日落时间是北京时间20点30分，比呼和浩特晚40分钟。晚餐后出来散步，微风习习，非常清凉，气温在20℃上下。

第二天用过早餐后，按照行程，前往乌兰巴托东 70 公里处的观光胜地肯特山脉中的一处自然保护区——特日勒吉国家公园（Terelj National Park）。汽车驰过图拉河大桥后一路向东，沿着岗峦起伏的肯特山前行。公路南侧有大片的如绒毯一般的草原，清澈的溪流边上不时可以看到游荡的马群、羊群，构成一幅天高地广、碧野茫茫的北方草原图景，还有"三友洞""乌龟石"等自然奇景。一路上走走停停，中午时分，我们到达了特日勒吉国家公园。特日勒吉地处肯特山下，座座蒙古包散落在开满鲜花的山地上，我们住地的周围是高耸的石山，山上长满了苍松翠柏。晴日朗朗，有游动的白云不时飘过天空。这里与其说是国家公园，还不如说是一片由传统蒙古包组成的度假村。虽是在草原，度假村里却有干净卫生的公用洗手间和独立的洗澡间。我们的下榻处是一座经过改造了的蒙古包。蒙古包的门低矮，需弯腰进入，包里很宽敞，摆放着四张木床，每个

乌兰巴托特日勒吉国家公园　高建新拍摄

床上有一套干净的被褥外加毛毯。蒙古包的中间地上是一个有烟筒的铁炉子，天冷时可以点火取暖。与在内蒙古所见稍有不同的是，这里的蒙古包中间有两个支柱，保证了蒙古包的整体平衡。

坐在宽敞的蒙古包里，自然会想到游牧民族的生活历程。蒙古包，古称穹庐，是古代北方游牧民族用毡子搭成的居所，因其中央隆起，四周下垂，形状似天，故称。蒙古包主要有三大构件：可折叠的网状围壁条木、搭起伞状圆顶的椽木、覆盖圆壁和顶棚的白色厚毡。蒙古包顶有圆形天窗，可以用来通风、采光、排烟。《周礼·冬官考工记》："胡之无弓车也。非无弓车也。夫人而能为弓车也。"郑玄注曰："匈奴无屋宇，田猎畜牧，逐水草而居，皆知为弓车。"（《周礼注疏》卷三十九）弓车，即弓人和车人，亦指弓和车。《汉书·匈奴传下》："匈奴父子同穹庐卧。"颜师古注："穹庐，旃帐也。其形穹隆，故曰穹庐。"穹庐多用红柳作支架，围以毡子，故又称毡帐、毡房、毡包，如王安石《明妃曲》说："穹庐为室旃为墙，胡尘暗天道路长。"这是一种移动的住所，结实轻便，有大有小，拆分后可以载在车上，并随时随地组合、搭建成房，以适应草原上的气候条件和"逐水草而居"不断移动的游牧生活。后来曾两次出使辽国的北宋学者苏颂有《后始辽诗·契丹帐》，对北方游牧民族的生活习俗表示了理解和赞赏：

> 行营到处即为家，一卓穹庐数乘车。
> 千里山川无土著，四时畋猎是生涯。
> 酪浆膻肉夸希品，貂锦羊裘擅物华。

> 种类益繁人自足，天教安逸在幽遐。

牧放牛马，追逐水草，一顶毡帐数乘车，随处可以为家。游荡在广袤丰饶的草原上，四时狩猎，以奶、牛羊肉为食，以动物皮毛为衣，尽得大自然的馈赠。勇敢剽悍的游牧民族就这样一代一代繁衍生息，悠闲自由地生活着、创造着。入夜的度假村，安详至极，万籁俱寂，唯有虫声唧唧，举头繁星闪闪，清如水晶，历历可数。投入草原的怀抱，都市的喧嚣早已远去，身心完全回归自然。成小诗一首，以表达内心的感受：

> 肯特山下牧马奔，穹庐点点带羊群。
> 石叠花野连云起，万籁无音此境深。

清晨，天高云淡，空气清新，鸟声清脆，满目翠绿，一望无际的草原更显壮阔。吃过蒙式西餐后，和度假村的蒙古族姑娘挥手告别，我们乘坐旅游巴士从特日勒吉出发，穿过乌兰巴托城区前往胡斯台国家公园（Khustai National Park）。汽车一路向西，沿路不仅有广阔的草原，也有大片金灿灿的油菜和碧绿的麦田。看来，蒙古国的牧区也有有限开垦的农田。胡斯台国家公园在乌兰巴托以西约130多公里，占地5万多公顷，是一处自然条件下蒙古野马的保护区。

参观保护区里的野马博物馆了解到，蒙古野马是目前世界上唯一生存的野马，又被称为普氏野马（*Equus ferus* ssp. *przewalskii*），是蒙古草原固有的珍稀野生动物，在中国新疆地区的北部偶尔也能看到。19世纪末，俄国探险家普尔热瓦尔斯基带着十几个武装到牙齿的哥萨克在新疆准噶尔盆地用残忍的手段疯狂射杀了带着小马驹的母野马：

> 已经跑远的刚落地三个小时的小马驹，根本不认识暴雨般的枪弹，它只认识母亲的身体。在小马驹折回母亲身边的时候，惊恐万状的哥萨克又放了一排枪，打在小马驹的后腿上。小马驹瘸了一下，毫不理会别丹式步枪，它只瘸了一下就恢复正常。它奔到母亲的身边跪倒在母亲眼前，交颈相磨。妈妈是枕着孩子咽气的，那团大烈火猛然一抖，从它细长的眼睛里闪射出罕见的美丽，慢慢地暗下去，好像给苍穹拉了一道帷幕。

这段令人心碎的描述见于杜根成、丘陵所著《普尔热瓦尔斯基传》（中国民族摄影艺术出版社2002年版，第182页）中。普尔热瓦尔斯基立即拉开母马的肚子做标本，后来带回了俄国，引起世界轰动，这种具有6000年进化史的野马被命名为"普氏野马"。根本就不是通常说的普尔热瓦尔斯基在中亚地区旅行时，俄罗斯边防军人赠给他一些马皮和马头骨，后经圣彼得堡科学博物馆鉴定，确认这是一种新发现的野马种类并命名为"普氏野马"。由于狩猎和自然环境的恶化，蒙古野马到20世纪70年代已濒临绝种。在国际保育人士的呼吁与协助下，1992年，蒙古国初次从荷兰、乌克兰的动物园引进20匹蒙古野马在胡斯台草原放养。后来又从澳大利亚、瑞士等国先后引进蒙古野马。现在，这里的野马头数已达400多匹，成为全球蒙古野马研究的重要基地，蒙古国也成为世界上拥有野马数量最多的国家。蒙古野马体形比欧洲马小，体力与耐力却相当惊人，它们是蒙古马的原始祖先。进入保护区后，车在崎岖的沙土路上又向前颠簸了几十公里，停在了野马经常出没的一处水洼前。夕阳下，在水洼后面碧绿如茵的山坡上，我们看到了一群野马，共有 11 匹，在悠闲地吃草，其中还有一匹马驹，在母马身边欢快地跑来跑去。蒙古野马体形匀称，全身为浅淡的褐黄色，肚皮呈灰白色，配以颈上深棕色长鬃，更显优雅高贵，很难让人将它们与野生动物联系在一起。2009 年 7 月，联合国秘书长潘基文访问蒙古国时，专程前往胡斯台国家公园野马保护区参观，并为一匹野马起名。暮色漫起，返程途中，我们又在清清的溪流边上近距离看到了一群又一群的野马，或饮水或吃草，悠闲自得。我们也祝愿胡斯台国家公园野马保护区在保护地球生物多样性的进程中做出更大贡献。

蒙古国胡斯台国家公园的普氏野马　高建新拍摄

　　蒙古国并不是人们通常认为的荒漠，除了山地和草原，全国有河流 3800 多条，著名的有色楞格河、鄂尔浑河、克鲁伦河、楚库河、哈拉哈河、扎布汗河、卡坦察河、鄂嫩河、图拉河、特斯河、科布多河、额金河、伊德尔河、哈尔黑拉河、色勒博河等,大大小小的湖泊3500多个,著名的有库苏古尔湖、乌布苏湖、吉尔吉斯湖、哈尔湖、德勒湖、桑根达赖湖、哈尔乌苏湖等。本来按照计划,我们此行还要去蒙古国最大的淡水湖——库苏古尔湖(Hovsgoln)。库苏古尔湖在蒙古国的北部,靠近俄罗斯边界,水域总面积为2760平方公里,最深处可达262.4米,共有大小96条河流汇入湖中,湖水储量为3800亿立方米,是蒙古国最重要的淡水储备。库苏古尔湖水经蒙古国最大的河流色楞格河,汇入到俄罗斯的贝加尔湖,因为风光绝美,素有"东方瑞士"之称。从乌兰巴托起飞,一个小时的航程,机票虽已订好,但由于此前在蒙古国驻呼和浩特总领事馆办的签证出了些差错,耽搁了这次行程。

二

要了解一个国家、一个地区的文化历史,最便捷的途径就是参观博物馆。在乌兰巴托,我们先后参观了蒙古国政府博物馆、蒙古国民族博物馆(Nation Museum,即"蒙古国国家博物馆")、蒙古国艺术博物馆(The Fine Arte Zanabazar Museum),收获颇丰。

蒙古国政府博物馆,位于苏和巴特广场的北端,在蒙古国政府大厦(亦称"蒙古国家宫")的地下一层。博物馆外是成吉思汗(1162—1227)的巨型坐像,坐像内着云纹蒙古袍,系龙纹腰带,外披战袍,战靴微露,两手平放,表情凝重,似在沉思,目光凝视远方。左边是在位期间将蒙古的疆域扩充到中亚、东欧的成吉思汗的第三子窝阔台（1186—1241）的坐像，右边是元朝的开国皇帝忽必烈（1215—1294）的坐像。成吉思汗的坐像前面是两位身披铠甲的骑马武士，左边武士为成吉思汗的爱将木华黎（1170—1223），以沉毅多智、骁勇善战著称，40年间追随成吉思汗，无役不从，辅佐成吉思汗统一蒙古诸部，战功卓著。木华黎左手提马缰，右手握马鞭，身上背有箭袋，箭袋里的箭支支直立，似要随时上弦，战马的四蹄落地，稳健有力。右边武士为成吉思汗的爱将阿儿剌·孛儿速（1162—1226?），最早加入蒙古军，参加统一蒙古诸部战争，志意沉雄，善战知兵，多立战功，为蒙古的发展做出巨大贡献。木华黎与孛儿速最受成吉思汗器重，被誉为"犹车之有辕，身之有臂"。孛儿速右手握铁锤，左手提马缰，身上亦背有箭袋，战马的前左蹄腾空，马首低昂，正在前行。看得出，蒙古国是把成吉思汗看作国家和民族的象征，表达了对"马背民族"战功的赞美。由于成吉思汗的震惊世界的赫赫功绩，苏和巴特广场现改名为成吉思汗广场。这里也是蒙古国首脑欢迎各国政要、举行欢迎仪式、检阅仪仗队的地方。苏和巴特（1893—1923）是蒙古人民革命党、蒙古人民共和国和蒙古人民军的创始人和领导人，蒙古人民军统帅，但比起成吉思汗的丰功伟绩，还是稍逊风骚。政府博物馆陈列了历代与蒙古国建国历史有关的各种文物，尤其是近代文物，包括国旗、国徽的变迁，政府印章及制服，各种办公用具，蒙古国历任领导人的照片，等等。

为了纪念伟大的成吉思汗，2017年7月8日当选蒙古国总统的巴特图勒嘎于2008年在乌兰巴托东50公里的长金博尔多格，用了250吨不锈钢建成一座高40米的成吉思汗塑像，塑像面朝南方,神情凝重,是世界上最大的成吉思汗骑马塑像。游客可乘电梯来到马头顶部的观光平台,放眼一望无际的茫茫草原。塑像下是成吉思汗博物馆,展出成吉思汗生平事迹。馆中立有成吉思汗战靴,高7米,用242块牛皮缝制而成。拜谒之后,草成一诗,以表达对这位转战亚欧、威震世界的伟大政治家、军事家的崇敬之情:

立马凝神瞰远方,大汗功业起龙荒。

挥鞭一指风云动,铁旅星驰气志昂。

蒙古国乌兰巴托长金博尔多格的成吉思汗塑像　高建新拍摄

成吉思汗广场西北的旅行街1号是蒙古国民族博物馆,建于1924年,馆藏文物超过4万件,涵盖了蒙古国的历史、文化、政治、经济等内容,系统地介绍了蒙古帝国的诞生、成吉思汗的丰功伟业,展示了传统的蒙古民族生活、文化与历史变迁。博物馆的门口立着一口一米多高的铸铁大钟，上面铸有"山西丰镇府顺城街广明炉吉日造；执事人：刘秉元；金火匠人：苏俊虎、白玉山、王德元、蔡玉鹏、东口福兴涌、韩画铺揽；大清光绪三十年立"字样，钟的四周还铸有麒麟、凤鸟等吉祥图案，看来让人觉得亲切。光绪三十年，即公元1904年，距今已整整110年。在当年的交通条件下，也不知道旅蒙商是怎样千里迢迢地把沉重的铁钟从漠南运到了漠北高原。民族博物馆整个展览由十个展厅组成，记录了从匈奴王朝到蒙古国长达2000多年的历史。尤其值得注意的是第二展厅"历代古朝代历史"，展示了曾在蒙古地区出现过的历代古国历史。在中国的历史描写中，匈奴、鲜卑、柔然等称谓，更多用来指代一个特定历史时期的民族，却忽略了这些称谓也同时代表与中原政权对等的国家。在蒙古国家博物馆的展厅里，这一点被特别强调出来。按照时间顺序，蒙古国家博物馆在不同的展厅中叙述自己国家历史：匈奴汗国（公元前3世纪—公元1世纪），这是可以反映蒙古民族远古祖先的帝国。之后有鲜卑帝国（公元1世纪—公元3世纪）、柔然帝国（公元402—552），其起源、历史、文化与蒙古人相近，在种族与文化上，他们被认为是蒙古人。再后有突厥帝国、回鹘王国和契丹国（公元6世纪—公元12世纪）。第五展厅"蒙古帝国"，展出了成吉思汗及其继任者建立的蒙古帝国的有关珍贵文物，这个由蒙古族建立起来的庞大王朝，是中国历史上第一个在全国范围内建立起来的以少数民族统治者为主的政权。蒙古帝国以其强大的武力，不仅征服了中原及长江以南地区，还将其控制范围扩张至整个西亚地区，成为中国有史以来疆域最大的王朝，其有效统治的疆域曾达到3200万平方公里。第七展厅"满清统治下的蒙古国"，17世纪至20世纪初，蒙古国在清朝统治下二百余年。第八展厅"博格达汗蒙古国"（1911—1920），1911年辛亥革命后，中国陷入混乱的军阀割据时代。当时各省纷纷宣布独立，摆脱清政府的统治。外蒙古同中国其他各省一样，在沙俄策划支持下宣布独立，第八世哲布尊丹巴呼图克图出任皇帝。1919年北洋政府派徐树铮将军入蒙，解散自治政府，外蒙古重归中国。第九展厅"社会主义时期的蒙古国"，陈列了自1921年至20世纪80年代末期发生的改革变化及与之相关的历史人物照片、文件等。我们知道，1946年1月5日，当时的国民政府迫于压力，发表公告承认外蒙古独立。

2月13日，国民政府与外蒙古建立外交关系。从此，中国失去了对外蒙古的控制权。第十展厅"民主革新时期的蒙古国"，1990年至今，展示蒙古人民国民党如何采取和平过渡途径成为民主国家的过程。第五、第六展厅展示的是蒙古国的传统文化、经济。我注意到展厅中有两件国内看不到的文物，用厚厚的牛皮做成的碗和酒杯，十分精美。参观过蒙古国国家博物馆后，我强烈地感受到，每一个国家都有自己的文化立场和独特的叙事视角，但万念归一，都特别强调自己国家历史的正统性和唯一性。

蒙古国艺术博物馆，也在乌兰巴托的旅行街上，是蒙古国的三大博物馆之一。收藏有大量的珍稀文物，包括壁画、雕塑、石雕、银器、青铜器、乐器、印刷雕版和各种精美的刀具等等，其中又以藏传佛教艺术品为主，如用彩缎装裱后悬挂供奉的宗教卷轴画——唐卡。藏传佛教自从被元代的蒙古皇帝接纳为国教以后，开始迅速在蒙古地区传播开来，并逐渐形成了独特的艺术形式与风格，唐卡是其中的代表之一。蒙古国艺术博物馆收藏唐卡的数量和精美程度，比起我参观过的青海省博物馆、西藏博物馆，有过之而无不及。馆中展出的各个时期的唐卡有百余幅，描绘了有关喇嘛教的各种人物和故事。最大的一幅堆绣唐卡，长12米，宽195厘米，上面绣满了莲花和释迦牟尼像，绣工精湛，色彩缤纷，气象恢宏。馆中陈列的壁画所标时间多为公元8—9世纪，但人物多为圆脸，体态丰腴，裙裾飘飘，笔法细腻，色彩明丽，有点儿像莫高窟的敦煌壁画中的唐代作品。馆中陈列的一把马头琴，上有三个绿颜色的马头，形象逼真，刻工精美，黄色琴身、琴箱上镶满了红珊瑚、绿宝石，可见琴主人对马头琴的异常珍爱。馆中还有一个50×35×87厘米的三只眼面具，全部是用红珊瑚和纯金镶嵌而成，大大小小的红珊瑚计有数千颗。还有一只用牛皮制成的压花酒囊，由于使用频繁，外皮磨得竟如玉一样光滑洁白。

特别值得一提的是，博物馆有一个专门展厅，陈列着2009年夏天在蒙古国中央省扎马尔县（Zaamar Sum）的一个叫Shoroon Bumbagar地方（距乌兰巴托西北280公里，在图拉河东）发掘一座大型唐代墓葬时出土的文物。墓葬中出土了一块方形楷书汉字墓志，边长75×75厘米，有文字28行，满行31字。第一行的文字是"大唐故右骁卫大将军金徽州都督上柱国林中县开国公仆固府君墓志铭并序"，墓志的序文说："公讳乙突，朔野金山人，盖铁勒之别部也。"墓主人为仆固乙突，是唐代北方阿尔泰山人，去世于"仪凤三年"，即公元678年，仪凤，是高宗李治的年号。仆固是漠北铁勒部之一，曾为唐王朝"东

征鞑靼,西讨吐蕃",功勋卓著,食邑一千户。序文之后是墓志铭:

> 西峙葱山,北临蒲海,土风是系,英杰攸在。叶贯箭锋,花分骑彩,孙谋有裕,祖袭无改。束发来仪,腰鞬入侍,天德斯溥,人骨以洎。献款毕同,输忠靡异,临危效节,致果为毅。畴庸启邑,疏爵命官,从军拥旆,拜将登坛。赫奕光显,荣名可观,方奉明时,遽归幽夕。壮志何在,瓌容共惜,鹤陇俄封,鸡田罢迹。月落无晓,云来自昏,乌切响于鸿塞,人衔悲于雁门,庶清尘而不泯,纪玄石而长存。

墓志铭赞美了仆固乙突的英勇善战和对唐王朝的忠诚。仆固乙突墓志铭的出土,订正了史载的阙失和模糊之处,价值非凡。兰州敦煌研究所杨富学研究员撰有《唐代仆固部世系考——以蒙古国新出仆固氏墓志铭为中心》(《西域研究》2012年1期)一文,做了专门研究。博物馆展出了与墓志同时出土的陶俑和木俑70余件,其中以陶质骑马俑和站立俑居多,有手拿马鞭站立着的胡人像、骑着马的胡人像、盘着高高发髻的仕女像、神情威武的武士像、神情平和的文官像、涂着红颜色的骆驼和马头以及各种动物如山羊、马、鹅、鱼等,木质俑一部分带有麻布衣裙。由于出土在僻远的外蒙古地区,愈显珍贵。由此也可知,唐代的外蒙古地区和西域各国就有广泛的来往。虽然经历了1300余年,展品依旧色彩鲜艳、栩栩如生。

参观蒙古国博物馆还有一个有趣的现象:一是博物馆收费,一般是成人5000蒙古币(约合人民币16.4元),未成年人半价;二是照相、录像收费,一般在20000蒙古币(约合人民币66元),

交了费之后,你就可以随意拍照、录像了。

　　蒙古国文物古迹众多。乌兰巴托的西北有蒙古国最大的寺庙——甘丹寺,是今天蒙古广大佛教徒的活动中心。寺内最引人瞩目的"章冉泽大佛",高28米,全身镀金,镶嵌大量宝石,气势雄伟,富丽堂皇,是蒙古国的国宝,也是全世界最大的铜铸大佛。距乌兰巴托西400公里的前杭爱省西北,有13世纪蒙古帝国首都遗址——哈勒和林,一作哈尔和林,汉代称"龙城",亦作"茏城",匈奴汗国的王庭之一。《史记·匈奴列传》:"岁正月,诸长小会单于庭,祠。五月,大会茏城,祭其先、天地、鬼神";《史记·韩长孺列传》:元光六年(前129),"车骑将军卫青击匈奴,出上谷,破胡茏城"。唐代安北都护府最初就设在龙城,是唐朝管理北方边疆的重要机构,所辖地区基本上位于今蒙古国和俄罗斯境内,唐诗中对此多有描写:"牙璋辞凤阙,铁骑绕龙城"(杨炯《从军行》),"雁塞何时入,龙城几度围"(杜审言《赠苏味道》),"盖阴连凤阙,阵影翼龙城"(骆宾王《秋晨同淄川毛司马秋九咏·秋云》),"谁能将旗鼓,一为取龙城"(沈佺期《杂诗三首》其三)。武则天垂拱元年(685),安北都护府南移至居延海西之同城(今内蒙古额济纳旗东南)。公元1220年,哈勒和林成为成吉思汗蒙古帝国的首都,当时它是世界上陆地贸易最发达的国际大都市。这里有蒙古国最古老、最大的喇嘛教寺庙——额尔德尼召庙,也是蒙古国的第一座喇嘛庙,始建于1586年。寺院内保存着15—17世纪的绘画、装饰品、刺绣品以及大量的珍贵手稿、木板书籍、碑刻等珍贵文物,面积为0.16平方公里,四周筑有高大的土墙作为寺墙,每面墙上都建有25个城垛,正中辟有大门。每个城垛上都建有一座喇嘛教小白塔，围墙四角的地面上也各建有大小两个白塔，寺院里共有大小白塔 108 座。在乌兰巴托的联合大厦前，我们还看到了意大利旅行家马可·波罗（Marco Polo）的青铜立像，左手拿着一本书，右手前抬，肩上落着一只鸽子，目光注视着远方。马可·波罗 17 岁时，跟随父亲和叔叔前往中国，历时 4 年，于 1275 年到达元朝的首都，与元世祖忽必烈建立了友谊。他在中国游历了 17 年，去过当时中国的许多地方。导游说，蒙古国的很多人崇敬马可·波罗，因为他的游记（又称《东方见闻录》）以生动的描写，把蒙古帝国的强大和繁盛介绍给了欧洲，引起了欧洲人对东方的无限神往。

在参观过程中，我们也有自己的疑问和遗憾。在文化上，蒙古国遭受了与越南同样的命运，传统蒙文被改为俄罗斯式的斯拉夫文字，这就被迫隔断了他们自己文化的传承。我们一行中有蒙古族老师，与蒙古国同胞在语言上完全可以交流沟通，就是一点儿也看不懂今天蒙古国的文字。看着无所不在的俄罗斯式的斯拉夫文字，我们的心也有深深的刺痛感。传统的蒙古文字，在博物馆的标牌上倒是时常可以看到，而在乌兰巴托街上，只在我们住的酒店对面的环形路上的路标上看到一处，说是"吉祥"之意。

三

到异地异国旅行，除了看风景，总少不了对美食的品尝。对蒙古国美食的品尝是从蒙航派发的快餐开始的。飞机起飞一个小时后，空姐就给每位旅客发了一份冷餐：大片的熟牛肉、鸡肉，一块面包，一盒沙拉酱，一杯咖啡或一杯葡萄酒，十分可口。到了乌兰巴托当晚的第一餐就要了一份烤羊背，皮焦里嫩，配有洋葱、西红柿、黄瓜，价格合人民币100余元，在呼和浩特则至少需要200元。

因为是游牧民族，蒙古国的饮食以羊肉为主，超市里500克新鲜羊肉合人民币21元，而且绝无污染，呼和浩特则要30元。日常的蔬菜多为土豆、胡萝卜、洋葱。印象最深的美食是在度假村享用的风味餐——"蒙古石头烤羊肉"，做法是在一个大号铝合金奶桶里，先放入刚刚宰杀的新鲜带骨羊肉，夹入烧红的鹅卵石后，再铺一层羊肉，铺一层烧红的鹅卵石，而后放入削好的土豆、胡萝卜及少许的洋葱和盐，而后密封，大约一个小时后，肉香四溢，烤肉就做成了。石头烤羊肉鲜嫩多汁、肥而不腻，兼得烧烤与炖煮之胜。大盘盛出，香色诱人，自是大快朵颐。据说，石头烤羊肉是古代蒙古大汗和王公贵族享用的宫廷佳肴之一。国家主席习近平2014年8月21日访问蒙古国，蒙古国总统额勒贝格道尔吉设家宴招待，中国驻蒙古国前大使高树茂接受记者采访，介绍了一道可能出现在家宴上的名菜，"在蒙古有一种最具特色的羊肉，是大烤炉烤出来的，隔一层石头是一层肉。吃的时候每个人送一块石头，用热石头把手捂热，活血养生，然后擦干手再吃"（《蒙古总统家宴都有啥讲究》，《法制晚报》2014年8月21日），实际上说的就是石头烤肉。

我们在乌兰巴托通常吃的都是蒙式西餐，以羊肉、面包、西红柿、土豆和卷心菜为主，一个盘子、一副刀叉、一把勺子，简简单单，清清爽爽，每餐都吃得干干净净，避免了中式桌餐的浪费。其间还吃到一种中间灌着奶油的纯肉香肠，味道不错，但热量超常。兴致所至，也可以喝上一杯蒙古伏特加。乌兰巴托吃蒙式西餐最有名的地方叫"Mongolian's Restaurant and Pub"，环境优雅，纯木头桌椅，古色古香，餐厅四周摆设了如弓箭、马鞍、酒器等许多蒙古族生活用品和传统工艺品，餐厅可提供几十种蒙式西餐，一餐只需花费数十元人民币。在乌兰巴托吃了几次蒙古饺子、蒙古包子，或蒸或煎，都是纯羊肉的，货真价实，绝不掺假。沙拉酱在蒙式西餐中用得最为普遍，多数食物都要佐以沙拉酱。即使是饺子，也要蘸上沙拉酱吃。乌兰巴托中餐馆的中餐做得也很地道，我们在一家名为"MONGKOK"（"旺角"）的中餐馆点了肉夹馍、木须肉、过油肉土豆片、鱼香肉丝、豆腐汤，味道纯正，一点儿也不亚于国内。乌兰巴托餐馆就餐环境极其安静，人们都低声说话或干脆不说话，少有国内餐馆的喧嚣。蒙古族本来就是一个静默沉思、不喜高声说话的民族。倒是在特日勒吉、胡斯台蒙古包式的餐厅里，邻桌的一群日本男人、一群英国妇女就餐时嘻嘻哈哈、笑声不断，让人侧目。

蒙古国是一个国民幸福指数较高的国家，全国人口275万，其中120万生活在首都乌兰巴托，乌兰巴托周围随处可见星星般点缀的白色蒙古包。乌兰巴托是全国政治文化中心，始建于1639年，当时称"乌尔格"，蒙古语为"宫殿"之意，为喀尔喀蒙古"活佛"——哲布尊丹巴一世的驻地。"乌尔格"在此后的150年中，游移于附近一带。1778年起，逐渐定居于现址附近，并取名"库伦"和"大库伦"，蒙古语为"大寺院"之意。1924年蒙古人民共和国成立后，改"库伦"为乌兰巴托，并定为首都，意思是"红色英雄城"。我们接触到的乌兰巴托人以年轻人居多，穿着时尚，往来从容。无论是酒店、商场、出租车上，还是度假村里，深深感受到了他们的善良真诚，待人热情。除了机场，我在乌兰巴托的街上没有看到军人和警察。乌兰巴托的道路和城市建设的水平，似乎赶不上呼和浩特，但国际化的程度较高，外国游客如织。乌兰巴托道路畅通，汽车多为日本的尼桑和丰田。

在乌兰巴托购物也是一件让人快意的事情。乌兰巴托市场繁荣，商品琳琅满目，价格便宜，保证质量，可以放心地购买，皮革、羊绒制品和巧克力是乌兰巴托购物的主要商品。购买羊绒制品，最负盛名的品牌是"戈壁牌"（GOBI），曾多次荣获莱比锡国际金奖。一件羊绒衫，人民币600元；一条羊绒披肩，人民币650元；一条羊绒毯，人民币700元。稍大一点儿的商场都直接收人民币，也可以刷"银联卡"，十分方便。1元人民币可以兑换305蒙古图格里克，如500克巧克力价格是4500蒙古图格里克，仅合人民币约14.8元。在众多的商店中，由中国20世纪50年代援建的乌兰巴托国家百货公司别具特色，集购物、餐饮于一体，几乎将蒙古国及世界各国的精粹商品都汇聚在了这座六层大楼里，如喀什米尔羊毛衣、戈壁牌羊绒毯、欧洲巧克力、俄罗斯鱼子酱、蒙古伏特加酒、民族工艺品等，还有中国生产的各种商品，如电池、剃须刀、箱包、热水器、联想电脑等。据说，乌兰巴托的物价现在与十年前基本一样，可见其市场的稳定。

带着无限的留恋，8月1日中午，我们一行五人通过乌兰巴托海关，乘蒙古国航空公司的MO801航班，又飞行了两个多小时，回到了呼和浩特。据介绍，2013年，中蒙两国人员往来约130万人次，其中蒙古国公民来华超过100万人次。就是说，

2013年我们到蒙古国的人数还不足30万，远远比不上到泰国的470万，到韩国的392万。看来，仅是旅游一项，中蒙交往的空间就足够大。

> 有一个地方很远很远
> 那里有风有古老的草原
> 骄傲的母亲目光深远
> 温柔的塔娜话语缠绵
> 乌兰巴托里木得西
> 那木哈 那木哈
> 歌儿轻轻唱 风儿轻轻吹
> 乌兰巴托里木得西
> 那木罕 那木罕
> 唱歌的人不许掉眼泪

从乌兰巴托回到呼和浩特已经十天了，但清凉的乌兰巴托夜色里的霓虹灯依旧在我眼前闪烁，深情的《乌兰巴托之夜》的歌声依旧在我耳边缠绵。每日聆听的是从乌拉巴托带回来的长调和马头琴曲光盘，每日啜饮的是从乌拉巴托带回来的蒙古红茶。就在我深夜写作此文之时，呼和浩特下起今年的第一场秋雨，淅淅沥沥，雷声不断，禁不住想知道：此时的乌兰巴托是不是起风了，气温是不是更低了？我想，只要时间许可，来年暑期我还会前往乌兰巴托，飞赴库苏古尔湖，继续未竟的旅程。

原载《鄂尔多斯文艺》2019年9期

圣彼得堡：向天堂飞升的城市

从来没有涉足如此之远，连续乘坐八个半小时的飞机，从北京飞出国界、飞出亚洲，飞越乌拉尔山脉进入欧洲，5个小时的时差已经跨越了黑夜，让亚洲的白天连着欧洲的白天。先到莫斯科，再向北600余公里，抵达目的地——圣彼得堡。这一飞，就是6000公里，直把人坐得腰酸背痛、双腿浮肿。虽然飞机上隔四小时就供应一次不错的套餐，还有德国啤酒、法国红酒，然而你却无心品尝，只盼快些再快些。等到飞机降落，脚下虚软，挪出客舱，似乎路都不会走了。终于通过海关，走出航站大楼，眼前无边的空阔让你大吃一惊。望着高远的飘着白云的蓝天，呼吸着绝无味道的清爽的空气，在涅瓦河缠绕的通往市区的公路上，你的心情顿时开朗。盛夏8月，这里的气温却只有18—20℃，1.2—2米的海拔，让人呼吸顺畅，心跳平稳。你知道，这异常的辛劳是值得的，让人魂牵梦绕的圣彼得堡之旅就此开始。

一

圣彼得堡是一座依水而生的城市，柔情妩媚，洁净无尘。圣彼得堡之名，源于耶稣的弟子圣徒彼得，位于俄罗斯西北部、芬兰湾的东岸，是波罗的海芬兰湾的重要港口，人口520万，是俄罗斯第二大城市、世界上居民超过100万人的最北端城市。彼得大帝（1672—1725）为了取得一处出海口，实现海上强国的梦想，御驾亲征，从瑞典人手里夺得涅瓦河三角洲地带，于1703年5月27日在此开始建立圣彼得堡，1712年至1918年间成为俄罗斯帝国的首都，超过二百年。圣彼得堡是彼得大帝、叶卡捷琳娜大帝（1729—1796）曾经创造历史的地方！二百年来，一代又一代的俄罗斯人精心打磨这座城市，从来没有停止。不得不承认，建设这座城市耗费了大量的人力物力，统治者甚至强迫建设者如古埃及奴隶修建金字塔一样劳动，不知有多少人因此而丧生。我们不能不说圣彼得堡后来经历了那么多的忧愁与哀伤，是与此有关联。

作为一座如威尼斯一样的水上城市，支撑圣彼得堡的就是涅瓦河，没有涅瓦河就没有圣彼得堡。涅瓦河是圣彼得堡的母亲河，如血脉一样贯穿了整个城市，为这座城市带来了灵性与活力，带来了无限风光。涅瓦河发源于圣彼得堡东面的拉多加湖，向西流进波罗的海的芬兰湾，全长74公里，流经圣彼得堡的有28公里，平均宽度400至600米，最大宽度1200米，最大深度24米，仅次于伏尔加河和多瑙河，是欧洲的第三大河，在河口三角洲上有50多条支流，圣彼得堡就是在三角洲诸岛上建设起来的。圣彼得堡有42个岛屿，比较大的有彼得格勒岛、彼得罗夫斯基岛、"十二月党人"岛、瓦西里岛、无名岛等，423座桥梁将各个岛屿串联在了一起。瓦西里长滩把涅瓦河分成大涅瓦河和小涅瓦河，再加上小涅夫卡河、中涅夫卡河、大涅夫卡河，正好是五条河，恰如伸开的五指，将整个城市归拢于一掌之中，伸缩自如，灵动有致。

圣彼得堡是世界十大可看城市之一。从一开始，它就严格按照最初的蓝图建设，200多年来没有改变。大部分建筑为三四层楼,多用石材建构,稳重厚实,古色古香,多了和谐宁静,少了突兀奇崛,所有的展开都是自然的、舒缓的。只有在圣彼得堡,人的视野才会如此开阔而且毫无阻拦。平缓舒适的观赏,带来了心情的愉悦。看上去并不起眼的建筑,历史也多在200年以上,因为是世界文化遗产,这里不许可高层建筑的存在。哪怕是移动一砖一瓦,也需要经过市政部门严苛的审批。不要说这座城市属于你,相反,你是属于这座城市的。涅瓦河两岸风光旖旎,著名建筑皆依偎在大小涅瓦河畔:彼得保罗要塞、海军总部大楼、冬宫、大理石宫、"十二月党人"广场、莫斯科饭店……涅瓦河与这座城市和城市的建筑是如此血肉相连,亲密无间,以至于一提到圣彼得堡,首先想到的就是涅瓦河;甚至可以这样认为,涅瓦河就是这座城市的象征,这座城市就是涅瓦河。俄罗斯文学的奠基人、被高尔基称为"俄罗斯诗歌的太阳"的普希金(1799—1837)在长篇叙事诗《青铜骑士》(查良铮译)中,放情地赞美圣彼得堡,赞美圣彼得堡神奇的白夜:

> 我爱你,彼得兴建的城,
> 我爱你严肃整齐的面容,
> 涅瓦河的水流多么庄严,
> 大理石铺在它的两岸;
> 我爱你铁栏杆的花纹,
> 你沉思的没有月光的夜晚,
> 那透明而又闪耀的幽暗。
> 常常,我独自坐在屋子里,
> 不用点灯,写作或读书,

> 我清楚地看见条条街路
> 在静静地安睡。我看见
> 海军部的塔尖多么明亮。
> 在金光灿烂的天空，当黑夜
> 还来不及把帐幕拉上，
> 曙光却已一线接着一线，
> 让黑夜只停留半个钟点。
> 我爱你的冷酷的冬天，
> 你的冰霜和凝结的空气，
> 多少雪橇奔驰在涅瓦河边，
> 少女的脸比玫瑰更为艳丽。

在没有月光的夜晚，屋子里不用点灯，就可以看书写作，欣赏清晰的街景，在金光灿烂的天空中，没有黑夜，只有曙光不断漫上天际。这是怎样的神奇之地啊！在普希金眼里，圣彼得堡魅力无穷，即使在酷冷的冬天，呵气成雾，冰霜凝结，涅瓦河畔也有"比玫瑰更为艳丽"的少女的脸庞，更不说它如诗如画的夏日了。

二

如普希金一样，俄罗斯诗人钟情涅瓦河。阿赫玛托娃（1889—1966）是俄罗斯文学史上与普希金齐名的著名女诗人，有"俄罗斯诗歌的月亮"之称。她在圣彼得堡的皇村生活了16年，她说："我最初的记忆——都是与皇村有关的：葱茏的绿意，众多公园的潮润与辉煌,保姆曾带我去过的牧场,形形色色的小马蹦来跳去的跑马场,古老的火车站和一些别的实物,它们嗣后都被收录进了《皇村颂》中。每年夏季,我都是在塞瓦斯托波尔附近的人马座海湾岸边度过的,也正是在那里,我与大海结为了好友。"(《阿赫玛托娃诗全集·简短自述》)皇村也是普希金生活过的地方,并写有《皇村回忆》抒情长诗。阿赫玛托娃在 1914 年年初写的《你怎么能眺望涅瓦河……》,极具画面和色彩之美,表达了一种丰富又有些捉摸不定的感情:

> 你怎么能眺望涅瓦河,
> 你怎么敢走到上桥去?
> 从梦见你的那一刻
> 我没有白白赢得悲伤的名气。
> 黑色天使的翅膀多么锋利,
> 最后的审判很快就会来临,
> 那深红色的篝火,
> 恰似玫瑰花,在大雪中绽放。

尽管阿赫玛托娃后来去过许多地方,涅瓦河却是她一生的记忆。1962 年 4 月,73 岁的阿赫玛托娃写下了《那一天涅瓦河波平如镜……》,赞美涅瓦河无与伦比的壮丽,与第一次写涅瓦河已时隔 48 年:

> 那一天涅瓦河波平如镜,
> 被夕阳烧得通红,
> 它全部敞开,铺展——
> 这庞大的前夜——正是春天。

由于地处北纬 60 度,圣彼得堡有了神奇的"白昼节"。每年的 6 月 21 日,圣彼得堡一天有 23 小时的白昼,这是高纬度地区出现的一种黄昏与黎明相接的自然现象。夜还没有完全降临,黎明已绽放霞彩,夕阳西下与旭日东升的间隔短暂得几乎让人无法分辨,涅瓦河畔的人们无需掌灯,便可在凌晨时分读书看报。人们从世界各地赶来,为的就是欣赏这自然的奇观。这一天的人们忘记了平日的烦恼和忧愁,在终日不落的太阳的照耀下,尽情地享受大自然的恩赐且心怀渴望:让有限的人生永远没有黑暗,永远有不落的太阳照耀。

陀思妥耶夫斯基(1821—1881)曾在圣彼得堡军事工程学校工程部制图局工作,一年后离职做了专业专家,其脍炙人口的中篇小说《白夜》讲述的故事,即发生在圣彼得堡。"白夜"这一奇特的自然现象,为踽踽独行的小说主人公"梦想者"与孤女娜斯晶卡产生爱情提供了绝妙的自然环境。"梦想者"孤僻成性,心地善良,与世俗的社会格格不入。娜斯晶卡随着盲眼的祖母度日,爱上了自己家的房客,两人分手相约一年后见面。就在娜斯晶卡在涅瓦河边苦苦等待情人的时候,与"梦想者"相遇了。他们互诉衷肠,在一起度过了四个令"梦想者"难以忘怀的白夜。后来,娜斯晶卡的情人出现了,"梦想者"虽然痛苦,但依然怀着感激之情真诚地祝福娜斯晶卡幸福,因为她给了他"整整一段幸福的时光!难道这对于人的一生来说还嫌短吗?"这便是小说的结尾和结尾的最后一段话。陀思妥耶夫斯基在《白夜》中赞美圣彼得堡:"春天一到,我们彼得堡的大自然焕发出全部生机,焕发出老天爷赋予它的全部力量,它吐出嫩绿的叶子,披上新装,点缀起姹紫嫣红的花朵,这其中有某种不可名状的令人荡气回肠的东西。"只有你亲临,圣彼得堡确实有"某种不可名状的令人荡气回肠的东西",但这需要用心慢慢感受。除了"白昼节"外,圣彼得堡5月初一直到7月末的白天都很长,这期间,涅瓦河边的人黑夜比白天多,地平线上交替出现由深而浅的红色、黄色、绿色的天光,将城市笼罩在一片如天堂般的绚丽之中。

因为纵横交错的涅瓦河,桥在这个城市起着异常重要的作用。涅瓦河是白海—波罗的海和伏尔加河—波罗的海两条水系的重要航道,没有桥的连接,圣彼得堡只是分散的、孤立的岛屿,但桥又阻碍了航道的畅通,于是"开桥"放船就成了圣彼得堡夏夜的一道独特风景。凌晨1时,涅瓦河上的大桥从圣母领报桥开始,从下游向上游依次开启,桥或整面单向开启,或分成两半从桥面中间缓缓升起,成45°角相对,如骏马扬蹄奋起,让平日里高于桥面的轮船一一通过,或由东驶向西面的芬兰湾,或由西进入东面的圣彼得堡市区,大约早晨5点恢复正常。轮船通过之时,拉响汽笛,对开启的桥梁致以谢意。等候在涅瓦河畔成千上万的游客在"开桥"瞬间则齐声欢呼,场面动人。

在阳光明媚、彩云绚丽的清晨,我们乘船游览了涅瓦河,河水远接云天,风光无限。不仅有映在水中的金光闪闪的大教堂、守护着河岸的海神波塞冬的雕塑、往来于河上船体印着巨幅"中国银联卡"图案的游船,还有在手风琴伴奏下的《红梅花儿开》《莫斯科郊外的晚上》,游船内的小型舞台上也可以看见久违的苏联党旗、"中俄是永远朋友"的标语,欣赏到欢快的水兵舞,末了是小费100卢布。涅瓦河无论是船上还是河边都活力四射,让人无法抵御。

涅瓦河上还有一处特别的景观——"阿芙乐尔号巡洋舰"。1917年11月7日（俄历10月25日），停在涅瓦河边的"阿芙乐尔号巡洋舰"炮击临时政府所在地——冬宫，于是这一声炮响成为十月革命的象征。苏联《联共（布）党史简明教程》这样写道："10月25日，'阿芙乐尔'号巡洋舰向冬宫轰击的炮声，宣告了新纪元即伟大社会主义革命纪元的开始。"1949年3月5日至13日，在河北西柏坡召开的七届二中全会上，毛泽东在总结中国共产党28年的光辉历程时说："十月革命一声炮响，给我们送来了马克思列宁主义。"如今，修复后的"阿芙乐尔号巡洋舰"被辟成博物馆，长久地停泊在涅瓦河畔，供各国游人参观，追忆那段让全世界瞩目的历史。

三

圣彼得堡的城市艺术缤纷绚烂，多姿多彩，趣味高雅。彼得大帝创建了这座城市，叶卡捷琳娜发誓让它成为欧洲最美的城市。所谓最美，我想，除了建筑，主要是指圣彼得堡全城开遍了艺术之花。

圣彼得堡冉冉开放的艺术之花，一方面是与东正教教堂文化、教堂艺术相伴而生，另一方面又是与圣彼得堡建城之初就以艺术之美为最高追求紧密关联。东正教是俄罗斯的国教，俄罗斯95%的人信仰东正教，东正教几乎渗透了俄罗斯社会生活的各个方面，当然也包括文化艺术。在圣彼得堡全城各处，都可以看到包裹着紫金的东正教教堂，其精美程度让人叹为观止。在涅瓦河的两岸，耸立着东正教著名的教堂，如里面埋葬着库图佐夫元帅的喀山大教堂、在沙皇亚历山大二世遇刺地方修建的耶稣复活教堂（圣血大教堂）、里面安放着俄罗斯所有皇帝陵墓的彼得保罗教堂以及有俄罗斯"国家教堂"之称的圣伊萨克教堂。这些教堂外观壮丽，高耸入云，里面装饰精美，富丽堂皇，美轮美奂，随处是雕塑和壁画。以连着伊萨克广场和"十二月党人"广场的圣伊萨克教堂为例，它与梵蒂冈的圣彼得大教堂、伦敦的圣保罗大教堂和佛罗伦萨的花之圣母大教堂并称为世界四大教堂，由法国人德·蒙弗朗设计，1818年破土动工，1858年完成，历时40年，仅是中央圆顶和钟楼圆顶及十字架镀金就花了整整8年的时间。教堂四周各竖有16根粗大的花岗岩石柱，每根重达120吨，这些石材来自维堡附近的采石场。维堡也是一个港口城市，南距圣彼得堡200多公里，为此建造了特别的轮船与火车，以便把石料运到圣彼得堡。圣伊萨克教堂高101.5米，内部同时能容纳15000名朝圣者。教堂内的圆顶壁画《圣母在圣徒的陪伴下》面积达800平方米，由《庞贝城的末日》的作者卡尔·布留洛夫等人完成。整个建筑恢宏壮阔，气魄雄伟，让人叹为观止。教堂经历了二战战火的洗礼，今天仍可看到花岗岩石柱上的弹痕。

　　对于俄罗斯人来说，上帝是永恒的，白云是流动的。当流动的白云飘过涅瓦河边耸立的教堂的金色穹顶之时，你仿佛感觉到整个俄罗斯大地都在转动，就连我这个不迷信任何宗教的异乡人，看到此景时心中多少也会有些感动。在圣彼得堡的大街小巷，甚至是每一幢建筑物上，都可以看到精美的雕塑，它们无时无刻不在吸引着你的注意，让你流连忘返。这些艺术之花经久不衰，一开放就是200多年，并且仍将开放下去。

至于冬宫、夏宫、叶卡捷琳娜宫，与其说是皇宫，还不如说是非凡的艺术宫殿，其建筑的壮丽与奢华自不用说，宫中收藏之丰富、品种之多、质量之上乘，都让人刮目相看，惊讶于俄罗斯的文化家底竟是如此厚实。夏宫（彼得宫）是一座巨大的花园，林木错落，鲜花绚烂；壮丽的喷泉群则利用水的自然压力形成。喷泉群正对着芬兰湾，芬兰湾直通波罗的海，那是彼得大帝实现海军梦想的地方，他一生就想为俄罗斯找到一个通往西方的出海口。叶卡捷琳娜宫又称皇村，是叶卡捷琳娜二世最后建成的，300余米长的楼面饰有大量的雕塑，仅是外部装饰就用掉了100公斤黄金。宫中珍宝无数，金光闪烁，目不暇接，如著名的琥珀厅，用普鲁士国王弗里德里希一世送给彼得大帝的6吨琥珀镶嵌而成，壮丽辉煌程度非一般语言所能形容。叶卡捷琳娜二世就是要通过皇村来体现俄罗斯的荣耀与辉煌，她达到了目的。

　　冬宫早已辟为博物馆。冬宫博物馆一般指艾尔米塔什博物馆，与巴黎的卢浮宫、伦敦的大英博物馆、纽约的大都会艺术博物馆并称世界四大博物馆。该馆最早是叶卡捷琳娜二世的私人宫邸，巴洛克建筑风格。1764年，叶卡捷琳娜二世从商人戈茨科夫斯基手里购进伦勃朗、鲁本斯等人的225幅绘画存放在冬宫新建的侧翼"艾尔米塔什"，这个名字源自古法语hermit，意为"隐宫"，由法国建筑师德·拉·莫斯设计，该博物馆由此得名，今天占地面积约13万平方米，1852年就已经对外开放。冬宫共有展厅353个，藏有300万件文物，你在每件文物前驻足1分钟，就需要8年的时间。大英博物馆据说藏有1000万件文物，你就是每天生活在博物馆中不出来，也需要

27年的时间才能看完,何况展品还在源源不断地补充。在冬宫,仅是各个时代的油画就藏有15800幅,你可以看到达·芬奇的《圣母圣子像》、拉斐尔的《圣母圣子图》(《哺乳圣母》)和《圣家族》、伦勃朗的《浪子回头》、鲁本斯的《大地和水的组合》《等待中的女人》、提香的《圣塞巴斯蒂安》、毕加索的《拿扇的女人》、雷诺阿的《演员珍妮·萨玛利》、莫奈的《日韦尔尼的干草垛》、梵高的《灌木丛》《阿尔勒的女人》、高更的《大溪地田园曲》、马蒂斯的《舞蹈》,还有米开朗基罗的雕塑《受伤的男孩儿》等等。冬宫的东方民族文化与艺术部收藏有大量的古埃及文物,诸如木乃伊、石棺、刻有楔形文字的石板等等,均为稀世珍品。冬宫有巴洛克风格的黄金大厅,面积达1000平方米,可作舞厅和宴会厅,天花板上是一整幅的油画。无论是举头仰望还是向四周观望,参观者都会被精美的油画和雕塑征服。冬宫已经成为浩瀚的俄罗斯艺术与文化财富的象征。

达·芬奇《圣母圣子像》
高建新拍摄

拉斐尔《圣母圣子图》
(《哺乳圣母》)高建新拍摄

四

圣彼得堡是人类城市史上的奇迹。它是文学之城、舞蹈之城、音乐之城、雕塑之城、博物馆之城。俄罗斯众多的诗人、小说家、舞蹈家、音乐家、雕塑家、美术家都曾在这里生活、创作、演出,成就一生的事业。文学而言,这里有俄罗斯文学博物馆、普希金故居博物馆、陀思妥耶夫斯基文学博物馆、涅克拉索夫故居博物馆、安娜·阿赫玛托娃故居博物馆、亚历山大·亚历山德罗维奇·勃洛克故居博物馆等;舞蹈而言,苏联芭蕾舞皇后乌兰诺娃1910年1月10日生于圣彼得堡,她演出的名剧如《肖邦之曲》(1907)、《吉赛尔》(1942),《天鹅湖》更是让她享誉世界;音乐而言,这里有建立于1862年的圣彼得堡音乐学院,是世界著名的培养专业音乐人才的高等音乐院校之一,也是俄罗斯联邦最古老的音乐学府,由俄罗斯犹太裔作曲家、钢琴家安东·鲁宾斯坦(1829—1894)等建立;美术而言,圣彼得堡有列宾故居博物馆,还有始建于1757年的列宾美术学院,是俄罗斯美术教育的最高学府,也是世界四大美院之一。

雕塑在圣彼得堡随处可见,多不胜数。《青铜骑士》是圣彼得堡市标志性雕塑,位于"十二月党人"广场上,面对着川流不息的涅瓦河,由著名雕塑家法儿科内创作,建于1782年,被安置在重达1600吨的整块花岗岩上。彼得大帝立身在前腿腾空的骏马上,威风凛凛,两眼炯炯有神,凝视前方。马象征着俄罗斯,马蹄下践踏着的长蛇,代表着当时阻止彼得大帝改革的力量。为此,普希金写下了长诗《青铜骑士》(查良铮译),

盛赞彼得大帝：

> 那里，在寥廓的海波之旁
> 他站着，充满了伟大的思想，
> 向远方凝视。在他前面
> 河水广阔地奔流；独木船
> 在波涛上摇荡，凄凉而孤单。
> 在铺满青苔的潮湿的岸沿，
> 黝黑的茅屋东一处，西一处，
> 贫苦的芬兰人在那里栖身。
> 太阳躲进了一片浓雾。
> 从没有见过阳光的森林
> 在四周喧哗。
> 而他想道：
> 我们就要从这里威胁瑞典。
> 在这里就要建立起城堡，
> 使傲慢的邻邦感到难堪。
> 大自然在这里设好了窗口，
> 我们打开它便通向欧洲。
> 就在海边，我们要站稳脚步。
> 各国的船帆将要来汇集，
> 在这新的海程上游历，
> 而我们将在海空里欢舞。

彼得大帝与后起的叶卡捷琳娜大帝确实创造了俄罗斯前所未有的辉煌。他们在位期间，俄罗斯版图激增，国力空前强大，成为名副其实的欧洲最强盛的帝国。晚年的彼得大帝依旧野心勃勃，曾企图率兵侵占中国长城以北地区，因力量有限而未能得逞。在圣彼得堡，如《青铜骑士》一样的雕像随处可见，如尼古拉一世、库图佐夫元帅。俄罗斯民众崇拜英雄，尤其是崇拜南征北战、敢于厮杀的英雄。这些"英雄"中的一大部分骁勇善战，略地攻城，以从世界各地带回艺术珍品填充皇家收藏为荣。冬宫的一个金碧辉煌的大殿的墙上，就绘有240位在征伐中立下汗马功劳的将军的画像，以示沙皇表彰。

《青铜骑士》雕像　高建新拍摄

俄罗斯民众崇拜诗人、艺术家，认为他们是民族和国家的代表。普希金的塑像正对着著名的涅瓦大街的街口，为了纪念普希金，1937年在诗人逝世100周年之际，人们把他出生的圣彼得堡皇村改名为"普希金城"（1796年叶卡捷琳娜大帝就在这里去世），并把每年的6月6日定为普希金诗歌节。1811年至1817年，普希金在这里的贵族学校学习，他对母校十分眷恋，

10月19日是母校的校庆日,他有一首诗的题目就是《10月19日》:"无论命运会把我们抛向何方,无论幸福把我们向何处指引,我们——还是我们:整个世界都是异乡,对我们来说,母国——只有皇村。"普希金诗歌节是俄罗斯民族的一个重大节日,不仅因为这一天是"俄国文学之父"——普希金的诞辰日,还因为俄罗斯民族对于文学艺术的与生俱来的崇敬。每年普希金诗歌节这天,莫斯科普希金广场上的纪念碑前便成了鲜花的海洋,成千上万的人聚集在这里参加纪念仪式,聆听普希金诗歌朗诵。在圣彼得堡、莫斯科的剧院、音乐厅和各大公园,有俄罗斯最高水平的艺术家们以各种形式演绎普希金的作品,与会者手捧鲜花,衣着整洁,表情庄严。在二战最艰苦的岁月,濒临死亡的圣彼得堡人,是在默诵着普希金的诗歌离开这个世界的。在圣彼得堡,文化名人是以各种方式被永远铭记的,在涅瓦大街尽头的亚历山大·涅夫斯基大修道院内,有柴可夫斯基(1840—1893)墓地纪念碑、陀思妥耶夫斯基墓地纪念碑,俄罗斯"百科全书式"人物罗曼诺索夫(1711—1765)、被誉为"俄罗斯古典音乐之父"的作曲家格林卡(1804—1857)与俄罗斯的许多学者、作家、音乐家、艺术家都埋葬于此。在圣彼得堡,你可以时时处处瞻仰名人故居、欣赏名人雕塑并与他们对话,浓郁浪漫的艺术氛围无时无刻不在包围着游人。

五

得天独厚的自然环境的恩赐,无处不在的宗教文化的浸润,加上纯净的艺术心灵及对美的无休止的追求,共同造就了天堂般圣洁的圣彼得堡。1990年，以"俄罗斯圣彼得堡历史中心区及有关建筑"为名，圣彼得堡被列入世界文化遗产名录。圣洁天堂的称呼并不是别人赐予的，除去数百年来的精心打造，还有圣彼得堡人以生命为代价对这座城市的守护。

圣彼得堡也是一座英雄之城、战斗之城。被列宁称为"贵族革命家"的"十二月党人"，为了推翻农奴制和沙皇专制制度，于1825年俄历12月在圣彼得堡参政院广场发动武装起义，遭到尼古拉一世的血腥镇压，用大炮轰击广场，残忍杀害起义者和聚集在广场周围的群众，这些起义者在俄国历史上被称为"十二月党人"。起义失败后，"十二月党人"除了被绞死的领袖，其他人均被流放到寒冷遥远的西伯利亚，结局悲惨，令人唏嘘。第二次世界大战期间，当时还叫"列宁格勒"的圣彼得堡又上演了一段悲壮的历史。纳粹德国的军队将这座城市三面围困了872天（从1941年9月8日到1944年1月27日），只有东面的拉多加湖可与城里相通。苏联军民同仇敌忾，不屈不挠，开始了艰苦卓绝的列宁格勒保卫战。虽然可以撤离，但列宁格勒

普希金塑像　高明霞拍摄

城内老百姓誓死要与城市共存亡，城市平民受到极端饥饿的威胁。据统计，整个封锁期间，城内死于饥饿与严寒的人有100多万，其中20万人死于德军的空袭与炮击，3200幢建筑被摧毁，城市面目全非，街道变成了瓦砾堆。保卫战最终取得了胜利，但也付出了惨痛的代价。当时希特勒围困圣彼得堡，自以为胜券在握，曾想在叶卡捷琳娜宫的黄金大厅举行盛大的庆功宴会，据说菜单都确定了，但就是没有攻下圣彼得堡来，圣彼得堡的坚韧和勇敢由此可见一斑。这次伟大的战役挫败了德军占领列宁格勒的战略企图，并把强大的纳粹德国北方集团军群死死地拴在苏联西北战场上，从而有力地支援了苏军，保证了在其他战场的胜利。

1943年1月，苏军开始发动反攻，投入军队110.3万，伤亡33.2万；纳粹投入军队101.1万，伤亡39万。战后圣彼得堡的人们重建家园，把被法西斯炮火毁坏的古迹一一修复，经过艺术家和工匠们长期艰苦的劳动，这座城市再现昔日风采，昂首挺立于全世界面前。早在被围困之初的1941年7月19日，阿赫玛托娃就写下了铿锵有力的诗句，表达了必胜的信心："敌人的旗帜／渐渐消失，如同烟尘／我们真理在握／胜利终将属于我们。"（《敌人的旗帜》）圣彼得堡的皮斯卡廖夫陵园里雕塑《永不屈服英勇奋战的列宁格勒人》群雕，就是为了纪念列宁格勒保卫战而建的，陵园里埋葬着纳粹德国封锁圣彼得堡时期死亡的45万人。1991年9月6日，俄罗斯联邦最高苏维埃颁布法令宣布列宁格勒恢复圣彼得堡旧名。1992年1月，圣彼得堡市又举行了一次全民投票。结果，大多数人赞同改回圣彼得堡老名。这样做是为了纪念城市的开创者彼得大帝，同时也标志着苏联时代的彻底结束。圣彼得堡是凤凰,凤凰不死,浴火重生。

　　我想,世上如真有天堂的话,那也一定是圣彼得堡的样子,有精美的壁画和雕塑,有碧波荡漾的通向辽阔的波罗的海的芬兰湾,有无声流淌在脚下的涅瓦河,有姹紫嫣红的花园和四季喷涌的泉水,有挺立向上、直指蓝天的白桦树林,有如天鹅绒一样柔软的碧绿草地,还有醇香的伏特加和低声说话、处处绽放笑脸的人群。俄罗斯流传着这样一句话:"没有来过圣彼得堡,就没有真正到过俄罗斯。"游过圣彼得堡之后,你不仅会爱上她,而且确实相信这是一座向天堂飞升的城市!

原载《草原》2019 年 11 期

后 记

　　人生最有情韵的时刻，莫过于居家读书或游走于无尽的长路上赏观风景。书中的风景在眼前吸引我们，路上的风景在远方召唤我们。对我而言，路上的风景比书中的风景更具魅力，因此不计寒暑，常年奔波，无远不至，仅是2018—2019年的行程就达10万余公里：西至伊宁、喀什，东到黑河，南下古城建水、"珠城"北海，北上边城阿尔山市、额尔古纳市，足迹遍及几十个省市。因为新冠疫情蔓延，今年的春天不能远行，夏天也不能，那就宅居读书。书中的风景同样壮阔，有天风朗朗，海山苍莽，特别是在读《水经注》《徐霞客游记》《马可·波罗行纪》以及斯文·赫定《亚洲腹地旅行记》《西极探险》的时候。

　　感谢商务印书馆"涵芬学人随笔"丛书策划人白彬彬博士约稿，使我有充足的理由认真清理自己近四十年的散文、随笔创作并赋予其独特的价值，古人所谓"怀抱观古今"（谢灵运《斋中读书》）、"深心托毫素"（颜延之《五君咏·向常侍》）。文中插入的35幅照片，多数为我近年来游走各地时所拍摄，少数是请同行游客或路人拍摄的，以此纪念一段难忘的美好时光。庚子年多愁，却也期待在这个百年不遇的特殊年份里能收获一份属于自己的甘美果实。

2021年2月11日庚子年除夕
于内蒙古大学中文系